华东交通大学专著出版基金资助项目

U0669016

不均匀地层
运营期地铁盾构隧道
初始缺陷影响探究

石钰锋　周宇航　顾大均 ⊙ 著

Investigation of the Effect of
Initial Defects of Metro Shield
Tunnels During Operation in
Inhomogeneous Strata

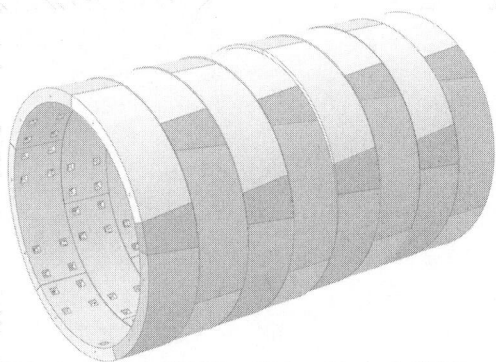

中南大学出版社
www.csupress.com.cn
·长沙·

编委会

◎ **主任委员**

石钰锋　周宇航　顾大均

◎ **副主任委员**

张　涛　胡梦豪　王　超

◎ **顾问**

徐长节　阳军生

◎ **编委**

蒋亚龙	王树英	张　聪	耿大新
张　箭	魏　纲	梁荣柱	唐检军
黄展军	贺斯进	张慧鹏	詹　涛
曹鹏飞	梁新欢	詹刚毅	邱友根
徐腾飞	夏　明	钟　广	纪松岩
赖世华	刘　巍	李　敏	张　伟
袁　月	乐思韬	夏小任	王约斌
王　涛	王江先	余　超	谈亦帆
魏度强	陈昭阳	陈祥胜	简庆华
赵秀绍	陈焕然	代文超	庄锦彬
熊金平	黄大维	曹成威	张　赟
宗朝阳	罗如平	高冬平	

◎ **主编单位**

华东交通大学

南昌轨道交通集团有限公司

中铁十四局集团房桥有限公司

◎ **参编单位**

中南大学

浙大城市学院

中国地质大学(武汉)

成都西南交通大学设计研究院有限公司

中国铁建大桥工程局集团有限公司

核工业西南勘察设计研究院有限公司

鹰潭市交通建设投资集团有限公司

华东交通大学江西建筑设计院有限公司

中国冶金地质总局一局

序

　　近年来，我国交通强国战略实施，隧道与地下工程建设向纵深方向大规模发展，当前我国已成为世界上隧道数量最多、发展速度最快、建设规模最大的国家，地铁隧道的建设难度与技术创新也达到了空前的高度，各种新工艺、新材料不断涌现。目前国内外修建地铁隧道常见的施工方法有明挖法、盖挖法、暗挖法、钻爆法、盾构法等，而盾构法施工由于具有施工速度快、洞体质量稳定、对周围建筑物影响小等优点，在城市地铁隧道建设中被广泛应用，各大城市采用盾构法修建隧道的案例也逐年增多。盾构隧道管片多采用螺栓接头连接而成，其受力形式可视为一种复杂的多"铰"非连续圆拱结构，与地面以上的建筑物不同，它们位于地下深处，周边环境条件复杂多变，尤其是当隧道处于不均匀地层时，其受力机制难以明确。

　　我国有相当一部分地铁盾构隧道穿越或下伏不均匀地层，而盾构隧道是由环、纵向螺栓将衬砌块拼装连接而成的非连续结构，当其纵向受力或地层不均时，纵向螺栓受力不再协同，很可能导致隧道产生较大不均匀沉降。同时，随着城市基础建设与地下工程的持续开发，紧邻既有地铁隧道基坑开挖、上方堆卸载、新建管线工程等都会引起运营期间地铁隧道荷载条件、结构受力发生不同程度的突变。此外，受盾构机掘进姿态不佳、盾构超挖、千斤顶推力差异、注浆不密实以及浆液收缩等影响，管片拼装成环后可能存在一定程

1

度的初始缺陷，较为典型的有管片椭变超限与壁后空洞。因此，下伏不均匀地层、外荷载变化、管片初始缺陷等因素致使运营期地铁盾构隧道力学响应复杂、变形机理难以明确，而现有试验与数值模型难以反映盾构隧道的真实受力特性，不均匀地层地铁盾构隧道在运营、施工中仍面临许多不可预知的风险。

该书系统地研究了不均匀地层盾构隧道的受力特性与初始缺陷影响，依托多个地铁盾构隧道工程，采用理论推导、数值计算、试验及现场实测等手段，针对不均匀地层运营期盾构隧道的受力特性、荷载模式、初始缺陷影响进行探讨、归纳。本书内容翔实、论证充分，理论与实践并重，是作者团队对不均匀地层地铁盾构隧道的深入探索，书中研究方法与成果对我国隧道建造技术发展具有重要意义。该书非常值得从事隧道及地下工程领域的科研人员、工程技术人员以及高等院校师生参考和品读，具有良好的出版价值，期待本书能够促进读者对地铁盾构隧道结构特性的深入理解，推动盾构隧道技术的创新发展，为实际工程提供有力的技术支持和参考。最后，衷心希望本书的出版能为我国培养更多高层次人才，为隧道强国、交通兴国建设贡献新力量！

2024 年 5 月

前言

　　近年来，我国城市轨道交通发展迅猛，处于世界领先水平，城市轨道交通运营里程及客流量多年居全球首位。截至 2023 年 12 月 31 日，中国内地累计有 59 座城市投运城市轨道交通，线路长度 11232.65 km，港澳台地区有 7 座城市运营城市轨道交通，线路长度 667.64 km。其中，53 座城市开通地铁，长度 10561.25 km，占比 88.75%，如此庞大的规模同时也意味着地铁隧道在设计、施工和运维过程中将面临诸多困难与挑战，如地质条件的复杂性（下伏地层软硬不均、穿越上软下硬地层）、荷载的多变性（上覆超卸载、地下水位变化）及施工过程中产生的初始缺陷（初始椭变、壁后空洞）等因素，均可能导致隧道衬砌结构劣化、形变，进而影响整个地铁系统运营期间的稳定与安全。为了推动城市轨道交通从速度型增长向质量型增长的转变，对不均匀地层盾构隧道进行针对性研究很有必要。

　　本书是作者团队在不均匀地层盾构隧道领域多年研究成果的总结，在国家自然科学基金面上项目（42177162）、国家自然科学基金地区项目（52368053）、江西省自然科学基金项目（20192BAB206043）等课题的支持下，系统深入地研究了不均匀地层条件下运营期地铁盾构隧道的受力特性与初始缺陷影响机理。并针对当前盾构隧道领域的迫切需要，进一步归纳总结不均匀地层盾构隧道的受力特性、荷载模式、初始缺陷影响等方面的研究成果，形

1

成体系，以期推动我国不均匀地层盾构隧道工程的理论发展与技术进步。

全书共分为 8 章，第 1 章介绍现有地铁盾构隧道背景意义及研究现状；第 2 章提出可考虑环向接头刚度折减、非连续性等因素的模型试验及数值模拟方法，并探明不同环向接头影响下盾构隧道管片的受力特性；第 3 章研究隧道下卧不同风化软岩的动力特性，并探究下伏地层不均时盾构隧道结构受力响应机理；第 4 章提出一种软硬不均地层盾构隧道理论荷载模式，并结合实测数据探讨该地层对盾构隧道的影响；第 5 章分析不同荷载变化下盾构隧道的变形、损伤机理；第 6 章研究壁后空洞对盾构隧道荷载分布及受力特性的影响；第 7 章探究初始椭变超限与空洞耦合作用下盾构隧道的结构响应机理；第 8 章对上述内容进行总结归纳，并对本书中不足之处进行探讨与展望。

本书由石钰锋、周宇航、顾大均等主编，张涛、胡梦豪、王超等参与编写部分内容。本书的研究工作得到了华东交通大学徐长节教授和中南大学阳军生教授等专家的支持，依托工程的现场测试工作得到了南昌轨道交通集团有限公司、中铁十四局集团房桥有限公司等单位的大力支持，在此表示感谢。

不均匀地层盾构隧道研究涉及的专业知识面广且技术手段多，作者对于一些理论与实际问题的认识和处理方法难免不全面、不准确，不当之处恳请读者批评指正。

编　者

2024 年 5 月

目 录

第 1 章
绪　论

1.1　地铁盾构隧道研究背景及意义 ————————————— >>>

近年来，我国城市轨道交通发展迅猛，处于世界领先水平，城市轨道交通运营里程及客流量多年居全球首位。《交通强国建设纲要》（中发〔2019〕39 号）[1]的出台明确了交通强国的发展方向，《关于全面深入推进绿色交通发展的意见》（交政研发〔2017〕186 号）[2]、《加快建设交通强国五年行动计划（2023—2027 年）》（交规划发〔2023〕21 号）[3]以及《关于推进城市公共交通健康可持续发展的若干意见》（交运发〔2023〕144 号）[4]等文件进一步细化了相关工作安排。城市轨道交通是城市功能的重要组成部分，肩负着引导城市绿色、健康发展的重要责任。

根据中国城市轨道交通协会的统计以及港澳台地区统计部门官网数据，截至2023 年 12 月 31 日，中国内地累计有 59 座城市投运城市轨道交通，线路长度11232.65 km，港澳台地区有 7 座城市运营城市轨道交通，线路长度 667.64 km。其中，53 座城市开通地铁（含市域快轨），长度 10561.25 km（港澳台地区 6 座，557.00 km），占比 88.75%[5]。2018—2023 年我国内地各制式城市轨道交通运营城市数量及交通里程如图 1-1 所示，从运营城市数量来看，2018 年以来运营城市总数逐年增长。从运营里程来看，地铁在我国城市轨道交通中占据绝对主流位置，地铁里程的变化极大地影响了总里程的变化，因此地铁里程增长趋势与总里程增长趋势相似，逐年增长。

近年来，我国交通强国战略实施，城市轨道建设向纵深方向大规模发展，地铁盾构隧道在设计、施工和运维过程中也面临众多挑战。而我国相当一部分地铁隧道穿越或下伏不均匀地层，随着城市建设与地下工程的持续开发，运营期间地

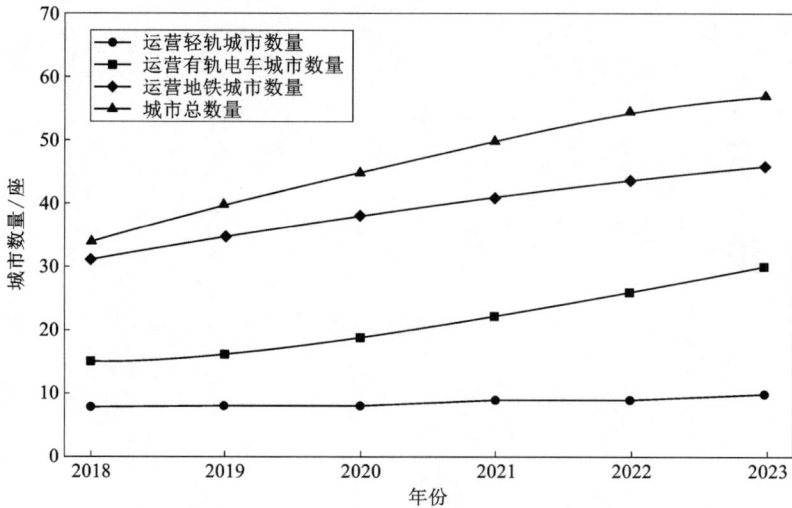

(a) 运营城市数量[5]

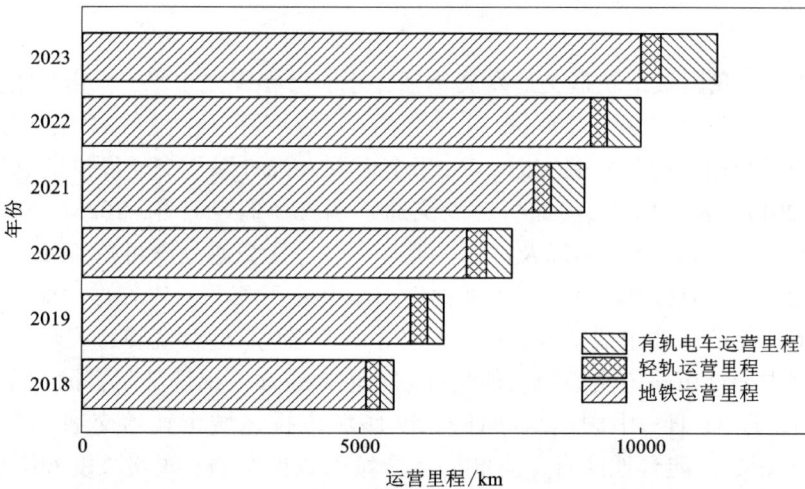

(b) 运营里程[5]

图 1-1 2018—2023 年中国内地各制式城市轨道交通运营里程及城市数量

铁隧道周边荷载条件不断改变，同时受千斤顶推力差异、盾构机掘进姿态等影响，管片拼装成环后可能存在一定程度的初始缺陷。上述运营期盾构隧道存在的下伏地层不均匀、荷载多变、管片初始缺陷等都可能会加剧隧道衬砌结构的劣化与形变，进而影响整个地铁系统的稳定与安全。为响应国家政策，推动城市轨道交通从速度型增长向质量型增长的转变，对不均匀地层运营期盾构隧道初始缺陷影响进行针对性研究尤有必要。为此，本书基于南昌地铁工程实例，综合采用理论分析、现场监测、试验模拟与数值仿真的研究手段分析不均匀地层运营期盾构隧道的受力特性，并进一步探讨初始缺陷对地铁盾构隧道的影响机理。本书研究工作可为地铁隧道的设计、施工和运维提供科学依据，对促进城市轨道交通的可持续发展有重要意义。

1.2 地铁盾构隧道领域研究现状 >>>

1.2.1 管片接头对盾构隧道的影响

盾构法隧道衬砌环是由若干块弧形管片拼装而成的装配式结构，各块管片间多以环向螺栓接头进行连接。而拼接缝以及管片接头的存在使得管片结构在接缝处是薄弱的、不连续的，具体表现为管片在接缝处的接头刚度折减以及非连续性，这使得盾构隧道管片在使用时其受力特性与变形规律难以准确地分析及研究。管片接头是盾构隧道衬砌整环结构中的薄弱环节，隧道结构的病害、裂损几乎都是发生在管片接头处，接头受力性能在很大程度上影响了管片结构的整体变形与受力特性。因此，在进行盾构隧道相关研究时，若能较为全面地考虑接头对管片的影响，则可使研究结果更为准确可靠。针对接头对管片受力特性的影响问题，国内外采用不同功能、种类的接头对盾构隧道管片受力特性进行模型试验与数值分析探究。

模型试验方面，在采用小比例（如 1∶10）的模型试验时，由于管片材料及螺栓尺寸的缩尺，模型管片接头用螺栓连接操作难度大、模拟效果差。为此，国内外采用不同功能、种类接头对盾构隧道管片进行了模型试验探究[6~12]。从目前的研究现状来看，文献[13]设计了几何相似比为 1∶10，材料为尼龙的开槽型模型管片，并提出了开槽模型接头设计计算理论。虽然该开槽模型管片能达到接头处抗弯刚度的等效替换，但其只是对接缝处进行了切削弱化，并未考虑管片材料的不连续性、管片的拼装效应、螺栓预紧力等。文献[14]设计了几何相似比为 1∶38.75 的聚乙烯模型管片，管片在接头位置切开由螺丝+薄塑料片模拟环向接头。虽然该管片在接缝处材料不连续情况下考虑了抗弯刚度削减，但其在接缝处并未考虑螺栓预紧力以及螺栓实际的剪切作用，且由于该模型接头影响因素较多，如螺栓拧紧程度、螺栓钻孔大小及深度、管片与螺栓的咬合程度等，使得模型接头刚度波动较大、难以准确计算。由以上分析可知，目前国内外对盾构隧道管片接头的模型试验尚有许多不足之处。

3

表 1-1 现有盾构隧道管片数值研究

项目	数值模型		
	张稳军[15]、张力等[16]	孙雅珍等[19]	Shi 等[20]
接头精度	螺栓实体化、考虑预紧力、设置手孔	螺栓简化为壳体、设置手孔、无预紧力	螺栓实体化、无螺帽、无手孔
加载方式	均布、集中力加压	24 个点荷载加压	塑性土加压
结果数据采集范围	局部管片及螺栓	整环管片（包括手孔）	整环管片、螺栓（除手孔外）
优势	接头精细、计算简便	同时模拟环向螺栓、充分消除边界效应	考虑了管片与围岩相互作用
不足	仅考虑两块管片存在边界效应，荷载过度简化	壳体单元模拟螺栓，精度不足	未设置手孔及螺帽

数值模拟方面,张稳军等[15]建立了可考虑螺栓预紧力、螺栓与手孔相互作用的环向接头数值模型,研究预紧力对弯螺栓接头力学特性的影响;张力等[16]建立了三维精细化接头数值模型,模型采用实体单元模拟接头混凝土、螺栓、手孔等构造,研究分析了螺栓连接状态对接头抗弯性能的影响。然而,上述模型均是以两块管片模拟整个衬砌环,两侧使用支座作为模型边界,存在明显边界效应,与整环管片的受力状态存在偏差,只适用于局部分析,而且仅采用均布或集中力的荷载施加方式,在荷载模拟精度上亦有所欠缺。张润东[17]建立了带有螺栓、螺栓孔及嵌缝等接头细部构造的衬砌环精细化模型,并采用荷载-结构法对隧道加载,分析了不同接头类型对盾构隧道衬砌圆环承载性能的影响。Liu 等[18]建立精细化管片模型,亦采用荷载-结构法计算螺栓接头界面应力分布。孙雅珍等[19]建立了考虑螺栓、手孔、钢筋、加固钢环等部件的内张钢圈加固管片结构数值分析模型,均匀布设 24 个集中力对管片加载,研究地层荷载作用下加固管片结构的受力性能。上述数值模型均是对地层作用下整环盾构管片及其接头进行模拟,但螺栓接头在模拟精度上依旧存在些许不足,比如:文献[15~17]螺栓完全埋设在管片结构内部,未设置手孔及螺栓预紧力,无法考虑螺栓与管片混凝土间的相互作用;文献[20]将螺栓杆与螺母简化为梁单元与壳单元,且把梁单元嵌入约束到管片混凝土中,不符合螺栓实际受力情况。而且文献[17,18,20]均采用的是荷载-结构法计算,然而相关研究表明,荷载-结构法与实际地层作用荷载存在一定偏差[21]。

综上所述,目前盾构隧道管片数值与模型试验仍然存在提升空间,主要体现在螺栓接头模拟精度与接头受力特性上,若能在保证螺栓接头模拟精度的同时充分体现其受力特性,便能有效提升试验及数值方法的可行性。

1.2.2 地层不均对盾构隧道的影响

随着城市轨道交通高速发展和盾构技术日益成熟,各大城市采用盾构法修建隧道的案例也逐年增多,运营期地铁盾构隧道纵向不均匀沉降问题日益凸显,下伏地层不均会使隧道受力状态发生改变,容易引发盾构隧道的不均匀沉降[22~26]。而盾构隧道是由环、纵向螺栓将衬砌块拼装连接而成的非连续结构,诸多研究表明[27~30],当隧道纵向受力或地层不均时,纵向螺栓受力不再协同,很可能导致隧道产生较大不均匀沉降,严重时可能诱发管片环间错台、螺栓剪断和接缝渗水等病害。

过去,现有盾构隧道屡次出现因下卧土层软硬程度不均而产生的破坏。例如,南京地铁 1 号线运营四年期间因下卧土层软硬分布不均产生纵向不均匀沉降，导致结构裂缝和渗漏[31]。上海 1 号线在建成五年后地面沉降率仍高达 5 ~ 15 mm/年，部分区域衬砌环间差异沉降和纵向总沉降均超过设计值，曾导致过严重的泥浆渗漏问题[32]。同时，盾构隧道所处地质条件也愈发极端和不利，部分盾构隧道甚至直接穿越软硬变化地层。如厦门地铁 2 号线跨海工程左线 DK19+725 ~ +785 段，盾构隧道穿越地层软硬程度纵向差异明显，基床系数纵向差异较大[33]；深圳妈湾跨海通道工程纵向穿越淤泥、黏土、砂土、全强风化混合花岗岩、中风化混合花岗岩等多个地层，其工程地质条件十分复杂，形成了穿越多个软硬变化地层的不利地质条件[34]。

针对上述问题，诸多学者采用理论分析法对软硬不均地层盾构隧道力学性能开展研究。兰庆男等[35]基于 Winkler 弹性地基梁理论推导了任意荷载作用下隧道竖向位移公式，并选择厦门地铁 2 号线为工程实例验证理论公式的合理性。王祖贤等[36]针对非均质地基中盾构隧道纵向变形问题，将盾构隧道视为非均质 Winkler 地基中的 Euler-Bermoulli 梁，分析了两类典型非均质地基条件下地基变异性对盾构隧道纵向变形和内力的影响，并进一步讨论软硬地层渐变时隧道的纵向力学特性。Jordan 等[37]针对穿越软硬突变地层盾构隧道开挖模式进行了研究，研发了一种能够实现软硬岩之间平滑过渡的开挖方法，以实现不同地层条件之间的切换。Rocca[38]等针对穿越突变地层的隧道失稳现象进行了研究，对不同地层条件下隧道结构的不同特性进行对比分析，提出了设计和施工过程需注意的问题及改进措施。Cheng 等[39]通过改进的 Timoshenko 方法，研究了软硬地层中盾构隧道在荷载作用下的变形特性，包括隧道沉降、管片张开和错台等。然而，理论分析一般得出的是隧道整体变形的宏观印象，无法直观、细致分析隧道的变形机理与力学特性，因此，结合数值模拟和模型试验来揭示隧道不均匀沉降时的变形机理具有重要意义

在模型试验方面，黄宏伟等[40]、余占奎[41]结合工程实际，阐述了盾构隧道纵向沉降的模式、原因及机理，提出隧道穿越土层的不均一、隧道附近的施工建设的影响、隧道上方地表的堆卸载、城市用水引起地下水位的降低是隧道产生沉降的主要原因。朱建峰等[42]开展了土体加固与隧道沉降响应的模型试验。结果表明：在不同的地质条件下，盾构隧道沉降稳定时限和最终沉降量存在显著差异，其下卧的软土层厚度越厚，其力学性质越差，隧道的沉降量也就越大。马险峰等[43]采用隧道模型试验，研究了不同下伏地层对隧道纵向沉降的影响。结果表明：隧道沉降受超孔隙水控制，超孔隙水压力变化率越大，下伏地层达到稳定所需时间也越长。王泽洋[44]制作了石膏模型隧道，采用预埋铁焊丝模拟纵向接头，研究隧道的纵向沉降规律。陈晓坚[45]采用 ABS 塑料薄片模拟盾构隧道管片纵向接头，研究软硬差异地层处荷载变化引起的隧道纵向差异沉降分布规律。郭

一帆[46]采用 PVC 及 PE 材料模拟管片，通过 PE 或 PVC 片和螺栓连接模拟环缝，分析梁理论在盾构隧道纵向不均匀变形中的适用及相关研究。总结现有试验所用盾构隧道模型可以发现：由于传统的加工方法难以对盾构隧道模型结构做到精细化还原，通常会将盾构隧道衬砌间纵向螺栓接头进行简化处理。如采用预埋焊丝替代弯螺栓[44]虽可将管片连接在一起，但不能准确模拟螺栓接头的受拉、弯性能。或是采用塑料薄片与螺栓固定以替代管片接头[45-46]，然而在隧道纵向变形时，接缝错台、张开角发展的模拟尤为关键，塑料薄片显然会限制接缝的张开等发展，致使无法准确模拟接头的抗弯刚度。虽然上述简化后的盾构隧道模型在一定程度上促进了人们对盾构隧道受力变形的认识，但是在结构方面并不能全面还原其拼接结构特点，因此无法真实反映盾构隧道的受力变形规律。

在数值模拟方面，苏道振[47]利用 ABAQUS 有限元软件，依靠现场检测数据，建立了多环三维盾构隧道模型，对不均匀沉降带给盾构隧道管片的影响进行应力分析。结果表明：隧道发生沉降，盾构隧道管片最大拉应力出现在错台量最大管片附近，拱顶位置最大拉应力超过极限拉应力而致使拱顶内侧发生受拉破坏。杨茜等[48]基于摩尔-库伦准则，建立隧道衬砌与土体相互作用的三维有限元模型，模拟了软土盾构隧道下卧土层性能和隧道上方局部荷载对隧道沉降的影响，揭示了隧道的纵向变形规律。结果表明：隧道纵向沉降最大值与软土夹层弹性模量、纵向长度以及均布荷载集度呈线性关系；隧道沉降值随均布荷载作用长度和宽度增加而增大。戴轩等[49]基于工程实测并考虑土体的小应变硬化特性建立三维有限元数值分析模型，研究了盾构侧穿引发的建筑物纵向挠曲、土体变形与应力变化规律，并分析了不同建筑平面长宽比的影响。结果表明，盾构隧道平行侧穿将诱发平面长宽比较大的建筑出现"下凹式"变形，纵墙中部沉降最大可为其角点沉降的 2 倍。尽管上述研究表明了数值模拟在隧道结构研究中的广泛运用与良好的适用性，但针对不均匀沉降下隧道衬砌纵向变形机理与受力特性的研究相对较少，尤其是因下伏地层软硬不均、上覆荷载偏压导致的隧道纵向不均匀沉降。而且，由于盾构隧道及其螺栓具有复杂的非线性特征，现有研究数值模拟常常对衬砌结构、螺栓接头、加载土体进行不同程度的简化。

1.2.3　软硬不均地层荷载模式研究

地铁隧道施工有盾构法、明挖法、矿山法等，其中盾构法以其施工高效性、安全性、不影响地面交通等优越性而被广泛使用，而明确隧道衬砌所受荷载大小和分布类型是进行盾构隧道设计的先决条件。现有隧道衬砌结构设计计算方法普遍采用修正惯用法[50]，即无论对于复合土层或土-岩复合地层等，荷载计算时常常等效为均质地层处理，难以精确计量荷载，且传统修正惯用法引入地层抗力和地基反力简化了土体-结构间的相互作用。有学者分析了修正惯用法在复合地层围岩压力计算中存在的问题，指出修正惯用法在处理隧底反力时过于粗略，其假定地层抗力与地层位移是相互独立，而实际工程中受围岩级别、岩土体结构、施工方法等因素的影响，实际的地基反力往往是由主动力和被动力组成的，同时围岩-结构接触属性复杂多变，引起的地基反力与岩土体物理力学参数息息相关，尤其对于软硬不均地层隧道。

针对上述问题，国内外对软硬不均地层下盾构隧道的荷载模式进行了大量研究。肖明清等[51]提出了上软下硬复合土层及上土下岩复合岩土层盾构隧道的荷载计算模式，其中在地层分界线处侧压力会有突变，隧道顶部土压力按传统荷载计算方法获得。依托实际工程实测结果进行对比，结果表明修正惯用法荷载模式过分夸大了隧底被动反力，理论计算值与复合地层隧底实际受荷状态不符，所提计算方法与实测值更吻合。张杰[52]依托济南地铁 R2 线，通过现场测试与理论计算对比，发现隧道穿越软黏土或粉质黏土，埋深大于 2.57 倍管片外径时，衬砌荷载应采用太沙基松动土压力，且修正惯用法荷载计算值在隧道底部明显偏大。钟小春等[53]根据管片内力实测数据，采用最优化方法反演分析管片受到的土压力大小和分布。结果表明，深、浅埋条件下管片上的土压力值存在较大差异，且与理论假定的土压力分布形态有很大区别。

肖明清等[54]基于荷载结构法，借助前人对隧道围岩压力研究所得的解析解，提出初期支护荷载结构模型和安全系数设计方法，为隧道初期支护设计提供了一定参考依据。Zhou[55]考虑流变学模型、应力释放系数和螺栓的附加径向体力建立了三种复合衬砌隧道支护条件，推导出初支和二衬上的位移解析公式。根据位移差和衬砌刚度之间的关系，得到初支所受载荷。Du 等[56]考虑水压前提下采用超静力反应法（HRM）研究堆载对饱和软岩中马蹄形隧道开挖的衬砌结构响应，研究表明由 HRM 和数值模拟得到的结果吻合较好。

王道远、宋艺、李雪等[57-59]统计分析大量盾构隧道土压力现场实测数据，研究表明衬砌荷载大小及模式与围岩自身属性、管片类型、隧道埋深、地下水位高低等因素有关。汪大海[60]基于主应力偏转理论，通过改进地层拱理论计算了隧道上覆土压力。对比表明：普氏理论及 Terzaghi 地层拱理论的计算值比实测值要偏大，改进方法计算值与实测值较接近。李瑞林等[61]采用类似方法研究滑移面间非极限状态的土压力计算模型，能够较好地考虑土拱效应。Xu[62]基于极限平衡理论，结合土-水特征曲线、莫尔-库仑破坏准则和非饱和土的有效应力，提出了一种计算任意地下水位下非饱和地基上浅埋隧道松动土压力理论。Muir[63]引入衬砌弯矩与刚度系数关系建立了圆形隧道在"椭圆"变形下的荷载模式，适用于薄衬砌的稳定性问题，可以对非对称变形条件下的地基反力系数进行评估。Teeodor[64]对预制或现浇圆形衬砌的所有方法和结构模型进行了系统分析，采用修正的衬砌荷载模式计算了衬砌的弯矩和轴力。晁峰等[65]分析太沙基松弛土压力公式应用于不均匀地层隧道的不足，推导了断面内水平地层、倾斜起伏地层地铁盾构隧道对应的拱顶荷载修正计算方法。Li 等[66]针对不同渗透性地层提出了考虑河水水位波动的盾构隧道衬砌设计模型，并通过杭州钱塘江隧道力学响应的现场测试数据进行验证。黎春林[67]基于 Handy 理论推导了土体侧压力系数计算公式，再考虑地层损失和管片刚度，推导了一种修正的 Terzaghi 松动土压力计算公式，发现管片所受松动土压力会比全覆土自重要小，很大程度取决于土拱效应的发挥。何川等[68]总结了盾构隧道结构计算中的荷载计算方法，针对荷载取值方面，介绍了深层空间中水土压力的作用机理、施工期流固耦合效应以及岩层地震荷载的合理取值等相关研究进展。韩兴博等[69]基于芬纳公式，推导出考虑围岩与衬砌变形连续的围岩压力及变形理论解析解，再将黄土结构性参数引入，提出了一种适用于黄土盾构隧道的围岩压力求解方法。武军、宫全美、朱孟龙等[70-72]通过假设土体松动区(滑移面)形状，推导出不同的隧道松动土压力修正计算方法，并进行相关参数分析。

综上可知，隧道荷载模式理论分析研究方面，诸多学者对既有的围岩压力计算公式进行合理修正，但研究内容多侧重于竖向荷载的计算，对于荷载的分布形态，少数学者通过理论推导直接提出，并且目前针对软硬不均地层尚未形成统一的盾构隧道荷载计算体系。

1.2.4 荷载变化对盾构隧道的影响

随着城市地下轨道交通网络的不断扩展和优化，紧邻既有地铁线路的建筑施工逐渐增多，例如既有隧道周边进行基坑开挖，既有隧道上方地面出现堆载，既有隧道周围新建上穿或下穿隧道等。这些势必将引起隧道上覆荷载的变化，致使既有盾构隧道结构受力、变形状态发生突变，甚至进一步导致螺栓断裂、管片局部开裂等结构病害，对地铁隧道运营安全危害极大[73-77]。

目前，已有学者开展了地面堆卸卸载对既有地铁盾构隧道的影响研究，并取得了一定的成果。如王涛[78]等基于 Winkler 地基梁理论，以布辛耐斯克解计算推导了地面堆(卸)载下盾构隧道纵向形变的计算公式，并通过工程实例验证了该理论公式的适用性与可行性。戴宏伟等[79]建立了施工荷载作用下地铁隧道的纵向变形计算理论，并据此分析荷载位置、隧道埋深等不同参数变化对隧道纵向变形和内力的影响，研究成果成功应用于实际工程。璩继立等[80]将深埋盾构隧道视作双面弹性地基梁，并据此计算地面大范围堆载导致的隧道纵向变形，作者后续对比了理论计算结果与 Winkler 地基梁模型的计算结果，并发现：传统 Winkler 地基梁模型结果远大于双面弹性地基梁计算结果，研究结论可为深埋盾构隧道的设计提供参考。魏纲[81]等将盾构隧道等效成弹性地基短梁，地基短梁之间通过剪切螺栓相连，并基于能量法得到堆载导致的隧道纵向变形，以及管片环间错台量和环间剪切力，最后将理论成果运用于案例计算中，研究了堆载对既有盾构隧道的影响。柳献等[82]开展整环盾构隧道足尺加载试验，研究了地面超载工况下，隧道衬砌的受力、变形情况。试验结果发现，随着所施加荷载的增大，接头抗弯刚度持续衰减，接头位置破坏严重，隧道整体刚度不断降低；隧道最终变形呈现典型的"横鸭蛋"模式：隧道结构竖向被挤压，而沿横向扩张。

贺美德[83]结合北京某地下过街人行通道上穿地铁 10 号线工程，建立上部卸载情况下既有隧道纵向受力模型，推导了单弹簧模型和双弹簧模型下上部卸载引起的既有隧道挠度、转角、弯矩与剪力。全面分析了上部隧道的开挖对既有隧道的受力与变形规律。Liu[84]等基于上海地区某一深基坑开挖工程，通过现场监测分析了基坑开挖对邻近车站地下连续墙的竖向位移及侧向位移，地铁轨道的水平与竖向的位移的影响。监测结果显示在基坑开挖表面设置跨墙，喷射注浆可以有效地控制基坑的隆起，减小对邻近车站地下连续墙及地铁轨道的影响。魏纲[85]等基于张治国等的研究，考虑基坑坑底与侧壁卸荷应力以及基坑围护结构的影响，建立基坑开挖力学计算模型，推导了基坑开挖引起的临近既有地铁隧道的附加荷载计算公式，并通过算例进行验证，分析了隧道位置、基坑开挖尺寸、应力损失率对荷载计算结果的影响。宗翔[86]基于 Ker 地基梁理论，将 Mindlin 基本解积分得到已建隧道纵向上的附加荷载，建立了基坑开挖卸载对下方已建隧道影响的解析分析方法，并结合郑州市某基坑工程，对比分析理论解析值与实测值。周泽林[87]等将隧道视为弹性连续梁分析受力和变形，推导出隧道与周围土体相互作用的有限元耦合平衡方程，分析基坑卸载影响隧道结构变形机理，通过数值模拟等多种方法的对比分析，为基坑施工对临近隧道影响提供理论依据。

综上所述，现有盾构隧道上覆荷载的变化研究多集中于堆（卸）载作用下的隧道结构力学理论解析，虽有部分试验与数值模拟研究，但其模型相对简化，难以获取较为精确的管片受力及变形特性。此外，对地下水位升降引起隧道上覆荷载的变化研究相对有限。

1.2.5　初始椭圆度超限及壁后空洞对盾构隧道的影响

盾构隧道是由多块管片拼装而成的组合式结构，受千斤顶推力差异、盾构机掘进姿态、地层性质复杂等因素的影响，其拼装成环后可能存在一定程度的初始缺陷，以椭圆度超限和壁后空洞现象较为典型，椭变超限会导致隧道横截面偏离理想的圆形，影响其结构完整性和承载能力，而空洞则可能会导致地下水渗透，进而影响隧道稳定性和周边环境。且随着城市轨道交通网的铺设，既有地铁盾构隧道临近开挖工程时有发生，隧道受力状态与周边环境发生改变，若隧道在交付运营前存在初始椭圆度超限或壁后空洞，受上部堆载影响其结构易产生较大变形，严重时会引发管片错台、裂损、渗漏水等病害，进而影响隧道的施工及运营安全。

针对此类缺陷问题，部分研究人员已展开调研并有所进展。如王震等[88]探究初始椭圆度缺陷对管片结构在外部围压下极限承载性能的影响，提出考虑初始椭圆度缺陷的管片非线性稳定极限承载性能计算方法。建立数值分析模型并基于文献实验数据验证，对椭圆度缺陷的几何计算理论及其取值进行分析；分别引入横长轴和斜长轴初始椭圆度缺陷，就不同椭圆度缺陷对管片非线性稳定极限承载力的影响进行参数分析，提出了含椭圆度缺陷管片极限稳定承载力的取值建议。丁小彬等[89]基于工程实测数据，分析了既有隧道结构因地层损失产生不同椭圆度变形情况下管片结构的受力情况。运用三维有限元分析软件，考虑了管片接头处的螺栓孔等细部构造，研究了管片椭圆度与结构应力状态之间的量化关系，并分析了结构的塑性变形情况及其发展趋势。Zhang等[90]以成都地铁盾构隧道为研究背景，通过几何计算得到拼装椭圆度与管片张开角的关系，并采用有限元分析方法研究发现分段张开角与椭圆度呈线性正相关关系。贺磊等[91]针对盾构管片断面变形规律的复杂性，利用大量实例数据，统计分析管片椭圆的旋转角、横向收敛、椭圆度等参数的关联和分布情况，发现横向收敛与椭圆度有很强的相关性，且椭圆旋转角超过一定数值对常规水平收敛测量也有影响。文彦鑫[92]采用数值模拟对高水压盾构隧道管片衬砌接缝防水性能开展研究，发现管片拼装成型后纵缝张角绝对值大小与隧道椭圆度呈线性正相关，同一椭圆度下所有纵缝内张角的最大值大于所有外张角的最大值。陈云尧等[93]基于前人研究建立了拼装椭圆度与纵缝变形规律数值模型，分析了拼装椭圆度、拼装点位对纵缝张角的影响。研究表明椭圆度数值不改变接缝张角方向，接缝张角数值与椭圆度呈线性正相关；椭圆度相同时，接缝张角数值分布范围受拼装点位影响。Kan、王一兆等[94-95]采用三维有限元模型对盾构隧道进行参数化加载仿真，并分析提出了地铁盾构隧道的结构变形预警值与控制值。

郭瑞等[96]以 10.8 m 大直径盾构隧道为研究对象，针对黏土地层盾构隧道管片结构，设计开展地层空洞、地层改良等因素影响下盾构隧道的失稳破坏试验，探究地层空洞等因素对盾构隧道稳定性的影响规律。王士民等[97]基于渐进性破坏理论，采用模型试验手段，从管片内力及位移、声发射信息、管片破坏过程四个方面分析超载作用下地层空洞对盾构隧道管片结构渐进性损伤破坏过程的影响规律。杨文波等[98]采用模型试验与数值仿真相结合的方法，探究单点震荷作用下管片拱顶有、无空洞对隧道结构动力响应规律的影响，并进一步通过数值手段获取移动荷载作用下隧道结构的动力响应规律。管锋等[99]采用模型试验手段研究了无空洞、拱顶、拱腰、拱底空洞影响下盾构隧道结构外荷载分布、内力、变形的响应规律，并探讨了不同空洞位置对结构安全的不利影响排序。李林桂[100]针对空洞与列车荷载耦合机理不明问题，采用模型试验及数值仿真手段探究了不同空洞尺寸及位置与列车动载耦合影响下盾构隧道及周围地层的动力响应规律。杨公标[101]基于理论分析、模型试验等手段研究地层空洞及邻近空洞隧道施工对盾构隧道结构力学机理、变形损伤特性的影响，并基于此提出空洞的风险分区准则及其确定方法。Zhang 等[102]采用数值手段设计开展了不同尺寸、不同位置壁后空洞的存在对复合衬砌盾构隧道结构内力响应分析，获取空洞对管片衬砌力学行为的影响机理。Li 等[103~104]基于等效刚度法对盾构隧道模型进行简化处理，设置黏弹性边界，采用数值仿真方法分析不同角度 Sv 波作用下空洞尺寸及跨度对结构地震动响应的影响。Shi 等[105]基于文献研究成果，进一步采用数值仿真方法开展空洞角度、深度、数量等单一影响下盾构隧道受力特性的响应规律，一定程度上较为系统地研究了壁后空洞对盾构隧道的影响。Qin 等[106]采用二维数值仿真方法设计开展了空洞赋存时盾构隧道埋深、地层性质及纵缝转动刚度对盾构隧道结构的敏感性研究，并对比了不同空洞位置对结构变形、沉降的影响。赖金星等[107-108]以西安地铁某区间隧道涌水事故为依托，采用 ANSYS 软件设计开展空洞位置及大小对盾构隧道影响的二维数值仿真，一定程度量化壁后空洞位置及尺寸对围岩应力分布及管片内力、安全系数、裂缝发展的影响机理，并提出了施加荷载的临界值范围。

综上可知，目前对盾构隧道初始椭圆度超限及壁后空洞的影响研究多将管片简化为壳体进行分析，或是将管片视为均质体，研究及分析精度略有不足，难以准确反映盾构隧道接头细部结构的受力变形机理，并且对于初始椭变及壁后空洞组合影响下盾构隧道的受力响应研究较少。

1.3 本书主要内容

我国相当一部分地铁隧道穿越或下伏不均匀地层，随着城市基础建设与地下工程的持续开发，运营期间地铁隧道周边荷载条件不断发生改变，同时受千斤顶推力差异、盾构机掘进姿态等影响，管片拼装成环后可能存在一定程度的初始缺陷，因此，亟须探明不均匀地层运营期盾构隧道的受力特性与初始缺陷影响机理。为此，本书充分调研国内外研究成果，提出可考虑接头非连续性影响的盾构隧道模型试验及数值仿真方法，基于此研究地层不均匀、荷载变化情况下运营期盾构隧道的受力特性，并进一步探明初始椭变超限、壁后空洞等缺陷对盾构隧道的影响机理。本书旨在构建科学、全面的不均匀地层盾构隧道研究体系，以期为不均匀地层地铁盾构隧道的设计和维护提供指导。

全书共分为 8 章，第 1 章介绍现有地铁盾构隧道背景意义及研究现状；第 2 章提出可考虑环向接头刚度折减、非连续性等因素的模型试验及数值模拟方法，并探明不同环向接头影响下盾构隧道管片的受力特性；第 3 章研究隧道下卧不同风化软岩的动力特性，并探究下伏地层不均时盾构隧道结构受力响应机理；第 4 章提出一种软硬不均地层盾构隧道理论荷载模式，并结合实测数据探讨该地层对盾构隧道的影响；第 5 章分析不同荷载变化下盾构隧道的变形、损伤机理；第 6 章研究壁后空洞对盾构隧道荷载分布及受力特性的影响；第 7 章探究初始椭变超限与空洞耦合作用下盾构隧道的结构响应机理；第 8 章对上述内容进行总结归纳，并对文书中不足之处进行探讨与展望。

本书理论与实践并重，研究体系科学全面，可供地铁盾构隧道领域从事管理、设计、施工、科研相关工作的技术人员参考。

第 2 章
考虑接头影响的盾构隧道管片
受力特性研究

盾构隧道管片多采用螺栓接头连接而成，其受力形式可视为一种复杂的多"铰"非连续圆拱结构，而环向接头作为管片结构的"铰"，直接决定着管片结构的力学性能。

拼接缝及环向接头的存在使得管片结构在接缝处是薄弱的、非连续的，这使得盾构隧道管片在使用时其受力特性与变形规律难以准确地分析及研究。为此，本章对盾构隧道管片环向接头受力形式进行理论分析与改进，提出可考虑接头刚度折减及非连续性的"弹簧+螺栓"新型接头，并基于此开展了一系列模型试验，同时进行考虑接头非连续性、螺栓预紧力、手孔-螺栓相互作用的盾构隧道精细化数值模拟，以探明不同环向接头影响下盾构隧道管片的受力特性。

2.1 盾构接头缩尺试验模型设计方法

>>>

缩尺模型试验是基于相似理论进行管片受力分析的有效手段，可较为真实、准确地模拟管片在不同环境中的受力条件与响应规律，从而验证理论分析结论和数值模拟结果的正确性和可靠性。本节以南昌地铁盾构隧道管片为参照原型，基于相似理论进行了缩尺模型试验设计，包括管片相似材料配制、管片接头模拟设计等。并进一步建立相应的三维精细化数值模型对模型试验结果进行验证与补充。

2.1.1 模型尺寸设计及材料制备

模型原型对应南昌地铁盾构隧道管片，其几何尺寸如图 2-1 所示，内径

5400 mm，宽 1200 mm，厚 300 mm。管片分为 6 块，标准块（A 型）圆心角，67.5°，两邻接块（B 型）圆心角 67.5°，封顶块（C 型）圆心角 22.5°。管片采用 C50 高强混凝土模筑。管片环向与纵向均采用 M30 弯螺栓连接，其机械性能等级为 6.8 级。

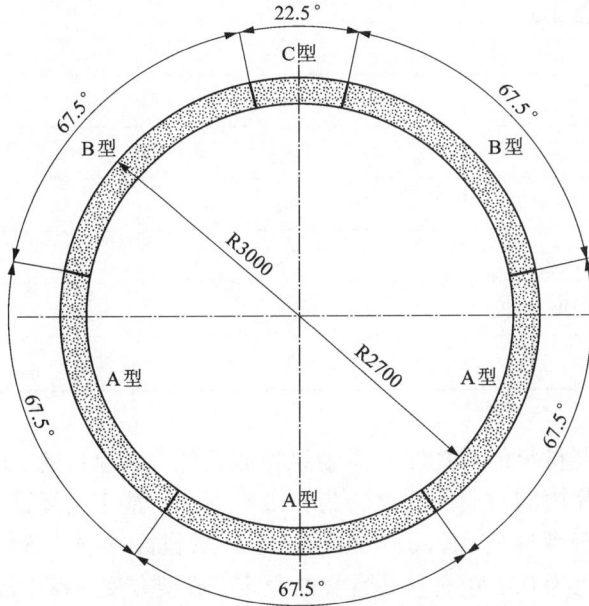

图 2-1　原型管片几何参数示意图（单位：mm）

在遵循相似准则的前提下，将缩尺模型试验中获得的数据乘相应的比例（即原型与模型之间参数的比值），即可得到与原型工况相对应的试验数据。选择合适的相似常数对试验结果至关重要。当相似常数较大时，试验的误差也会相应增加；而相似常数过小，则意味着模型尺寸、试验设备和试验环境的要求会变得更为严格，从而导致经济和时间成本显著增加。此外，缩尺模型试验还须考虑监测元件的布置、模型箱的放设、场地的面积条件、试验的可行性等诸多因素的影响。综上所述，最终确定缩尺模型试验的几何相似比为 1∶10，即管片几何相似常数 $C_1 = 10$。

本次模型试验涉及的主要物理量包括几何尺寸、容重 γ、应变 ε、应力 σ、位移 δ、轴力 N、剪力 T、弯矩 M、弹性模量 E、轴向刚度 EA、剪切刚度 GA、弯曲刚度 EI。其中，以几何尺寸相似常数 $C_1 = 10$ 及容重相似常数 $C_\gamma = 1$ 为两个基本量，根据相似第一定理、相似第二定理及相似第三定理，利用弹性力学法推导计算得到本书缩尺模型试验的各个相似常数，如表 2-1 所示。

表 2-1　相似常数计算表

物理量	相似关系	相似常数
管片尺寸	基本量	10
管片容重	基本量	1
应变	C_ε	1
应力	$C_1 C_\gamma$	10
位移、弹模	C_1	10
轴力、剪力	$C_{13} C_\gamma$	10^3
弯矩	$C_{14} C_\gamma$	10^4
轴向、剪切刚度	$C_1{}^3$	10^3
弯曲刚度	$C_1{}^4$	10^4

　　缩尺试验模型材料的选择原则需满足相似条件、试验目的、仪器精度及操作便捷等要求。管片模型对应的原材料为 C50 混凝土,基于上述四条原则,选取试验材料为石膏。石膏性质和混凝土较接近,均属脆性材料,弹性模量为 1000~5000 MPa,泊松比为 0.2 左右。石膏性能稳定,成型方便,易于加工,成本低廉,适宜于制作线弹性模型。模型材料主要由石膏与一定量的水以及少量外加剂搅拌混合而成,该模型以石膏作为基本的胶结材料,通过在石膏浆中加入外加剂调整石膏混合料的物理力学特性和变形特性。为保证试验量测精度,外加剂的最大颗粒粒径不宜超过 1 mm,故本试验选取颗粒极小的硅藻土粉末作为外加料。

　　由于不同比例的水、石膏、硅藻土混合后其强度差异较为明显,为得出满足模型要求的水、石膏和硅藻土的合适配比,分别制作了由 5 组不同水、石膏、硅藻土质量配比而成的边长为 70.7 mm 的标准立方体试块,如图 2-2 所示。

　　待标准立方体试块养护完成后,测量每组试块的弹性模量,取每组 4 块的平均值(去掉最大及最小值)并且记录如表 2-2 所示。观察表中可以发现,在水:石膏:硅藻土为 1:1.4:0.23 时材料的弹性模量值为 3.48 GPa,非常接近 C50 混凝土强度的 1/10,故以此作为该模型管片的材料配比。

图 2-2　不同材料配比的立方体试块(单位：mm)

表 2-2　不同配比试块强度表

水∶石膏∶硅藻土	弹性模量/GPa
1∶1.4∶0.1	2.95
1∶1.4∶0.2	3.32
1∶1.4∶0.3	3.61
1∶1.4∶0.25	3.57
1∶1.4∶0.23	3.48
C50 混凝土强度/10	34.5/10 = 3.45

2.1.2　管片模型接头设计与制作

盾构隧道的横截面形变较复杂，主要源于两个因素：一是 6 个管片各自的弯曲形变，二是管片之间环向螺栓连接处的转动形变。其中，管片自身的弯曲形变主要取决于管片材质的弹性模量等物理特性，而管片环向接头的转动形变则更加复杂，这种形变与环向接头的弯曲、轴向以及剪切刚度均有不同程度的关联，且环向接头的刚度并非一成不变，而是呈现非线性的变化特性[24, 109]。因此，保证模型管片环向接头与原型管片环向接头的刚度相似是本次缩尺模型试验的必要条件。然而由于模型管片尺寸小、材料强度低脆性大，很难实现管片螺栓一体化，且螺栓与石膏间容易受拉拔出，模型管片直接装配螺栓会有较大损耗且误差是数量级的，故不宜直接设置螺栓。为此，将螺栓功能分解为螺栓抗剪切能力、螺栓抗拉伸能力与螺栓预紧力、螺栓抗弯曲能力。

螺栓的抗剪切能力由管片内部预埋特制弧形套筒螺栓承担，该弧形套筒螺栓由两个钢制弧形套筒及两根光滑弧形钢棒组装而成，套筒及钢棒的间距、长度均按照原型管片进行相似设计，如图 2-3 所示。组装完成后将其通过模具预埋在管片内部，预埋位置与原型管片螺栓位置一致，浇筑完成后可得到预埋螺栓后的模型管片，如图 2-4 所示。光滑弧形钢棒及弧形套筒的设置可使相邻两块管片间几乎不受沿螺栓方向的拉力，只承受接缝截面的剪切力。由于模型管片套筒螺栓与原型管片螺栓在接头处位置保持一致，模型管片接头在受剪切力时的力学状态与原型管片相同。

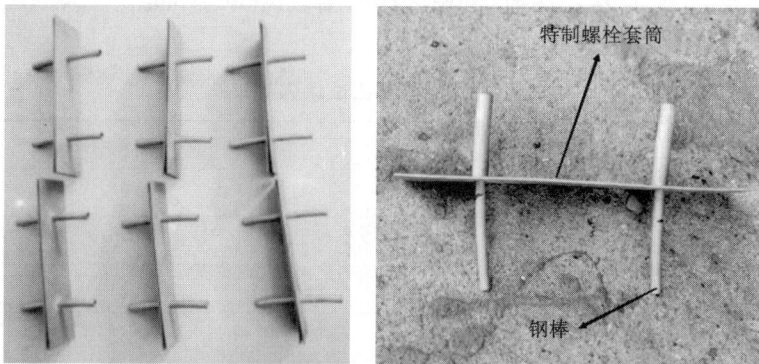

图 2-3　特制弧形套筒螺栓

图 2-4　管片预埋螺栓构件示意图

螺栓的抗拉伸能力及螺栓预紧力由设置在管片拼接纵缝处内、外侧面的管片特制弹簧连接构件来承担，组装完成后将其用焊接胶粘接在管片接缝处的内、外表面，如图 2-5 所示。固定构件材料为钢，粘接后对接头刚度有一定程度的影响，但由于粘接面积占比小，且其在接缝处间隔了一段距离，因此该装置对接头刚度影响较小，可忽略不计。该构件内每一组的弹簧均与原型管片螺栓位置保持平行，通过调节两端的六角螺栓可以控制弹簧拉力的大小，从而模拟原型管片螺栓的抗拉伸能力及预紧力，对称式弹簧钩的设计可使相邻两块管片间几乎不受接缝截面的剪切力，只承受沿螺栓方向的拉力。

螺栓的抗弯曲能力则由特制弧形套筒螺栓与特制弹簧连接构件共同承担，引起螺栓弯曲变形的各个方向的力可分解为沿螺栓方向的力和垂直螺栓方向的力。沿螺栓方向的力由平行于螺栓的特制弹簧构件承担，垂直螺栓方向的力由预埋的特制弧形套筒螺栓承担，二者共同工作以模拟螺栓的弯曲变形。

图 2-5　管片弹簧构件连接示意图

2.1.3　管片模型接头计算分析

本节通过在管片内部预埋特制弧形套筒螺栓、在管片外侧固定特制弹簧连接构件的方法模拟了管片的环向螺栓接头。为简明阐述该模型接头的设计方法，设模型管片与原型管片尺寸相同，并作出合理假设：①管片纵缝间仅有螺栓连接，无防水密封垫；②环向接头产生的纵缝视为在同一平面上，且该平面始终垂直于螺栓；③模型管片始终处于线弹性范围内；④螺栓接头始终满足连续性假设、均匀性假设、平截面假定。基于上述各项假定，将螺栓连接的管片接头、设计模型管片接头简化如图 2-6、图 2-7 所示。

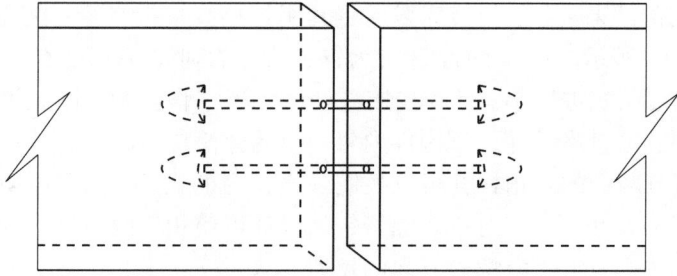

图 2-6　螺栓连接的管片接头

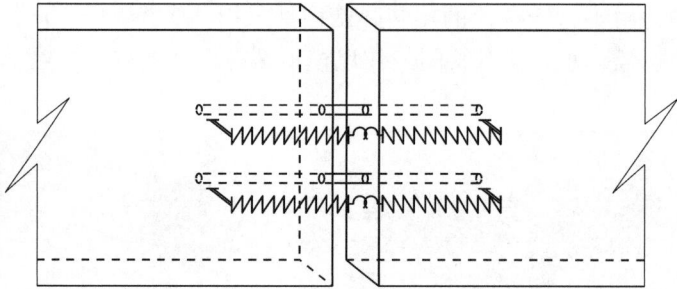

图 2-7　设计模型管片接头

要使设计模型接头能有效地模拟螺栓管片接头，需分析设计模型接头与螺栓管片接头的等效性，而影响管片环向接头受力性能的主要指标为管片的接头刚度，其分为轴向、剪切和弯曲刚度。因此，分别对模型接头与螺栓连接接头的轴向、剪切和弯曲刚度进行等效性分析。

1. 模型管片接头轴向刚度等效分析

螺栓连接的管片接头处的轴向刚度主要由管片自身轴向刚度与螺栓轴向刚度组成，而管片自身轴向刚度与螺栓轴向刚度主要由管片、螺栓的材料及截面面积决定，故管片自身轴向刚度与螺栓连接的管片接头其螺栓轴向刚度分别为：

$$K_g = E_g A_g = E_g bh \tag{2-1}$$

$$K_1 = E_1 A_1 = \frac{E_1 \pi d^2}{4} \tag{2-2}$$

式中，K_g、K_1 分别为管片自身轴向刚度、螺栓轴向刚度；E_g、E_1 分别为管片材料弹性模量、螺栓材料弹性模量；A_g、A_1 分别为管片纵缝截面面积、螺栓横截面有效面积；b、h 分别为管片纵缝截面的宽、高；d 为螺栓直径。

设计模型接头的轴向刚度主要由管片自身轴向刚度与特制弹簧构件轴向刚度组成，设计模型接头处管片自身轴向刚度为：

$$K_G = E_G A_G = E_G bh \qquad (2-3)$$

式中，K_G 为模型管片自身轴向刚度；E_G 为模型管片材料弹性模量；A_G 为模型管片纵缝截面面积。

设计模型管片接头处特制弹簧构件轴向刚度表现为两个弹簧串联后的劲度系数，其值为：

$$K_L = \frac{K_J}{2} = \frac{GD^4}{16 N_C D_m^3} \qquad (2-4)$$

式中，K_L 为组合弹簧构件劲度系数；K_J 为单个弹簧构件劲度系数；G 为弹簧线材刚性模数；D 为弹簧线径；D_m 为线圈中径；N_C 为弹簧有效圈数。

令两种管片自身轴向刚度相等，使式（2-1）与式（2-3）相等，可得 $E_g = E_G$，即令管片材料弹性模量相同即可，而模型管片材料在乘相似常数后其弹性模量几乎与原型管片一致，故可使两种管片自身轴向刚度相等。然而，螺栓与弹簧二者在轴向刚度上表现形式大相径庭，很难直接使二者的轴向刚度相等，但由于管片螺栓在线弹性变形范围内的受拉性能与弹簧非常相似，可采用特制弹簧构件等效螺栓。二者的等效可行性分析如下：

（1）在管片螺栓处于线弹性变形范围内时，螺栓拉伸变形满足胡克定律，拉伸时可视为一个均匀的拉伸弹簧，设螺栓伸长量 ΔL 为变量，螺栓所受拉力 F 为因变量，螺栓的初始预紧力为 F_N，方程的变化系数为 K_x，其力学方程可设为：

$$F = K_x \Delta L + F_N \qquad (2-5)$$

（2）管片螺栓的初始预紧力可由特制弹簧构件的弹簧拉力来模拟，而通过调节弹簧拉伸长度可得到不同大小的弹簧拉力 F_T，设弹簧伸长量 l 为变量，弹簧所受拉力 F_T 为因变量，K_L 为弹簧的劲度系数，其力学方程如下：

$$F_T = K_L (\Delta L + L_0) \qquad (2-6)$$

令式（2-5）中的弹簧拉力在伸长量 $\Delta L = 0$ 时 F_T 等于螺栓初始预紧力 F_N，即 $F_N = K_L L_0$，可使管片螺栓与模型管片弹簧二者在受拉时初始状态保持一致，此时螺栓力学方程式（2-5）中的一个未知数 F_N 已经确定。

管片螺栓在弹性极限状态时对应的极限抗拉承载力 F_σ 亦可由特制弹簧构件的弹簧拉力来模拟，通过调节弹簧拉伸长度可得到不同大小的弹簧拉力 F_T，同理，令式（2-5）等于螺栓极限抗拉承载力 F_σ，可使管片螺栓与模型管片弹簧二者在弹性极限状态时保持一致，由《盾构法隧道结构服役性能鉴定规范》（DG TJ08-2123-2013）可知，在 $\Delta L = 4 \sim 8$ mm 时管片螺栓将达到弹性极限，取 $\Delta L = 4$ mm，已知 F_N、F_σ，可得：

$$K_x = \frac{F_\sigma - F_N}{l} \tag{2-7}$$

故螺栓的力学方程为：

$$F = \frac{F_\sigma - F_N}{l}\Delta L + F_N \tag{2-8}$$

联立式(2-4)、式(2-6)、式(2-8)可得当弹簧与螺栓等效，即 $F=F_T$ 时，弹簧劲度系数 K_L 为：

$$K_L = \frac{F_\sigma - F_N}{l} = \frac{GD^4}{16N_C D_m^3} \tag{2-9}$$

因此，通过设置适当的弹簧线径 D、中径 D_m、有效圈数 N_C，可得出一个满足式(2-9)的劲度系数 K_L，此时可认为与螺栓连接管片接头与模型管片接头在轴向刚度上等效。

2. 管片接头剪切刚度等效分析

螺栓连接的管片接头处的剪切刚度主要分为管片自身剪切刚度与螺栓剪切刚度，使用螺栓连接的管片接头其管片自身剪切刚度与螺栓剪切刚度分别为：

$$K_{Qg} = G_g A_g = G_g bh \tag{2-10}$$

$$K_{Ql} = G_l A_l = \frac{G_l \pi d^2}{4} \tag{2-11}$$

式中，K_{Qg}、K_{Ql} 分别为管片自身剪切刚度、螺栓剪切刚度；G_g、G_l 分别为管片材料切变模量、螺栓材料切变模量。

设计模型接头的剪切刚度主要由管片自身剪切刚度与特制套筒螺栓构件的剪切刚度组成，设计模型接头处管片自身剪切刚度及设计模型接头处管片特制套筒螺栓构件剪切刚度分别为：

$$K_{QG} = G_G A_G = G_G bh \tag{2-12}$$

$$K_{QL} = G_L A_L = \frac{G_L \pi d_1^2}{4} \tag{2-13}$$

式中，K_{QG}、K_{QL} 分别为模型管片自身剪切刚度、特制套筒螺栓剪切刚度；G_G、G_L 分别为管片材料切变模量、特制套筒螺栓切变模量；d_1 为特制套筒螺栓直径。

令两种管片自身轴向刚度相等，即使式(2-10)与式(2-12)相等，可得 $G_g = G_G$，由于石膏与混凝土泊松比 u 均为 0.2 左右，可近似认为 $u_G = u_g$，根据切变模量计算公式：

$$G = \frac{E}{2(1+u)} \tag{2-14}$$

可知，要使二者切变模量相等只需令管片材料弹性模量相同即可，而模型管片材料在乘相似常数后其弹性模量几乎与原型管片一致，故可使两种管片自身轴向刚度相等。

同理，令螺栓剪切刚度与特制套筒螺栓剪切刚度相等，联立式（2-11）、式（2-13）、式（2-14）可得：

$$G_1 d^2 = G_L d_1^2 \tag{2-15}$$

综上所述，当特制套筒螺栓满足式（2-15）时，即可使特制套筒螺栓剪切刚度与管片螺栓剪切刚度相等，此时可认为螺栓连接管片接头与模型管片接头在剪切刚度上等效。

3. 管片接头弯曲刚度等效分析

假设在设计模型接头管片两端作用纯弯矩 M，同时也在有螺栓连接的接头管片的对应位置作用大小、方向一致的纯弯矩 M，两种受弯曲梁（以下简称为模型接头曲梁与螺栓接头曲梁）的长度均以其弯曲时的中性轴弧长进行计算，分别为 L 与 L_1，二者转过的角度均为 α，如图 2-8、图 2-9 所示。

$$L = L_1 = \frac{D_1 + D_2}{2} \alpha \tag{2-16}$$

式中，D_1、D_2 分别为管片的内径、外径。

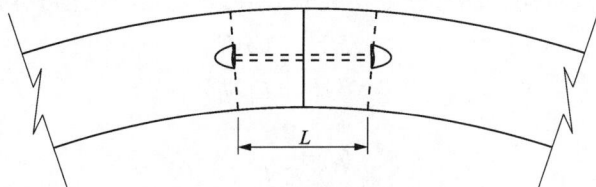

图 2-8　螺栓连接的管片接头

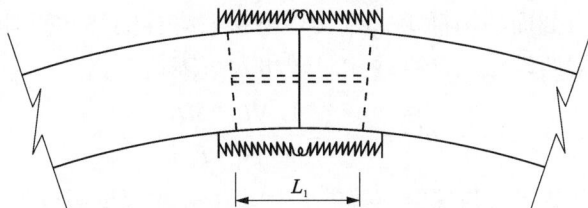

图 2-9　设计模型接头

在此，以纯弯矩 M 作用下两种接头曲梁两端截面的相对转角相等作为设计模型接头与有螺栓连接的管片接头等效理论假设。

螺栓接头曲梁在纯弯矩 M 作用下的变形主要由两部分导致：一部分是管片曲梁自身的弯曲变形，另一部分是螺栓接头处接缝张开导致的变形。设管片环向接头刚度为 K_0，可由国内外地铁盾构隧道设计一些实例[110, 111]得到近似值，由管片曲梁自身的弯曲以及螺栓接头处接缝张开导致的截面相对转角可分别表达为：

$$\theta_g = \frac{ML}{E_g I_g} = \frac{12ML}{E_g b h^3} \tag{2-17}$$

$$\theta_1 = \frac{M}{K_0} \tag{2-18}$$

式中，θ_g 为螺栓接头管片曲梁在纯弯曲作用下的两端截面产生的相对转角；θ_1 为螺栓接头处接缝张开产生的相对转角；K_0 为管片环向接头的弯曲刚度；I_g 为螺栓接头管片接缝截面的惯性矩。

螺栓接头曲梁两端截面产生的相对转角 θ 可表达为

$$\theta = \theta_g + \theta_1 = \frac{12ML}{E_g b h^3} + \frac{M}{K_0} \tag{2-19}$$

模型接头曲梁在纯弯矩 M 作用下的变形也由两部分导致：一部分是管片曲梁自身的弯曲变形，另一部分是特制套筒螺栓处接缝张开导致的变形。由管片曲梁自身的弯曲以及特制套筒螺栓处接缝张开导致的变形转角可分别表达为：

$$\theta_G = \frac{ML_1}{E_G I_G} = \frac{12ML_1}{E_G b h^3} \tag{2-20}$$

$$\theta_L = \frac{ML_1}{E_L I_L} \tag{2-21}$$

式中，θ_G 为模型接头管片曲梁在纯弯曲作用下的两端截面产生的相对转角；θ_L 为螺栓接头处接缝张开产生的相对转角；I_G 为模型接头管片接缝截面的惯性矩；I_L 为模型接头螺栓横截面的惯性矩；E_L 为模型接头螺栓的弹性模量。

模型接头曲梁两端截面产生的相对转角 θ' 可表达为：

$$\theta' = \theta_G + \theta_L = \frac{12ML_1}{E_g b h^3} + \frac{ML_1}{E_L I_L} \tag{2-22}$$

因此，设计模型接头与螺栓连接的管片接头等效理论假设可表示为：

$$\theta' = \theta \tag{2-23}$$

联立式（2-16）、式（2-19）、式（2-22）、式（2-23）可得出特制套筒螺栓抗弯刚度为：

$$E_L I_L = \frac{L_1}{K_0} = \frac{(D_1+D_2)\alpha}{2K_0} \tag{2-24}$$

而模型接头管片特制套筒螺栓材料选定,即模型接头螺栓弹性模量 E_L 确定后,模型接头螺栓横截面的惯性矩为:

$$I_L = \frac{\pi d_1^4}{64} \tag{2-25}$$

联立式(2-24)、式(2-25)可解得模型接头特制套筒螺栓直径表达式为:

$$d_1 = \sqrt[4]{\frac{32(D_1+D_2)K_0\alpha}{\pi E_L}} \tag{2-26}$$

综上所述,当特制套筒螺栓直径满足式(2-26)时,即可使设计模型接头与螺栓连接的管片接头在纯弯矩 M 作用下的截面相对转角相同,此时可认为螺栓连接管片接头与模型管片接头在弯曲刚度上等效。最后,将计算分析得到的所有结果及表达式根据表 2-1 进行相似关系换算,即可得到模型管片接头弹簧、螺栓的各项参数。

2.2　基于管片接头改进的盾构隧道受力特性试验研究 >>>

上节已对盾构接头设计的基本原理和各种影响因素进行详尽探讨,基于此本节对均质圆环隧道、开槽管片环隧道以及优化设计管片环隧道进行了一系列覆土堆载模型试验,进一步深入探究接头刚度折减及非连续性对盾构管片受力特性的影响,从而更精确地分析不同覆土深度下考虑接头影响的盾构隧道受力行为。

2.2.1　试验模型管片接头影响因素

为简明阐述该模型试验的设计方法,本节将环向接头对盾构管片受力特性影响归为两个主要因素,其中接头刚度折减影响设为因素 A,接头非连续性影响设为因素 B。分别对不考虑接头影响、考虑影响因素 A 和考虑影响因素 A+B 的模型管片进行覆土堆载试验,模型管片对应设计为均质圆环管片(无因素)、开槽接头模型管片(因素 A)以及弹簧+螺栓型接头管片因素(A+B),上述三类管片除接头外其余性质均保持一致。

盾构隧道横断面变形分为管片自身弯曲变形以及环向接头转动变形。管片自身弯曲变形主要与管片材料的弹性模量有关,使材料保持弹性模量相似即可,该问题在 2.1 节中已进行详尽探讨。而环向接头的转动变形则较为复杂,与环向接头刚度以及非连续性有关，然而由于管片接头同时受刚度折减和非连续性两个因素影响，仅改变材料或形状（如开槽法、材料置换法），无法考虑到接头非连续性的影响，为此本书设计一种可同时考虑 A 和 B 两种接头影响因素的弹簧+螺栓型接头。同时为明晰因素 A 和因素 B 分别对盾构管片受力特性的影响，对应设计均质圆环管片及开槽接头模型管片。由于本试验主要研究的是环向接头对管片的影响，为控制变量排除干扰因素，暂不考虑管片环间的弯矩传递，即令管片纵向刚度无限大，管片纵向采用高强度焊接胶刚接。三类不同接头影响因素的管片模型设计分析如下。

1. 三类不同接头影响因素管片模型设计

均质圆环管片为不考虑接头影响的 0 因素对照组，该管片全环均匀无接头，其各项尺寸均为原型管片的 1/10，未对其进行整体刚度折减，均质圆环模型如图 2-10（a）所示。

开槽接头模型管片如图 2-10（b）所示，为考虑接头影响因素 A 的对照组，该模型在原型管片接缝位置处两侧对称开槽，使开槽后弯曲刚度等效于原型管片螺栓接头的弯曲刚度，开槽长度 L_1 等于原型管片螺栓长度 L，开槽深度由等效刚度假设计算得出，根据文献[112]中的假设及方法，可解得开槽型接头模型管片与原型管片螺栓接头在考虑 A 因素情况下的等效条件为：

$$h_1 = \sqrt[3]{\frac{K\alpha h^3(D_1+D_2)\alpha}{6K\alpha(D_1+D_2)+Ebh^3}} \qquad (2-27)$$

式中，D_1、D_2 分别为管片的内径和外径；α 为螺栓长度 L 影响范围对应的管片圆心角；K 为原型管片螺栓刚度；E 为原型管片的弹性模量；b、h 分别为原型管片纵缝截面宽和高；h_1 为开槽接头管片纵缝截面高度。

当开槽接头管片接头截面高度 h_1 满足式（2-27）时，说明开槽型模型管片能准确代表接头影响因素 A。

(a) 均质圆环模型管片　　　　(b) 开槽接头模型管片　　　　(c) 弹簧+螺栓型接头模型管片

图 2-10　三类接头模型管片

　　弹簧+螺栓型接头模型管片如图 2-10(c)所示,为考虑接头影响因素 A+B 的试验组,该管片主要由石膏管片、特制套筒螺栓和特制弹簧连接件三部分组成,组装制作流程如图 2-11 所示。其中,套筒螺栓构件由 2 个套筒及 2 根光滑钢棒组装而成,套筒及钢棒的间距、长度以及安装位置均按照原型管片进行相似设计,如图 2-12(a)所示;弹簧连接构件由 2 个可调节弹簧伸长量的固定器与 2 个弹簧装配而成,其安装在拼接纵缝处内、外侧面上,如图 2-12(b)所示。

　　引起螺栓弯曲变形的力可分解为垂直纵缝截面方向的力、沿纵缝截面方向的力以及作用在钢棒螺栓上的弯矩。垂直纵缝截面方向的力由平行于螺栓的特制弹簧构件承担,沿纵缝截面方向的力由预埋的特制弧形套筒螺栓承担,弯矩由钢棒螺栓承担。

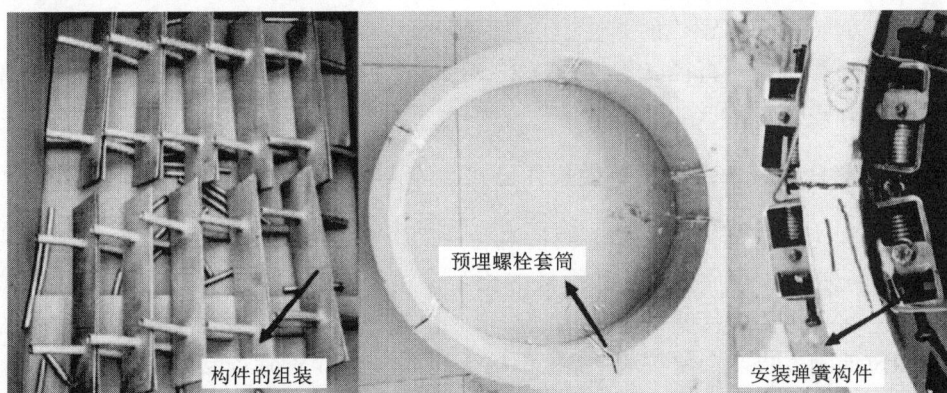

图 2-11　弹簧+螺栓型管片组装及制作流程

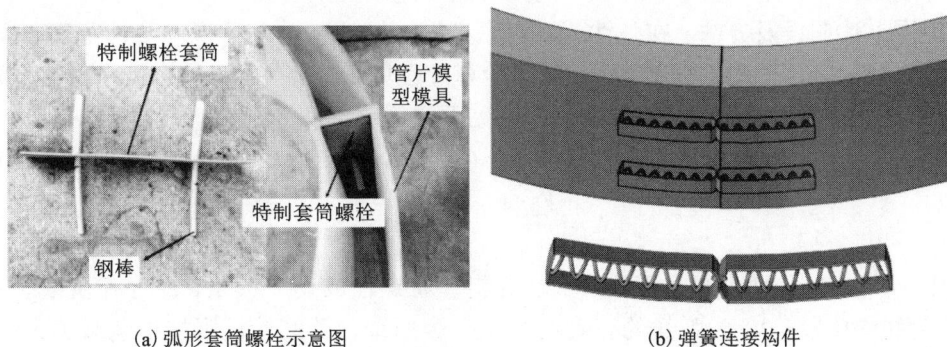

(a)弧形套筒螺栓示意图　　　　　　　(b)弹簧连接构件

图 2-12　模型管片部件示意图

2. 考虑 A 因素情况下的等效条件公式

因素 A 为考虑环向接头刚度折减对管片的影响,而管片接头刚度分为轴向刚度、切向刚度和转动刚度,参考有关文献[113]可知,轴向与切向刚度对结构的内力与变形计算结果影响很小,因此计算只考虑转动刚度是可行的。同样使弹簧+螺栓型接头弯曲刚度等效于原型管片螺栓接头的弯曲刚度,螺栓长度 L_2 等于原型管片螺栓长度 L,特制套筒螺栓直径 d_1 由等效刚度假设计算得出,根据文献[113]中的假设及方法,可解得弹簧+螺栓型接头与原型管片螺栓接头在考虑 A 因素情况下的等效条件为:

$$d_1 = 4\sqrt{\frac{32(D_1+D_2)\alpha}{\pi K E_1}} \qquad (2-28)$$

式中,E_1 为特制套筒螺栓的弹性模量。

当特制套筒螺栓直径 d_1 满足式(2-28)时,说明弹簧+螺栓型模型管片能准确代表接头影响因素 A。

3. 考虑 B 因素情况下的等效条件公式

因素 B 为考虑环向接头非连续性对管片的影响,接头非连续性主要体现在两个方面:一是相邻管片在纵缝截面处的相互作用,二是环向螺栓对连接管片的拉剪作用。前者主要由接头处管片接触面形状决定,而后者主要由模型管片螺栓的剪切和拉伸刚度决定。将弹簧+螺栓型接头与原型螺栓管片连接接头的计算模型进行简化,使两种管片的接触面形状完全相同,均为矩形,故二者在纵缝截面处的相互作用是等效的。因此,只需使弹簧+螺栓型接头与原型管片螺栓的剪切、拉伸刚度相等,即可认为二者在环向接头的非连续性上等效。

同上述假设及方法,在弹性范围内原型管片螺栓在轴向可视为拉伸弹簧,根据等效假设计算理论、胡克定律,具体计算过程见 2.1 节,可解得弹簧+螺栓型接头与原型管片螺栓接头在考虑 B 因素情况下的等效条件分别为:

$$Gd^2 = G_1 d_1^2 \qquad (2-29)$$

$$K_4 = \frac{F_\sigma - F_N}{L_1} = \frac{GD^4}{16N_C D_M^3} \qquad (2-30)$$

式中,G 和 G_1 分别为原型管片螺栓、特制套筒螺栓的切变模量;D 为弹簧线径;D_M 为线圈中径;N_C 为弹簧的有效圈数;F_σ 为原型管片螺栓极限抗拉承载力;F_N 为原型管片螺栓初始预紧力。

综上所述,可设置适当的螺栓材料,螺栓直径 d_1,弹簧线径 D,中径 D_M 和有效圈数 N_C,并使之满足式(2-29)和式(2-30),说明弹簧+螺栓型模型管片能在代表接头影响因素 A 的前提下，同时代表接头影响因素 B。最后，将计算分析得到的所有等效条件表达式根据表 2-1 进行相似关系换算，即可得到开槽接头管片模型的开槽深度，以及弹簧+螺栓型接头管片模型的各项参数，而后将模型管片的各项参数代入式（2-28）~ 式（2-30），经验证基本满足等效要求。

2.2.2　试验装置及方案设计

本次模型试验所用的模型管片的几何相似比为 1 : 10，并以几何相似常数 C_l = 10 和重度相似常数 C_γ = 1 为基础进行相似设计，各物理量相似常数、原型管片参数详见 2.1 节。管片材料采用弹性模量为 3.48 GPa 的特种石膏（水：膏：硅藻土比 1 : 1.4 : 0.23）制作管片模型，配比试验详见 2.1.2 节，管片环中的主筋采用直径为 1.4 mm 的铁丝进行模拟。

在模型管片养护完成后将三类模型管片分别进行错缝拼装，为充分消除边界效应，模型隧道均采用"1+3+1"拼装，即制作成一环均质圆环管片+三环试验要求管片+一环均质圆环管片的隧道形式，拼装完成后分别对均质圆环模型管片、开槽接头模型管片、弹簧+螺栓型接头模型管片进行覆土堆载试验，试验过程中利用到的试验装置主要有：规格为 3 m×0.6 m×2 m 的开孔钢化玻璃模型箱、土压力盒传感器、应变片、动静态应变采集仪和百分表位移计等。并且在进行试验数据监测及采集时，只测量中间一环即可，如图 2-13（a）所示。

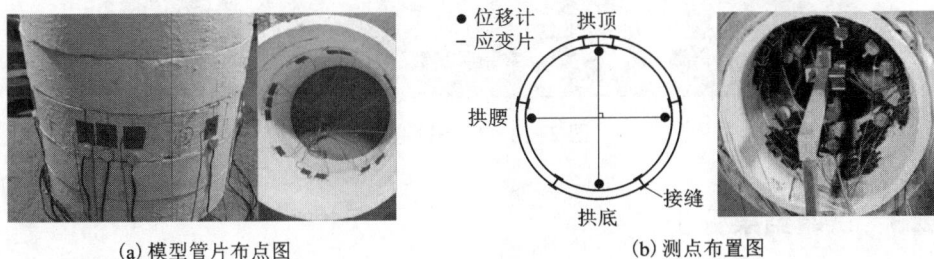

(a) 模型管片布点图　　　　(b) 测点布置图

图 2-13　模型隧道监测点位布置图

本书堆载覆土选用粒径小于 5 mm 的赣江河砂，以此模拟砂性地层，通过直剪、筛分、土粒含水率试验可测得其基本物理力学参数，如表 2-3 所示。

表 2-3 土体物理力学参数

材料	含水率/%	内摩擦角/(°)	孔隙比	重度 γ/(kN·m^{-3})
河沙	4.40	31.5	0.564	18.6

覆土试验过程中需对隧道管片收敛变形和应变进行量测，位移计和应变片布设内外两侧对称分布位置如图 2-13(b)所示。在控制覆土高度、测点布置相同的情况下，将均质圆环管片无因素、开槽接头管片因素 A、弹簧+螺栓型接头管片因素 A+B 三者进行对比试验。为模拟盾构隧道实际受荷情况，先将隧道下卧土层填筑平整，再放置模型隧道，之后采用逐层填筑的方式填筑隧道侧部的土体，当土层刚好没过隧道拱顶时，记录此处埋深为 0。此后每次填筑的土层高度均为 0.25D(15 cm)，待数据稳定，记录此时的试验数据，重复以上步骤直至覆土高度达到 1.5D 停止试验。三种工况试验步骤完全一致，现场试验照片如图 2-14 所示。

图 2-14 现场试验图

2.2.3 试验结果分析

为使试验数据直观、便于分析，将试验模型和试验数据通过相似常数进行还原，同时将不考虑接头影响的均质圆环管片表述为无因素管片，将考虑刚度折减的开槽管片表述为 A 因素管片，将同时考虑刚度折减与非连续性的弹簧+螺栓管片表述为 A+B 因素管片，试验结果分析如下。

1. 管片衬砌环直径收敛变形对比分析

隧道结构的整体变形主要通过其直径收敛值来表现，为便于描述，下文分析中大小、增减均为绝对值大小，与符号无关。在土体逐层填筑过程中 3 种管片的直径收敛值变化如图 2-15 所示。图中横坐标为隧道上覆土层厚度，从隧道拱顶开始计算(D 为原型管片直径，取 6 m，是工程常用记录埋深的单位)。

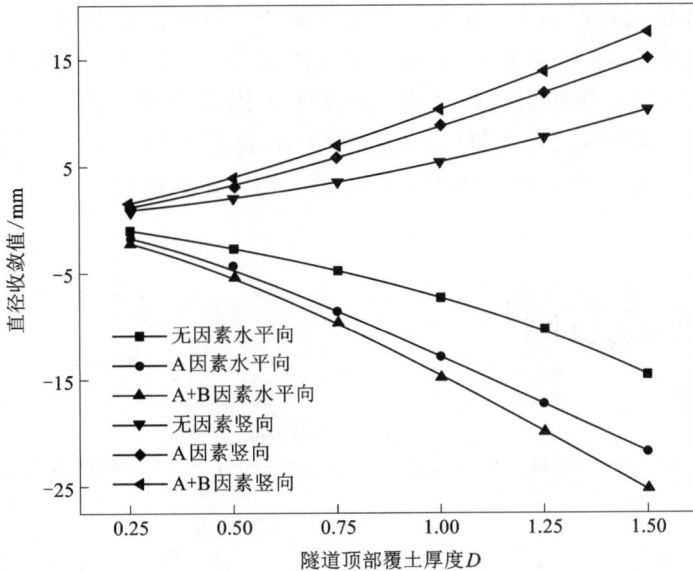

图 2-15　隧道收敛变形

从图 2-15 可以看出，随着隧道覆土厚度的增加，三类管片的直径收敛值均呈线性增加，此时可认为管片在试验过程中全程都处于线弹性变形范围内，表明前文中环向接头设计计算、管片截面内力计算方法的假设与前提是合理且成立的，不会由于过大的塑性变形影响试验结果的准确性。

相较于无因素管片，A 因素管片的收敛变形显然更大，在埋深 1.5D 时，A 因素管片收敛变形值比无因素管片增加了 50% 左右，说明 A 因素对管片横向整体变形影响很大；相较于 A 因素管片，A+B 因素管片的收敛变形也更大，在埋深 1.5D 时，A+B 因素管片收敛变形比 A 因素管片增加了 12% 左右，说明 B 因素也对管片横向整体变形存在着较大影响。

由上述分析可以得出，在同等覆土厚度时，A 因素和 B 因素均使得管片收敛变形增大，A 因素尤为明显，增幅达到近 50%。这说明管片接头刚度的削弱使得管片整体横向刚度大幅降低，从而导致管片横向变形变得更为严重。同时，B 因素也有较大影响，增幅达到近 12%，说明管片接头非连续性也会引发管片整体横向刚度的减弱，进一步导致管片横向变形增大。

2.管片截面轴力、弯矩分布对比分析

图 2-16(a)~(d)为在埋深 1.5D 时三类管片的轴力分布(图中小圆环代表管片的接头位置),从图 2-16(a)~(b)中可以看出,相较于无因素管片,A 因素管片轴力在拱顶拱底附近略大,在拱腰附近则略小,但变化幅度仅为 2%~6%,可认为 A 因素对管片轴力影响不大;相较于 A 因素管片,A+B 因素管片轴力在拱底拱顶附近也略大,在拱腰附近则略小,但仅比 A 因素管片大 2%~3%,可认为 B 因素对管片轴力影响较小。同时,从图 2-16(d)也可以看出三类管片轴力分布规律几乎一致,说明 A 因素和 B 因素对管片轴力均无显著影响。

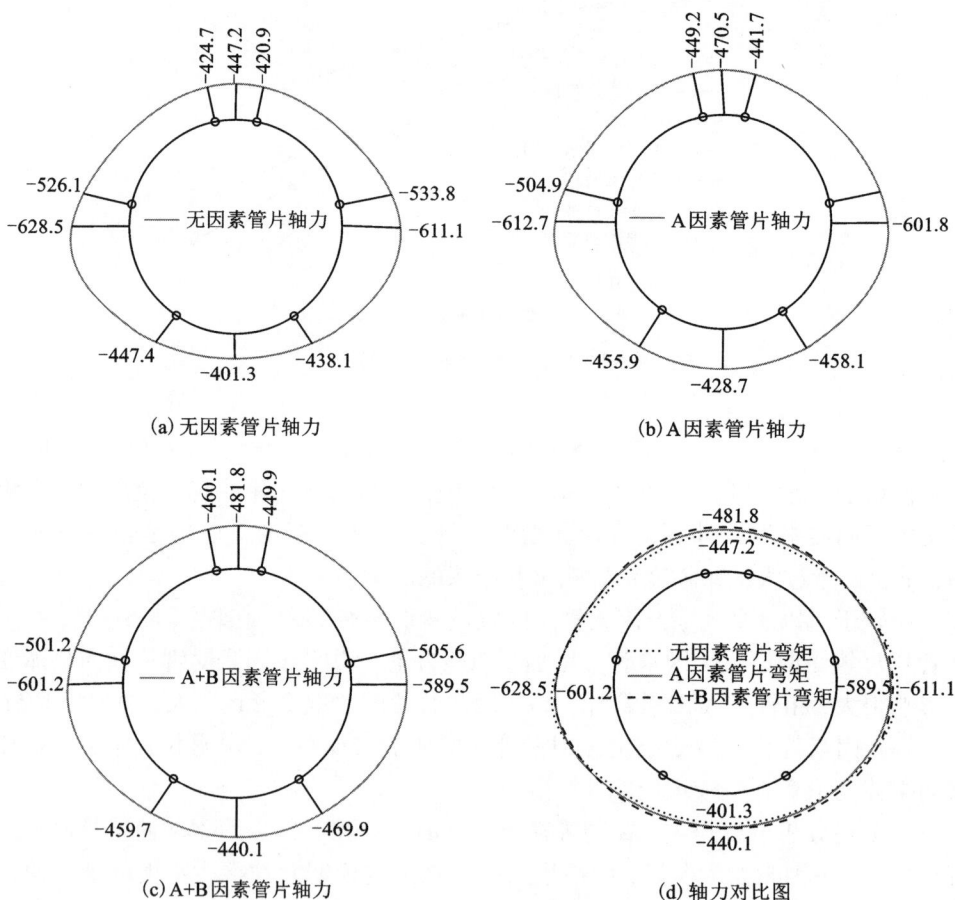

(a) 无因素管片轴力

(b) A因素管片轴力

(c) A+B因素管片轴力

(d) 轴力对比图

图 2-16 三类管片轴力分布图(单位: kN)

图 2-17(a)~(d)为在埋深 1.5D 时三类管片的弯矩分布，从图 2-17(a)~(b)中可以看出，相较于无因素管片，A 因素管片的最大负弯有所减小、最大正弯矩有所增加，变化幅度均为 11% 左右；A 因素管片在拱顶附近的正弯矩区域显著减小，其拱顶弯矩值也大幅减小，减幅达到近 26%，可认为 A 因素对管片弯矩分布影响较大。从图 2-17(c)~(d)可以看出，相较于 A 因素管片：A+B 因素管片的最大负弯矩略有减小、最大正弯矩有所增加，变化幅度分别为 4% 和 10% 左右；A+B 因素管片在拱顶附近的正弯矩区域变化不大，但其拱顶弯矩值有所减小，减幅约为 10%。

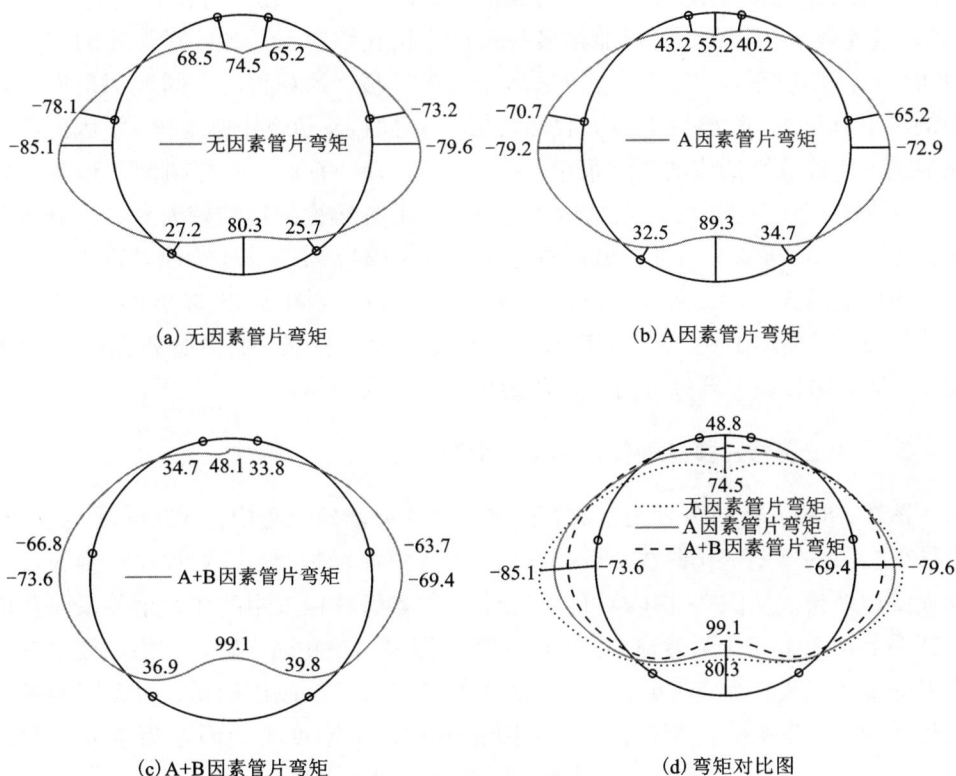

图 2-17　三类管片弯矩分布图(单位：kN·m)

33

由上述分析可以得出，A 因素对管片弯矩的分布及极值影响都较大。A 因素管片接头刚度的削弱使得管片的弯矩分布发生了显著变化，尤其是在拱顶处弯矩值大幅减小，这很可能是拱顶处 2 个接头距离过近引起的连续刚度削弱所导致，从而使弯矩在拱顶附近发生了更大规模的重分布。刘学山[114]采用有限元结合工程实例的手段，得出静力作用下隧道内力的分布图，指出接头的存在使得管片弯矩正负区域以及弯矩极值发生较大变化，尤其是在拱顶处变化更为剧烈。对比分析可知，文献[114]与本节得出的隧道内力分规律较为相似，弯矩包络线均呈现为"花生形"，且变化较大的区域均出现在接头较为密集的拱顶。

而 B 因素对管片弯矩的分布影响不大，但对弯矩极值有较大影响，A+B 因素管片接头的非连续性使得管片在考虑接头刚度折减后最大弯矩依旧增加了近10%，这是不容忽视的，这可能是接头间管片相互作用以及螺栓对管片的拉剪作用所导致。李晓军等[115]采用理论数值结合的手段，计算得出不同埋深条件下呈现的弯矩分布图，指出覆土小于 $1D$ 时，由于环向接头负弯矩刚度较大，因此此时纵缝接头不连续性造成的影响很小；覆土处于 $1D \sim 2D$ 时，下部两侧弯矩集中且纵缝接头处于该范围内，因此结构受纵缝接头非连续性的影响较大。对比分析可知，文献[115]与本节均可得出在埋深为 $1D \sim 2D$ 时，接头非连续性对管片结构弯矩的极值有较大影响，文献[115]是以埋深为变量说明接头非连续性对管片弯矩极值的影响，而本节则以是否考虑接头非连续性为变量，二者分析角度虽然不同，但均表明接头非连续性对管片弯矩极值有较大影响。

3.不同位置管片接头弯矩规律对比分析

图 2-18(a) ~ (c)分别为三类管片在土体逐层填筑过程中，靠近拱顶、拱底和拱腰处接头的弯矩变化曲线。可以看出，管片埋深增加时，三类管片的接头弯矩均显线性增长。从图 2-18(a)可以看出，无因素管片接头刚度在大小关系以及增长速率上均大于其他两类管片，这是因为 A 因素、A+B 因素管片在拱顶处存在近距离的 2 个接头，使得弯矩重分布，从而使得二者接头刚度降低，而无因素管片为均质圆环，并无接头存在，所以无因素管片接头刚度不会因弯矩重分布而降低，图 2-18(b) ~ (c)中拱底和拱腰处接头弯矩规律同理。

综合图 2-16~图 2-18 可以看出，在考虑接头影响的情况下，总是靠近拱腰处接头的弯矩和轴力最大，因此在实际盾构隧道工程中，应着重考虑拱腰处接头的内力变化。

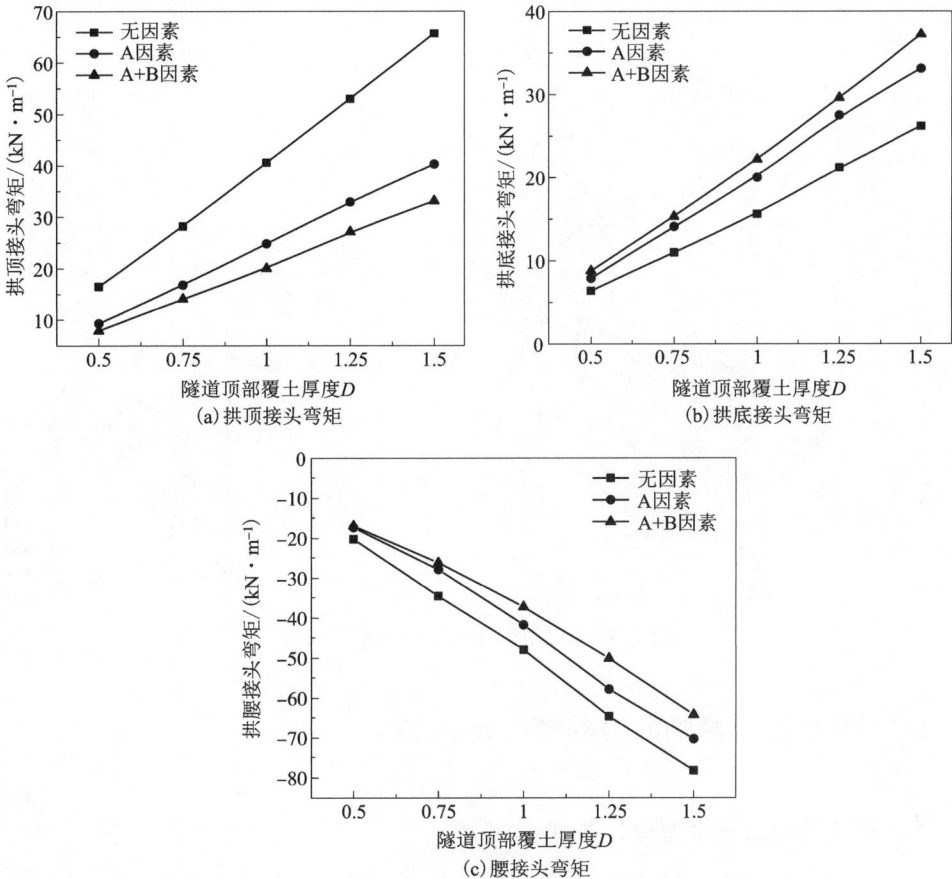

(a) 拱顶接头弯矩

(b) 拱底接头弯矩

(c) 腰接头弯矩

图 2-18　管片接头弯矩变化(单位: kN · m)

2.3　基于环向接头精细化模拟的盾构隧道受力响应数值研究 >>>

上节设计了一种弹簧+螺栓型接头的管片试验模型,用于研究盾构隧道的受力变形。但实体试验成本高、时间长且难以模拟真实条件,而数值模拟则可以弥补这些不足,提供更全面的数据,帮助研究者进一步深入分析接头对管片受力的影响。为此,本节以南昌地铁盾构隧道为原型(见图 2-19),借助 ABAQUS 有限元软件建立了盾构隧道管片的三维精细化模型,综合考虑接头刚度折减、非连续性、螺栓预紧力等因素的影响，进一步探明了不同接头作用对盾构隧道管片受力特性的影响机理。

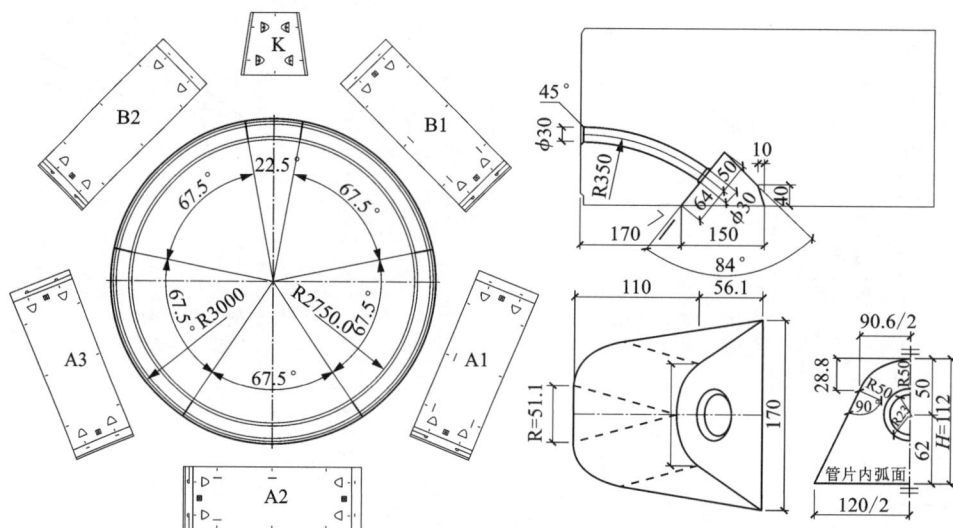

图 2-19　典型区间南昌地铁盾构管片

2.3.1　考虑接头影响的盾构管片数值模拟

1.管片结构分析模型设计原理

模型一为不考虑接头影响的初始对照组，将管片分析模型设为均质圆环管片结构，如图 2-20（a）所示。此分析模型在原型管片接头处的刚度等于管片任意纵缝截面的刚度，其刚度为：

$$K_1 = EI = \frac{Ebh^3}{12} \tag{2-31}$$

式中，K_1 为均质圆环管片结构模型接头处的抗弯刚度；h、b 分别为管片内径、壁厚和幅宽；E 为管片弹性模量。

此时模型全环纵缝截面刚度均为 K_1，该结构分析模型仅能代表管片主体抗弯刚度，不考虑接头刚度折减及其他因素。

模型二为考虑接头刚度折减的对照组，该模型拟在模型一的基础上考虑管片接头刚度折减。管片开槽是较为有效的刚度折减手段[112]，因此，将模型二设计为双侧开槽管片，如图 2-20（b）所示。模型二管片内径 r、壁厚 h、幅宽 b 与模型一保持一致,仅在原型管片接头处进行双侧开槽,目的是使管片结构在开槽后的接头抗弯刚度能够等效于原型管片螺栓接头。

令开槽弧度 α 与管片螺栓对应弧度相等,假设开槽接头与螺栓接头的抗弯刚度在理论上相等,并以纯弯矩作用下曲梁两端截面的相对转角相等作为管片接头刚度等效理论假设,利用文献[22]中的方法可推导、计算出开槽处管片厚度的等效条件表达式为:

$$h_1 = \sqrt[3]{\frac{2K_0\alpha h^3(2r+h)}{12K_0\alpha 2r+h)+Ebh^3}} \tag{2-32}$$

式中,K_0 为原型螺栓接头抗弯刚度,其值选取参考国内外实测数据及足尺试验[116~119];h_1 为开槽后管片结构模型的壁厚。

同时,可计算得出模型内外侧开槽长度 l_1、l_2 分别为:

$$l_1 = 2(r+h) \cdot \sin(90\alpha/\pi) \tag{2-33}$$

$$l_2 = 2r \cdot \sin(90\alpha/\pi) \tag{2-34}$$

当壁厚 h_1、内外侧开槽长度 l_1、l_2 满足式(2-32)~式(2-34)时,开槽接头与螺栓接头抗弯刚度等效理论假设成立,即开槽接头抗弯刚度 K_2 与原型螺栓接头抗弯刚度相等。此时模型二管片主体抗弯刚度为 K_1、接头抗弯刚度为 K_2,该结构分析模型在代表管片主体抗弯刚度的同时,亦可准确代表接头刚度折减对管片的影响,但其未考虑螺栓及管片间相互作用的非连续性。

模型三为考虑接头多项影响因素的设计组,该模型综合考虑接头刚度折减、非连续性、螺栓预紧力等因素。即精细化螺栓接头管片结构,如图 2-20(c)所示,除螺栓接头外其余参数均与模型二保持一致。该模型结构由多个管片块通过螺栓连接而成,且每个螺栓赋予其初始预紧力 F_T,预紧力方向沿螺栓作用在相邻管片块间。

螺栓接头管片的接头刚度由管片自身刚度、螺栓刚度共同叠加而成,相较于实际盾构隧道管片环而言,该模型的不足是对接缝面构造、接头处弹性密封垫进行了简化处理。既有研究[16]表明,弹性密封垫等小部件对于管片接头抗弯性能的影响很小,与管片主体和螺栓相比几乎可以忽略不计。因此,对于同时精细化模拟管片主体与螺栓的模型三来说,其接头抗弯刚度是极为接近原型盾构隧道管片的,可认为二者在接头刚度上等效。

不仅如此,较模型二开槽接头结构而言,精细化螺栓接头能在考虑接头刚度折减的同时,考虑接头非连续性的影响,主要表现在:管片与螺栓相互作用(以螺栓孔与手孔为媒介)、螺栓预紧力(沿螺栓法向作用于相邻管片块间)。故所设计的精细化螺栓接头管片结构可以较为准确地代表接头刚度折减影响以及接头非连续性影响。

(a) 均质圆环管片结构模型

(b) 开槽管片结构模型

(c) 螺栓接头管片结构

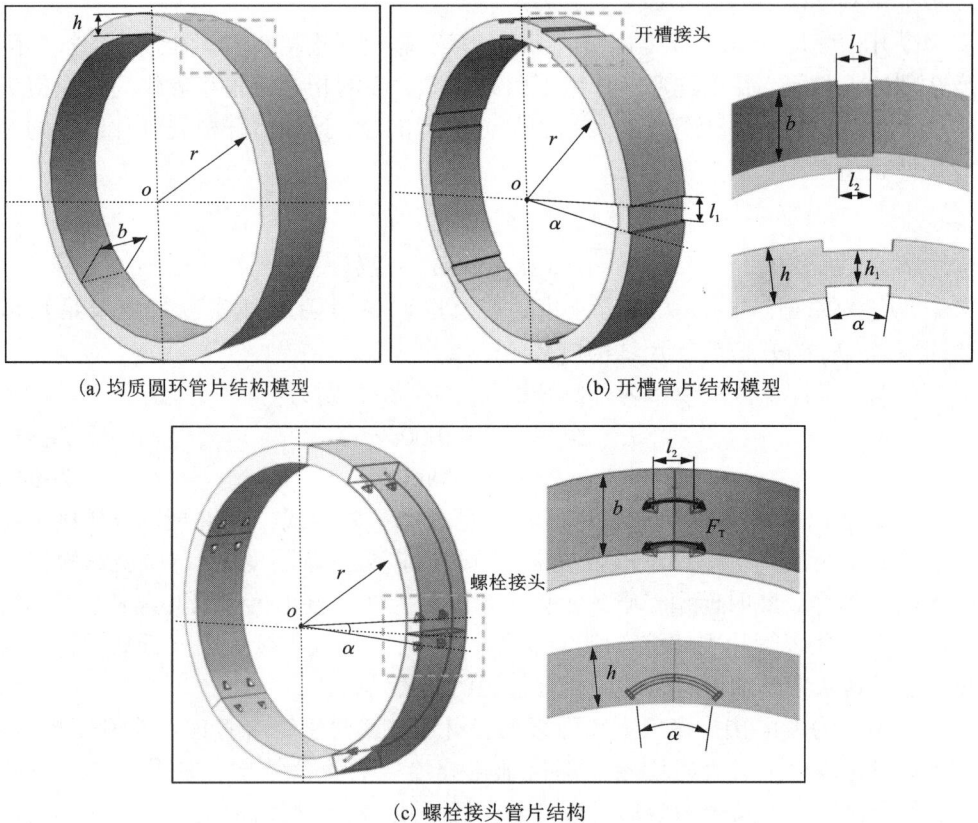

图 2-20　三类不同接头影响下管片结构分析模型

2. 管片模型的建立

(1) 模型几何尺寸

基于前述管片结构分析模型设计原理，依托南昌地铁盾构隧道形式，采用 ABAQUS 有限元软件建立精细化螺栓接头管片模型。管片衬砌环由 3 块标准块（圆心角 67.5°）、2 块邻接块 67.5° 和 1 块封顶块 22.5° 拼装而成，管片内径为 5.4 m，外径为 6.0 m，环宽为 1.2 m，相邻管片块间采用环向弯螺栓连接，管片环间采用错缝拼装，如图 2-21(a)所示。由于本节主要研究环向接头对管片的影响，为控制变量排除干扰因素，暂不考虑纵向接头的影响，模型隧道采用五环精细化螺栓接头管片纵向刚接而成，以消除数值模型中存在的边界效应。

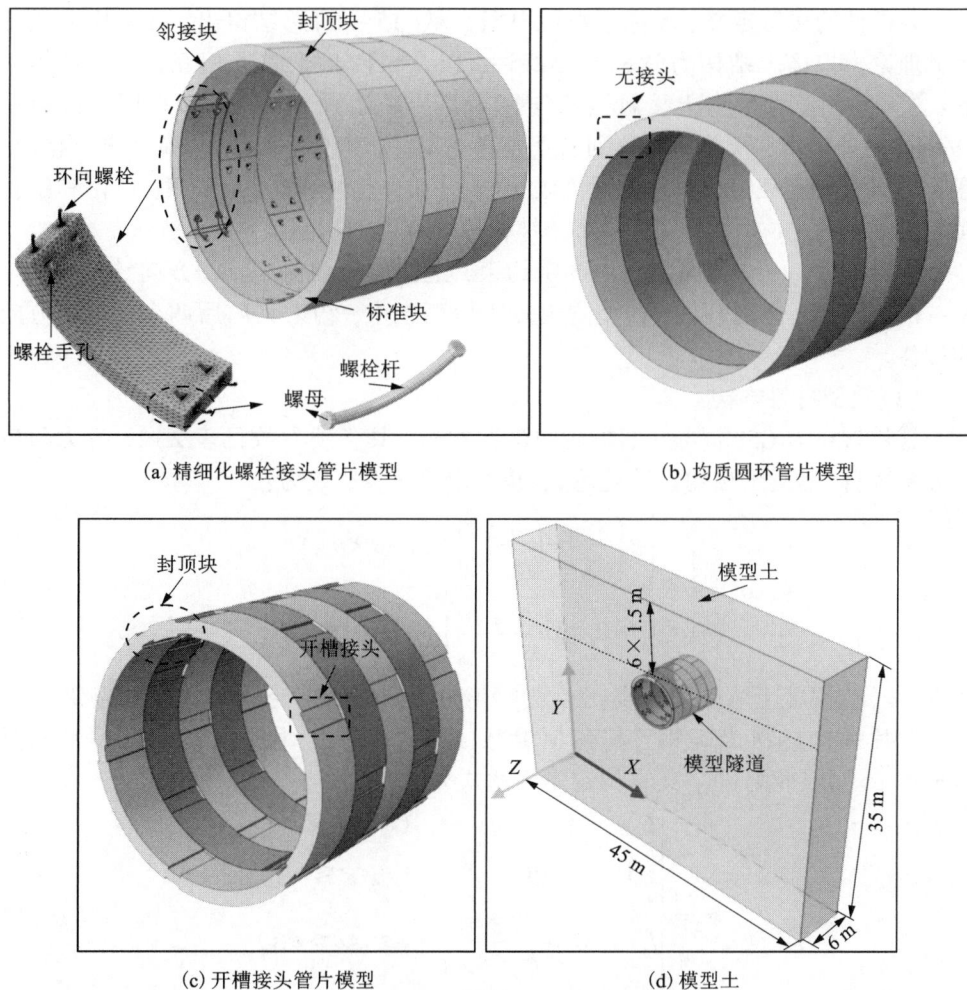

（a）精细化螺栓接头管片模型

（b）均质圆环管片模型

（c）开槽接头管片模型

（d）模型土

图 2-21　盾构隧道管片及土体数值模型示意

　　同时，基于前文中管片结构分析模型设计原理，建立对照组模型，如图
2-21（b）、（c）所示，分别设为均质圆环与开槽接头管片模型，二者尺寸按原型管
片设计，其中模型二开槽位置与螺栓一致，开槽深度、宽度由式（2-22）~
式（2-34）计算得出。

　　（2）模型网格划分、边界条件及接触定义

　　网格划分：精细化螺栓接头模型与对照组模型管片主体采用 C3D10M 四面体
单元模拟；管片内钢筋采用 T3D3 桁架单元来模拟；螺栓杆与螺母采用 C3D8R 六

面体单元模拟；模型土采用 C3D8R 六面体单元模拟。

各构件的接触定义、摩擦系数可根据文献[15-20]总结得出，并采用非线性接触理论模拟接头结构力学和变形特性，以及衬砌与土体的相互作用，具体如下：管片块间及管片与土接触面法向行为设为硬接触，切向行为采用罚函数法 Cloumb 摩擦模拟，摩擦系数分别取 0.6 和 0.4；管片环间采用 Tie 模型进行接触；螺栓与螺孔间接触面法向行为设为硬接触，切向行为设置为无摩擦；螺帽和手孔面的接触采用 Tie 模拟，并且对每个螺栓按规范施加初始预紧力。

边界条件：模型土底部施加绑定约束，土体前后两侧施加 z 方向约束，土体左右两侧施加 x 方向约束；模型隧道置于模型土中，约束其前后两个截面 z 方向的位移。

(3)模型材料本构

管片材料为 C50 混凝土，采用弹塑性本构，其各项参数见表 2-2，应力与应变关系选自《混凝土结构设计规范》，其本构数学表达式为：

$$\sigma_1 = \begin{cases} \sigma_0\left[2\left(\dfrac{\varepsilon}{\varepsilon_{c0}}\right)-\left(\dfrac{\varepsilon}{\varepsilon_{c0}}\right)^2\right] & (\varepsilon < \varepsilon_{c0}) \\ \sigma_0\left[1-0.15\left(\dfrac{\varepsilon-\varepsilon_{c0}}{\varepsilon_{cu}-\varepsilon_{c0}}\right)\right] & (\varepsilon_{c0} \leqslant \varepsilon \leqslant \varepsilon_{cu}) \end{cases} \quad (2-35)$$

式中，σ_0 为混凝土的抗压强度；ε_{c0} 为峰值应力对应的应变；ε_{cu} 为极限应变。

管片螺栓材料为碳钢，其各项参数见表 2-4，所用的钢材本构关系满足 Von Mises 屈服准则[32]，其本构数学表达式为：

$$\sigma_2 = \begin{cases} E_s\varepsilon & (\varepsilon \leqslant \varepsilon_e) \\ -A\varepsilon^2+B\varepsilon+C & (\varepsilon_e < \varepsilon \leqslant \varepsilon_{e1}) \\ f_y\left[1+0.6\dfrac{\varepsilon-\varepsilon_{e2}}{\varepsilon_{e3}-\varepsilon_{e2}}\right] & (\varepsilon_{e2} < \varepsilon \leqslant \varepsilon_{e3}) \\ 1.6f_y & (\varepsilon > \varepsilon_{e3}) \end{cases} \quad (2-36)$$

式中，ε_e、ε_{e1}、ε_{e2}、ε_{e3} 分别为比例极限、屈服、强化、强度极限阶段所对应的应变；f_y 为屈服强度；A、B、C 为曲线系数。

表 2-4　管片模型各项参数

材料	类型	弹模/GPa	泊松比	屈服强度/MP	抗拉强度/MPa
管片	C50	34.5	0.20	25.3	1.96
螺栓	6.8/M30	210.0	0.30	480.0	—

模型土考虑为均质砂层，材料为中砂，其各项参数如表 2-5 所示，土体选用 Mohr-Coulomb 本构。

表 2-5　模型土各项参数

土体容重	弹性模量/MPa	泊松比	侧压力系数	内摩擦角/(°)
18.6	30	0.30	0.37	31.5

3. 计算工况

加载方式：采用地层-结构法对隧道进行加载，如图 2-21(d) 所示，将隧道埋于模型土内，以土刚好没过拱顶为初始点，逐层覆土加载，每层覆土厚度控制为 0.25D(D 为管片外径)，在累积覆土厚度达到 1.5D 时停止加载。

工况设计：对 2.2 节中的均质圆环、开槽接头、螺栓接头隧道模型进行上述覆土加载，对应工况分别设计为工况 1、2、3，为消除边界效应，以下均取模型隧道最中间一环管片进行分析。

2.3.2　数值计算结果分析

1. 管片结构整体变形对比分析

管片结构整体变形在直观上通常表现为其直径收敛值，图 2-22 为土体堆载过程中三类管片的水平直径收敛曲线，图中横坐标为隧道顶部以上的覆土厚度，单位取 D(D 为管片外径)。

从图 2-22 中可以看出，三种工况下的管片水平直径收敛值均随覆土厚度的增加而增加，且其曲线趋势近似于线性上升，此时可认为三类管片都处于线弹性变形范围内，几乎没有发生塑性变形。对比图 2-22 中曲线可知，三类管片的直径收敛值有较为明显的差异，相较于均质圆环，开槽管片收敛变形显著增大，最大收敛值从 16.0 mm 增至 23.7 mm，增幅达到近 48%，这说明接头刚度折减对管片横向变形影响极大。

而相较于开槽管片，螺栓管片收敛变形则略有增大，最大收敛值增加到 26.8 mm，增幅约为 13%，这表明接头非连续性对管片横向变形也存在一定影响。

由上述分析可知，接头刚度削弱与接头非连续性均会引发管片整体横向刚度的减弱，从而导致管片横向变形加剧，前者尤为明显，后者也不容忽视。

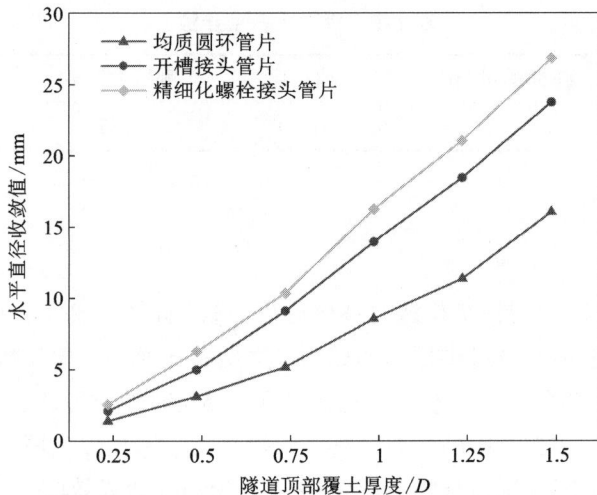

图 2-22　三类管片水平直径收敛曲线

同时为进一步明确接头作用对管片横向变形的影响机理，利用 ABAQUS 绘制了三种管片在埋深为 1.5D 时的水平位移云图，如图 2-23 所示。从图 2-23 中可看出，均质圆环水平位移深色区（深色区为大位移集中区域，基本代表位移整体表现）完全对称分布在拱腰位置处；相较于均质圆环，开槽管片水平位移深色区则有明显的向上偏移，且其深色区有明显增大，这是由于拱腰上侧存在较为薄弱的开槽接头，从而使变形增大、向上发展；相较于开槽管片，螺栓管片的位移深色区的位置几乎没变，范围略微增大，这是因为螺栓管片在接缝位置处存在少量张开，从而导致该位置管片相对位移有所增加。

由上述分析可知，相较于均质圆环，开槽模拟的接头刚度折减作用使得管片的横向变形不会完全对称、集中在拱腰位置，变形会向附近接头薄弱处偏移、发展，从而导致管片整体横向刚度下降；而相较于开槽模拟，精细化模拟的接头非连续作用则是在此基础上继续产生一定的接缝张开，使接头位置管片间发生相对位移，导致管片环横向变形加大。

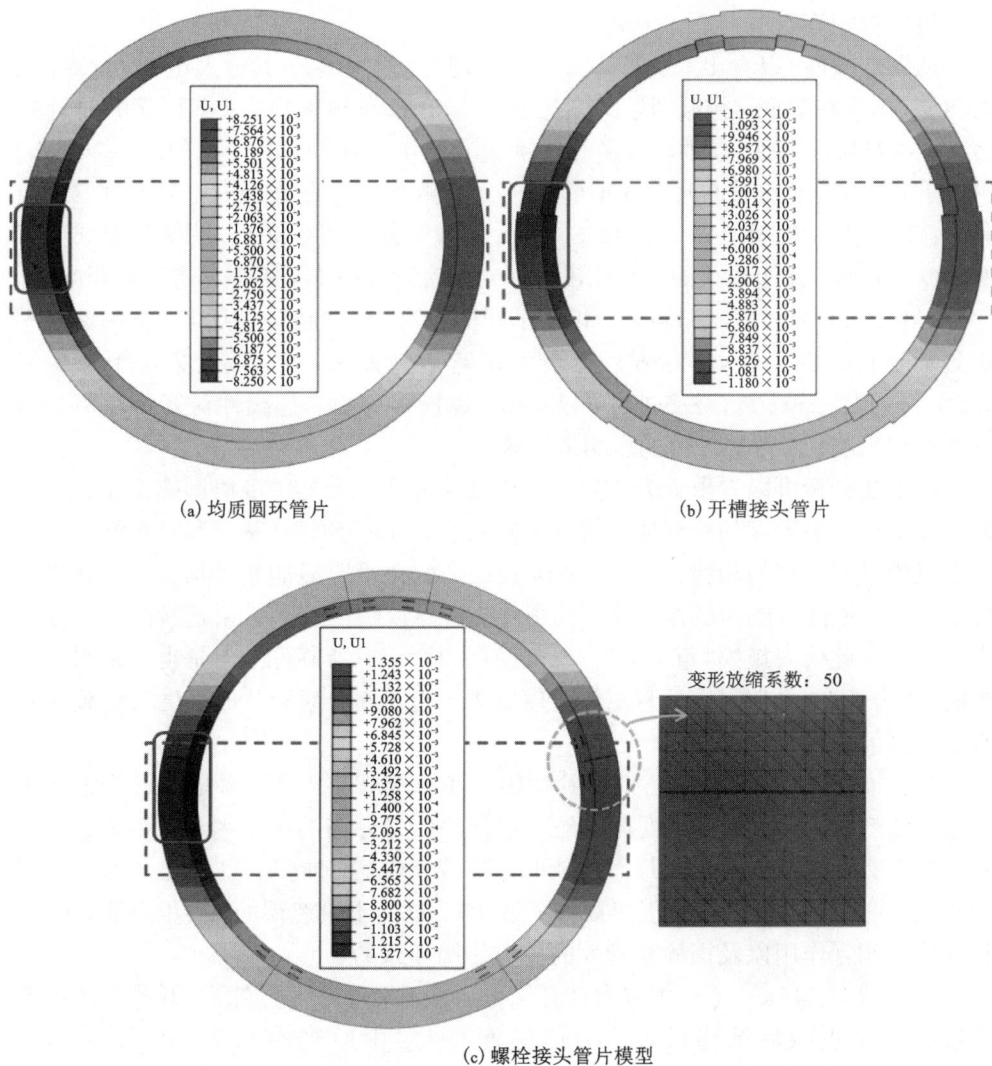

(a) 均质圆环管片

(b) 开槽接头管片

(c) 螺栓接头管片模型

图 2-23　不同接头影响下模型水平位移云图

2. 管片结构内力分布对比分析

不同接头作用下管片结构在承载过程中的内力分布情况也存在较大差异，为此，提取了工况 1~3 中隧道管片的弯矩与应力，以分析不同接头作用对管片结构受力性能的影响。在覆土高度为 1.5D 时，三种工况管片的弯矩(kN·m)与应力

（Pa）分布如图 2-24 所示，图中小圆环代表接头位置，粗红线代表弯矩包络线，紫线指向弯矩零点。

从图 2-24 可以看出三类弯矩分布均呈现为"花生形"，其最大正、负弯矩（绝对值）均出现在拱底、拱腰处，其弯矩零点均分布在顺拱顶（以拱顶起顺时针旋转）39~42°与逆拱底（以拱底起逆时针旋转）41.0°~47.0°处。对比图 2-24（a）、（b）可知，相较于均质圆环：开槽管片上、下侧弯矩零点分别向上转动了 2.7°、3.5°；其最大正弯矩增大了近 14%，最大负弯矩减少了 7.8%，拱顶弯矩减少了 20.5%。显然，开槽导致的接头刚度折减对管片弯矩分布、极值均有明显影响。

对比图 2-24（b）、（c）可知，相较于开槽管片：螺栓接头管片上、下侧弯矩零点分别向上转动了 0.4°、0.6°；其最大正弯矩增大 8.6%，最大负弯矩减少了 5.5%，拱顶弯矩减少了 5.5%。可以看出，螺栓接头的非连续性对管片弯矩分布存在少许影响，对弯矩极值的影响依旧较大。

由上述分析可以看出，接头刚度折减对管片弯矩分布、极值影响都很大，开槽管片由于接头刚度的削弱使得管片弯矩发生了"重分布"，整个弯矩包络线及弯矩零点均呈现上移的趋势，且移动幅度较大。变化最明显的是拱顶，弯矩减幅超过 20%，其原因可能为拱顶处接头离得很近，导致刚度折减效果连续叠加，进而引发弯矩在此处大规模"重分布"，反倒使拱顶弯矩有所降低。但是也正是因为弯矩的"重分布"，也使得管片弯矩最大值增大了近 14%，对管片的强度与承载性能有了更高的要求。

相较而言，接头非连续性对管片弯矩分布影响就小得多，弯矩零点位置几乎未发生改变，这说明接头刚度折减是决定管片内力分布的主要因素。但是，螺栓管片的接头非连续性对弯矩最大值依旧存在较大影响，即使其已经充分考虑了刚度折减，管片的弯矩最大值仍然提高了近 9%，这是不可忽视的，其很可能是螺栓管片块间相互作用以及螺栓对管片的拉剪作用导致的。

对比图 2-24（a）、（b）中应力计算结果可知，相较于均质圆环，开槽管片在考虑接头刚度折减后结构最大应力值显著增大，由原先的 6.9 MPa 增加到了 15.7 MPa，增幅达到 227%，并且应力最值位置从拱腰偏移至邻近接头处。从 2-26（b）可看出，开槽接头截面存在应力突变行为，这表明接头刚度折减会导致管片在薄弱处产生局部应力集中，尤其是在靠近拱腰内侧位置，应力集中现象会更明显。

对比图 2-24（b）、（c）可知，在管片考虑接头非连续性后，结构最大应力值骤然增大，由 15.7 MPa 飙升至 147 MPa，增幅达到 936%。此时螺栓管片最大应力出现在拱顶螺帽与手孔的接触面上，管片手孔处出现明显的应力集中现象。之所以出现如此夸张的应力突变，是因为螺栓在受拉时紧密挤压管片手孔面，导致该

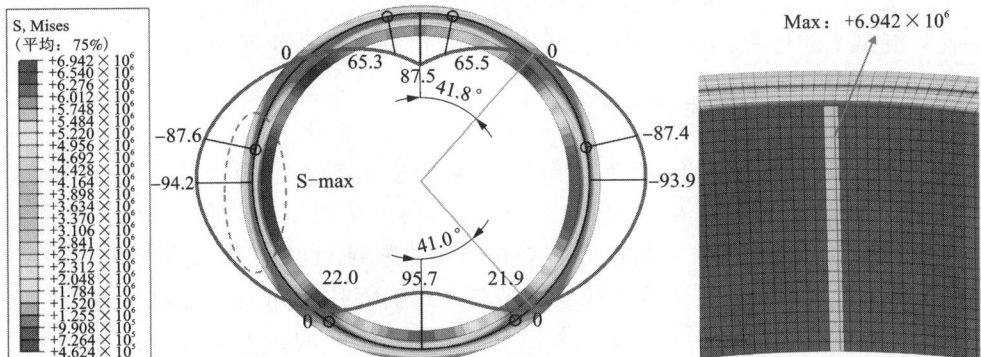

(a) 均质圆环管片弯矩及应力分布

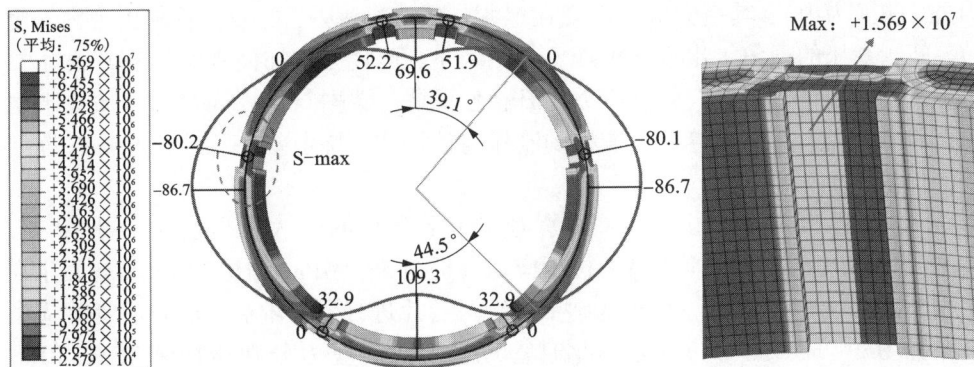

(b) 开槽接头管片弯矩及应力分布

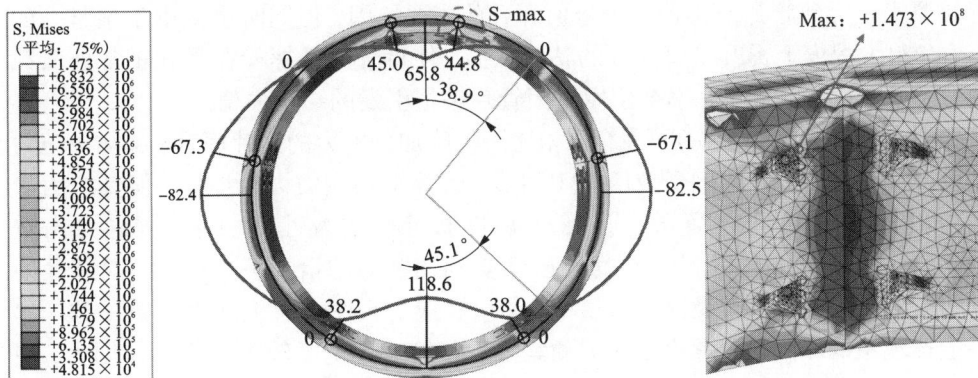

(c) 精细化螺栓接头管片弯矩及应力分布

图 2-24　不同接头影响下管片弯矩包络线及应力云图

处混凝土变形很大，从而引发严重的应力集中。因此，在实际工程中应重视管片手孔处混凝土的变形，必要时需采取有效加固措施以提高此处的力学性能。

3.管片螺栓受力性能对比分析

在预紧力与土压力作用下，管片与螺栓应力分布情况如图 2-25 所示（ABAQUS 中压应力赋值为正，拉应力赋值为负）。从图 2-25 可以看出，螺栓与手孔间的相互作用对管片结构内力有着相当大的影响，同样管片对螺栓也存在着挤压、拉扯等作用，从而导致螺栓受力变形，影响管片结构的稳定性。为此，提取管片及螺栓在受初始预紧力 F_N 及土体堆载压力 P 时的最大主应力，以分析管片螺栓的受力规律。

管片在手孔处存在明显的应力集中，其螺栓整体外侧受拉、内侧受压（凸面为外、凹面为内），其最大应力出现在螺帽与螺杆过渡处，但该位置却出现内侧受拉、外侧受压的现象。出现这种现象的原因是，预紧力施加使螺帽与管片发生挤压变形，从而导致螺杆与管片应力骤升，尤其是在螺帽与螺杆间过渡区域变形更为严重。因此，在盾构管片弯螺栓的制作与使用中，特别要注意螺帽与螺杆连接处的保护及加固。

由图 2-25(a)~(b)可知，预紧力作用下管片的最大拉压应力分别为 74.3 MPa、135.4 MPa；螺栓的最大拉压应力分别为 501 MPa、616.2 MPa，均发生在螺帽与手孔接触面附近。在此基础上继续对管片进行覆土堆载，加载后管片应力分布如图 2-25(c)~(d)所示，此时管片最大拉压应力分别增加到 76.8 MPa、137 MPa，提高幅度分别为 3.4%、1.2%；螺栓最大拉压应力分别增加到 517.3 MPa、635.1 MPa，提高幅度分别为 3.2%、3.1%，增量极小。上述情况说明螺栓预紧力是导致管片及螺栓应力极值骤升的主要原因，但同时也是由于预紧力的存在，很大程度上提升了管片环的整体性能，使得管片及螺栓在受到正常外荷载时，应力极值保持稳定，不至于发生因管片破损引发的结构失稳。

对比图 2-25(a)、(c)可发现，相比于仅施加预紧力的管片而言，施加土压力的管片在拱顶内、外两侧受拉压作用明显，管片平均应力大幅提高，但其应力最值依旧出现在手孔位置处，且变化幅度极小，增幅小于 4%。同时，比较图 2-25(b)、(d)可以看出，在螺栓已经受到预紧力的情况下，土压力对螺栓的应力影响很小，除应力最值有微量增加外，在应力云图二者上几乎规律一致。出现上述现象的原因是，螺栓在施加预紧力后与管片产生了较大的相互作用力，使得螺栓应力已经变得很高，此时这些土压力基本无法使螺栓产生大变形，土压引起的弯剪拉等作用大部分都通过螺栓传递给管片结构本身，从而将应力分摊到每块管片上。

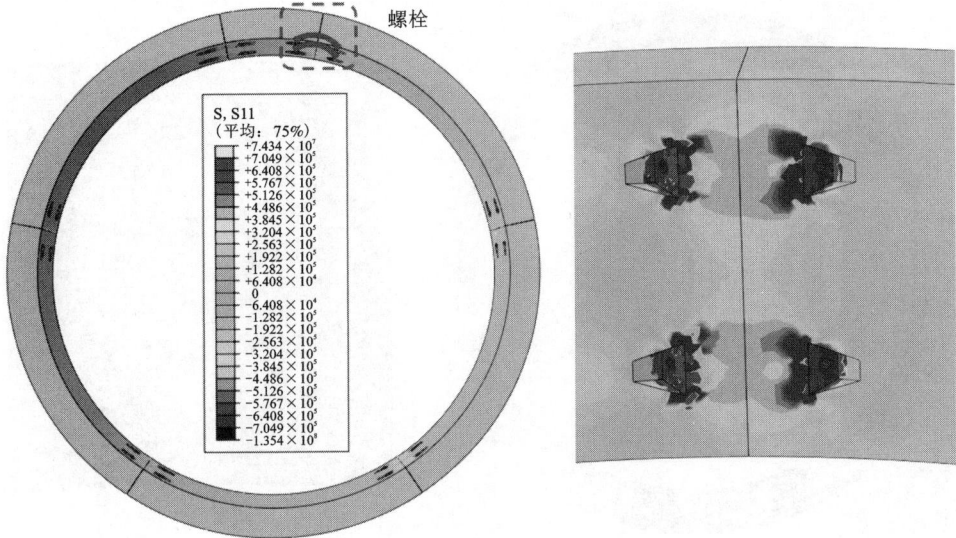

(a) 管片受 F_N 应力云图

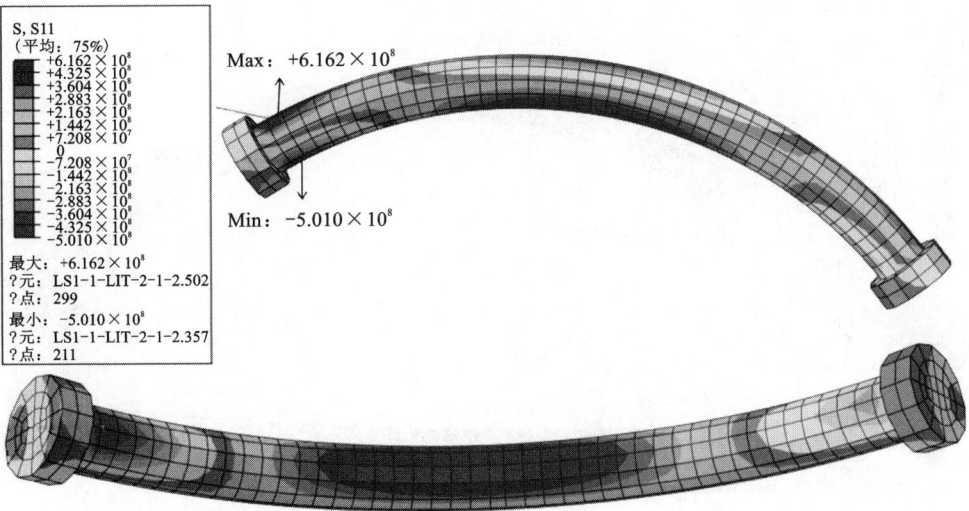

(b) 螺栓受 F_N 应力云图

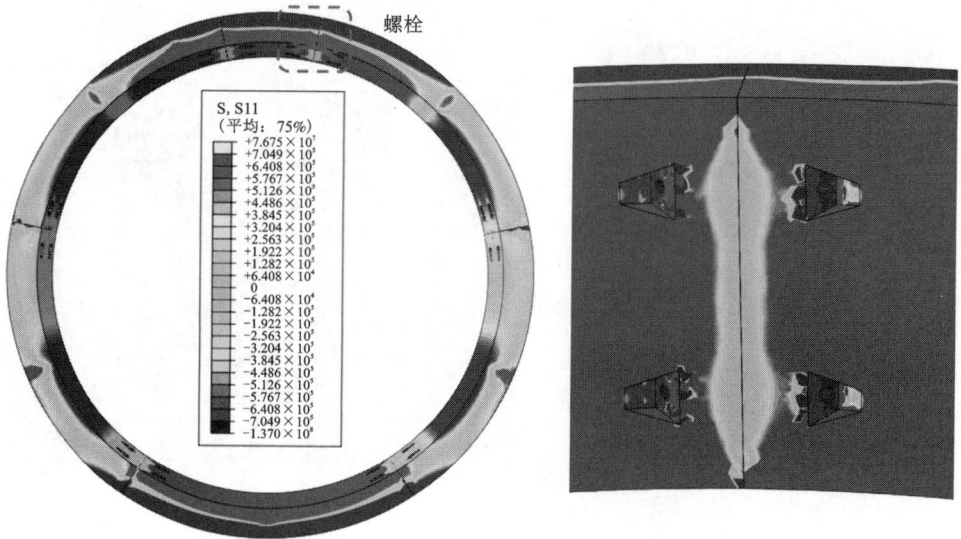

(c) 管片受F_N+P应力云图

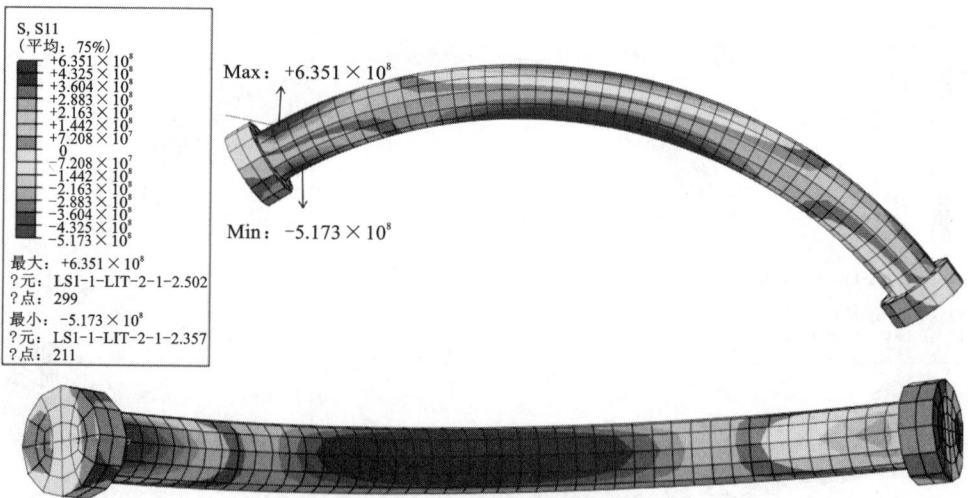

(d) 螺栓受F_N+P应力云图

图 2-25　管片及螺栓受预紧力及外荷载的应力云图

综上所述，管片结构在受力过程中的响应机理如下：首先通过螺帽与手孔相互挤压，使螺栓在接头处受到较大的预紧力，引起管片手孔较大变形；而后拉力由螺栓传递，分布至管片主体，引起较小变形；之后在地层荷载作用下，管片将外载传递至各个螺栓，但由于螺栓在预紧阶段已经产生了较高的预应力，使得其在外荷载作用下应力变化幅度很小。此时的螺栓几乎是一个"传递者"，自身只承担小部分荷载作用，其余绝大部分荷载则传递、分摊到每块管片上，以充分约束管片位移及变形，从而提高其整体受力性能。

4. 预紧力大小对管片受力性能影响分析

为进一步探究螺栓预紧力对管片受力性能的影响，将预紧力分别设置为 50 kN、100 kN、200 kN、300 kN、400 kN，并在相同埋深时（1.5D）对比不同预紧力工况下管片及接头螺栓的受力变形规律。

管片、螺栓最大应力 S_{max}、LS_{max} 与螺栓预紧力 F_N 的关系曲线如图 2-26（a）、（b）所示，从图中可以看出管片及螺栓的最大应力均随着预紧力增大而增大，且二者曲线增速呈逐渐递增趋势，预紧力越大其最大应力增长得也越快。同时无论是哪种预紧力工况，管片最大应力总是出现在拱顶右侧螺栓手孔处；螺栓最大应力则总是出现在螺帽与螺杆间的过渡区域。这表明，提高螺栓预紧力会导致管片、螺栓的最大应力值显著增大，且应力增加速率会随着预紧力的增大而增大。

图 2-26（c）为管片水平直径收敛值 U_X 与螺栓预紧力 F_N 的关系曲线，由图可知，随着螺栓预紧力的提高，管片水平直径收敛值呈现下降的趋势，尤其在预紧力为 50~100 kN 区间内下降得最快，此时提高 50 kN 的预紧力可降低 0.76 mm 的水平收敛；而当预紧力在 200~400 kN 区间时，管片水平直径收敛值的下降速率则变得极为缓慢，此时提高 50 kN 的预紧力平均只能降低 0.09 mm 的水平收敛。

从图 2-26（d）接缝张开-预紧力（ZK-F_N）关系曲线可以看出，随着螺栓预紧力的提高，管片各处接缝张开量呈现降低的趋势，并且张开量下降速率也不断减缓：在预紧力 50~100 kN 区间内，ZK-F_N 曲线降速较快；在预紧力 100~300 kN 区间内，曲线降速变缓；在预紧力达到 300 kN 后，ZK-F_N 曲线趋于水平。由上述分析可知，提高螺栓预紧力可以有效地降低管片的收敛变形与接缝张开，但其效果会随着预紧力的增大而逐渐减弱，尤其是当预紧力大到一定程度时，其效果更是大打折扣。

(a) $S_{max}-F_N$曲线

(b) $LS_{max}-F_N$曲线

(c) U_x-F_N曲线

(d) $ZK-F_N$曲线

(e) $Q-F_N$曲线

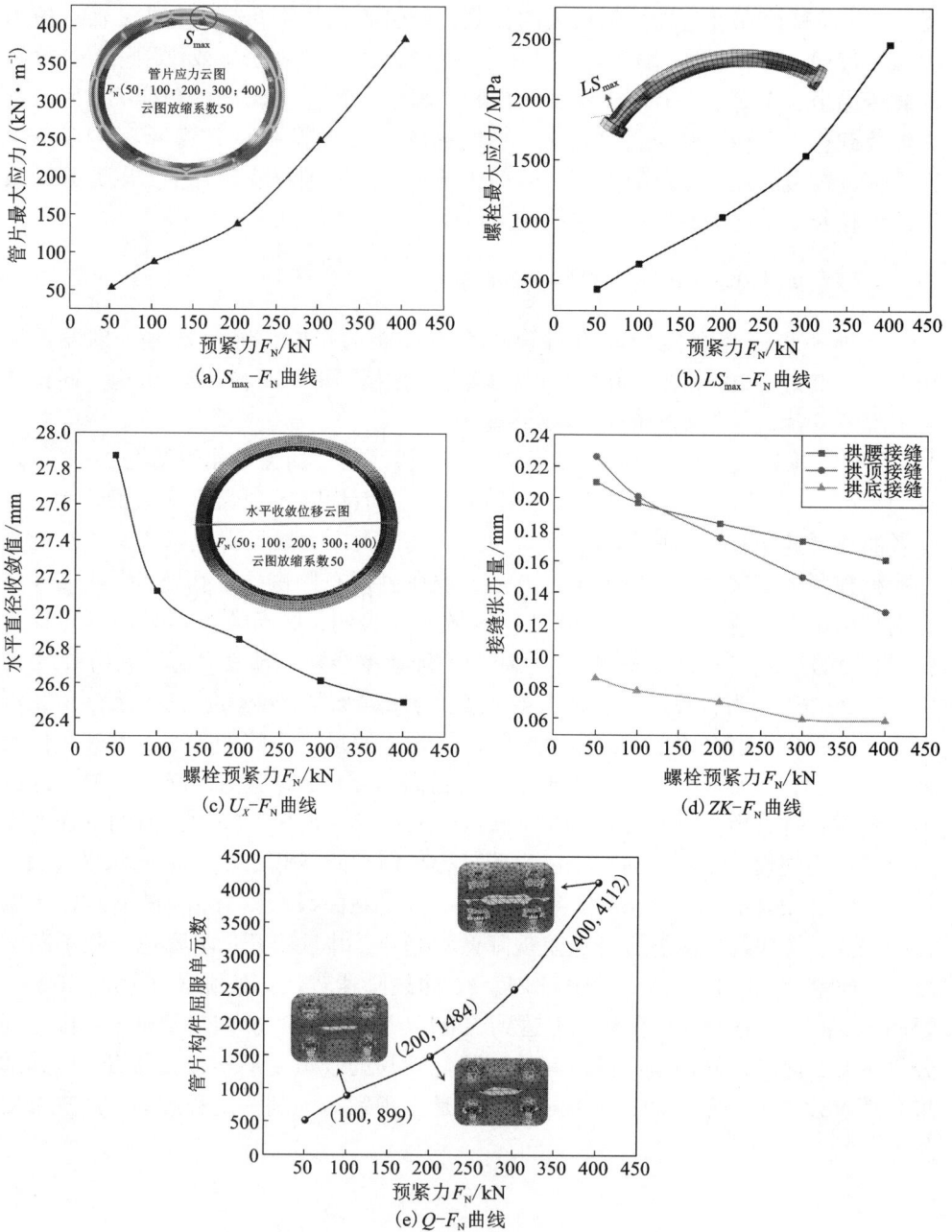

图 2-26　不同预紧力作用下管片性能变化规律曲线

通过 ABAQUS 软件可查找整环管片 mises 应力大于屈服应力的单元个数(单环管片总单元数目约为 35 万),将其记为管片构件屈服单元数,并把已经达到屈服的单元在云图上染上灰色。图 2-26(e)为管片构件屈服单元数 Q 与螺栓预紧力 F_N 的关系曲线,从图中可以看出,管片构件屈服单元总数随着预紧力的提高而显著增多,屈服单元总数增长速率也随着预紧力的提高而提高。同时对比预紧力 100、200、400 kN 状态下的接头局部应力云图可知,预紧力的提高导致大应力区域(灰色)明显扩大,屈服单元集中出现在螺栓与管片、管片块间的接触区域。在预紧力从 50 kN 增至 400 kN 的过程中,屈服单元总个数由 899 增加到了 4112,增幅达到了 457%,这说明预紧力过大会导致管片局部屈服现象加剧。

综上所述,螺栓预紧力对管片受力性能而言是一把"双刃剑",增大预紧力能有效降低管片收敛变形及接缝张开,减少管片的横向变形,从而进一步提升管片整体受力性能。但与此同时,增大预紧力也会导致管片及其螺栓应力集中现象愈发严重,使管片最大应力、屈服区域都有明显增大,加剧管片在接头处的破损。因此,盾构隧道管片螺栓预紧力的施加不宜过大,也不宜过小,在施加预紧力时应把握管片整体横向变形与局部应力集中破坏之间的平衡关系,恰当的预紧力能在控制接缝张开、收敛变形的同时,避免严重破坏管片手孔区域。

2.3.3　试验与数值结果对比分析

为进一步论证模型试验与数值仿真的可行性及合理性,将二者(试验与数值)的结果进行对比验证,均质圆环、开槽管片、螺栓管片的试验模型尺寸、材料(试验相似比 1∶10)、加载工况均与数值模型完全对应。

将模型试验结果进行相似比还原,绘制试验与数值的管片水平收敛曲线如图 2-27 所示,对比可知二者曲线均呈近似线性增长的趋势。观察图 2-27 可以发现,在 1.5D 埋深时收敛值在试验、数值上结果分别为:14.6 mm、21.9 mm、25.3 mm;16.0 mm、23.7 mm、26.8 mm,二者结果偏差均控制在 10% 以内,吻合度相对较高。

在同种工况下(埋深 1.5D),将数值与试验所得三类管片弯矩包络曲线进行对比,如图 2-28 所示。可以看出,无论是作为对照组的均质圆环、开槽管片,还是作为设计组的精细化数值螺栓管片,其弯矩分布规律均与模型试验结果较为吻合。

综上所述,在同种工况下,数值模拟与模型试验的收敛变化、弯矩分布规律几乎一致,其结果较为良好地验证了本节数值仿真及模型试验方法的准确性与合理性。同时,本节数值模型也可弥补模型试验的不足,实现动态模拟螺栓预紧力对管片应力、接缝张开、收敛变形等指标的影响,其结果数据采集范围覆盖整环管片和螺栓(包括手孔),能对试验丢失或难以监测到的数据进行补充。

图 2-27　试验与数值直径收敛结果对比

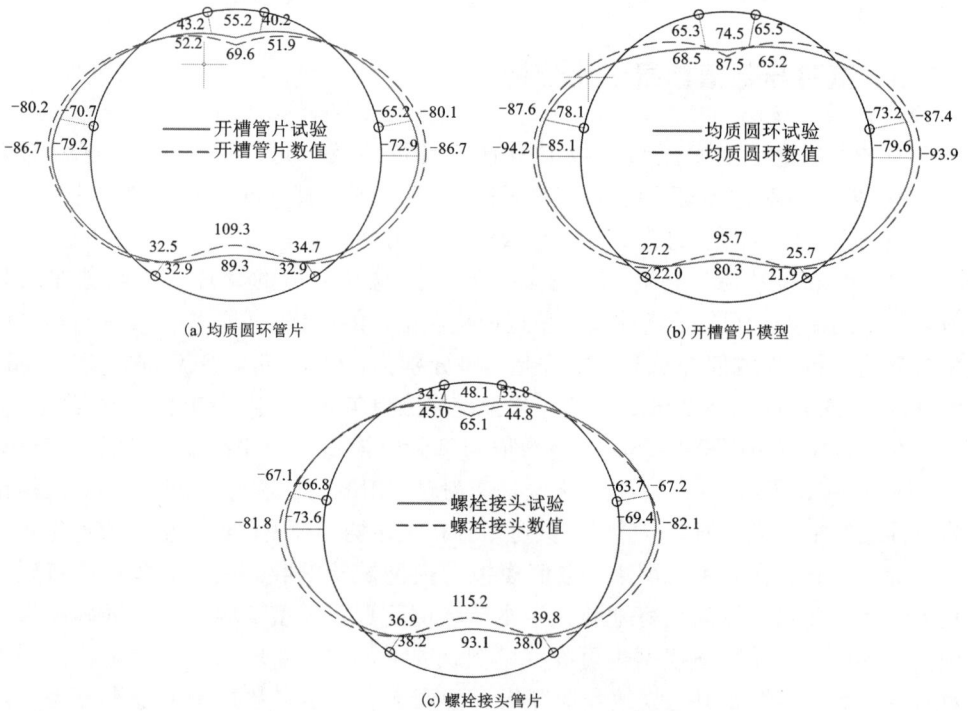

(a) 均质圆环管片

(b) 开槽管片模型

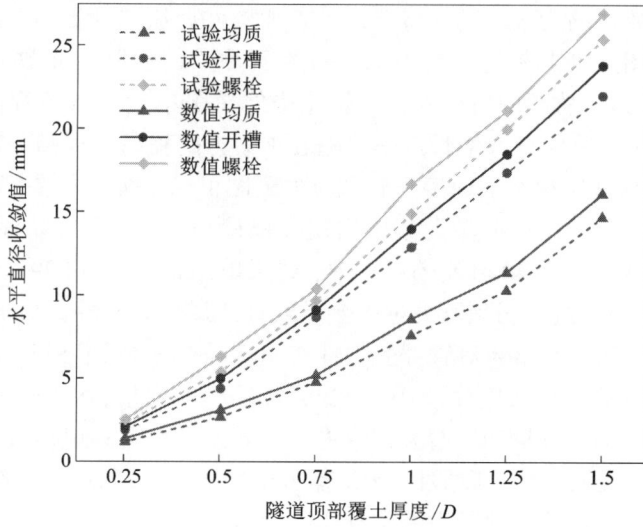

(c) 螺栓接头管片

图 2-28　试验与数值管片弯矩包络曲线对比

2.4　本章小结 >>>

　　本章以地铁盾构隧道为研究对象，通过理论分析、室内模型试验和数值模拟等研究方法，深入探讨了在接头影响下盾构隧道的受力特性，分析了不同接头因素对隧道横向收敛、截面弯矩和螺栓内力的影响，得到以下主要结论：

　　（1）本章提出一种弹簧+螺栓型接头，通过特殊设计的弹簧和预装螺栓的协同效应，实现了对原型管片接头的有效模拟。且经模型试验验证，采用该方法制作的模型管片接头模拟效果较好，可以很好地保持与原型管片的相似性，大幅提高了试验结果的准确度。

　　（2）通过对均质圆环隧道、开槽管片环隧道和设计管片环隧道进行堆载试验，探究了接头刚度折减及非连续性因素对管片受力特性的影响。试验结果表明，相较于无接头管片，考虑接头刚度折减的管片收敛变形增大了 50%，管片截面弯矩极值增大了 11%，管片轴力减少了 2%~6%；相较于接头刚度折减管片，考虑接头非连续性的管片收敛变形增大了 12%，管片截面弯矩极值增大了 10%，管片轴力减少了 2%~3%。可以看出，接头刚度折减及非连续性对管片结构收敛变形和管片截面弯矩极值的影响较为显著，而对管片轴力的影响则较小。

　　（3）建立了可考虑接头刚度折减、非连续性及螺栓预紧力的盾构隧道三维精细化数值模型。计算结果发现，相较于均质圆环，开槽模拟考虑了接头刚度折减，管片横向变形向着薄弱接头处偏移、发展，使管片收敛变形增大了 45%；同时引发了弯矩大规模"重分布"，导致其弯矩零点、包络线发生明显上移，使管片最大弯矩增大了 15%。相较于开槽模拟，精细化模拟在接头刚度折减的基础上考虑了非连续性，其使管片发生接缝张开，进一步加剧管片横向变形，使管片收敛变形增大了 13%，管片弯矩最大值增大了近 10%。

　　（4）通过数值计算发现，管片结构在受力过程中，首先螺栓预紧力通过挤压管片手孔拉紧相邻管片，引起管片较小变形，螺栓发生较大变形；外载施加时，螺栓对管片起约束作用，将荷载传递、分摊至管片全身，引起管片较大变形，螺栓发生较小变形。研究结果表明，增大预紧力能有效降低管片收敛变形及接缝张开，提高管片横向刚度，但预紧力过大会导致管片与螺栓的最大应力、屈服区域明显增大，从而加剧管片接头破损，故施加螺栓预紧力时应把握管片整体横向变形与局部应力集中破坏之间的平衡关系。

第3章
下伏地层不均时盾构隧道结构
受力响应机理探究

　　盾构隧道是由环、纵向螺栓将衬砌块拼装连接而成的非连续结构，当其下伏地层沿纵向不均匀时，隧道纵向螺栓受力不再协同，很可能导致隧道产生较大不均匀沉降，严重时可能诱发管片环间错台、螺栓剪断和接缝渗水等病害。为此，本章首先进行隧道下卧不同风化软岩动力特性试验与数值模拟，探明下伏地层差异致不均匀沉降对地铁隧道的影响机制。而后采用第二章所提出的考虑接头影响的试验及数值模拟方法，开展下卧单一砂层、软硬不均地层等工况下盾构隧道结构模型试验与精细化数值模拟，进一步探明下伏地层不均时盾构隧道结构受力响应机理。

3.1　下伏地层差异致不均匀沉降对地铁隧道的影响机制 >>>

　　南昌地铁部分隧道下伏地层纵向分布为不同风化程度的泥质粉砂岩，在长期运营中，循环列车动载反复作用下，隧道纵向可能产生较大不均匀沉降，对隧道运营安全造成影响[120~122]。为此，本节借助试验及数值计算方法对地铁盾构隧道基底不同风化软岩在列车循环荷载下的动力响应和长期沉降进行研究，并进一步探索风化程度不同引起的不均匀沉降对地铁盾构隧道的影响机制，以期为风化软岩层地铁盾构隧道的设计、施工及运维提供科学指导。

3.1.1　不同风化软岩的动力特性试验研究

　　本节选取南昌地铁某区间隧道基底风化软岩进行室内动三轴试验，结合隧底实际所处环境，模拟不排水条件下饱和风化软岩在地铁列车长期荷载作用下的动力特性，研究了在相同循环动荷载次数下不同动应力比、静偏应力比、围压、加载频率对饱水风化软岩累积变形规律的影响。通过对试验数据分析并利用数学手段拟合得到饱水风化软岩新轴向累积应变数学模型。

1. 岩样制备与试验方案

(1) 岩样制备

试验选取两种不同风化程度泥质粉砂岩，岩样的基本物理力学指标如表 3-1 所示。其中，中风化泥质粉砂岩采用钻孔取芯方式取样；全风化泥质粉砂岩因风化强烈，岩芯多呈半岩半土状、碎块状，钻孔取芯后无法制备成试验所需的标准试样，考虑到盾构机掘进过程中对围岩扰动很大，围岩已进行过碾碎重塑，因此对全风化泥质粉砂岩采用重塑的制样方法是合理的。全风化泥质粉砂岩采用分层湿捣法并控制原状样的颗粒级配、最大干密度和最优含水率进行重塑制样，先将试样按照原状样颗粒级配进行筛分，再加水搅拌至最优含水率，用塑料薄膜封存静置 24 h 以上，最后采用三轴击实器分五层击实，每层控制相同质量，每层击实后进行刮毛处理，击实成直径为 50 mm、高度为 100 mm 的标准试样，如图 3-1 所示。

表 3-1　岩样的基本物理力学指标

岩样名称	天然密度 $\rho/(\mathrm{g \cdot cm^{-3}})$	黏聚力 c/kPa	内摩擦角 $\varphi/(°)$	泊松比 v	弹性模量 E/MPa
中风化岩	2.10	450	42	0.29	1940
全风化岩	2.30	45	35	0.3	120

(a) 钻孔取样图

(b) 标准试样

图 3-1　试验取样与制样

（2）试验方案

试验采用的仪器设备为英国 GDS 试验系统，加载频率范围为 0~2 Hz；最大轴向监测变形为 20 mm；应变测量精度为 0.0001；最大可施加围压为 2 MPa。试验不考虑列车非匀速状态下动应力幅值的变化，采用单向等幅半正弦波的加载方式，在 GDS 试验设备中进行反压饱和，当检测到 $B = \Delta u / \Delta \sigma > 95\%$，则视为试样饱和，最后进行等向排水固结，当超孔隙水压力消散到等于反压值时，则认为固结完成，试样在等压固结完成后，立即施加静偏应力和动应力，加载方式如图 3-2 所示。

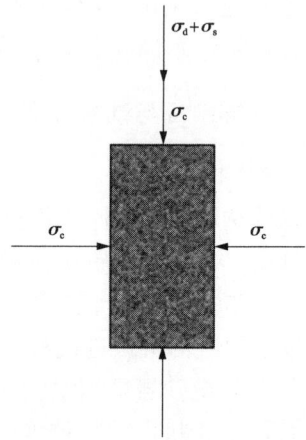

结合南昌地铁隧道基岩实际所处环境和相关文献资料[123, 124]，选取围压为 300 kPa、

图 3-2　试样加载示意图

450 kPa、600 kPa；加载频率设为 0. 5 Hz、1 Hz、2 Hz；静偏应力为 0、75 kPa、100 kPa、150 kPa；动应力选取 40 kPa、50 kPa、70 kPa、90 kPa、120 kPa；综合设备条件，加载次数均为 10000 次。从动应力比、静偏应力比、围压和加载频率等几个方面分别研究不排水条件下饱和风化软岩在地铁列车长期荷载作用下的累积塑性应变规律，试验工况如表 3-2 所示。

上述动应力比、静偏应力比的定义式分别如下：

$$\eta_d = \sigma_d / \sigma_f \qquad (3-1)$$

$$\eta_s = \sigma_s / \sigma_f \qquad (3-2)$$

式中，σ_d 为竖向动应力幅值；σ_s 为竖向静偏应力；σ_f 为静极限强度，根据地勘报告资料，中风化泥质粉砂岩静极限强度为 1. 5 MPa，全风化泥质粉砂岩静极限强度为 0. 3 MPa。

表 3-2　试验工况设计表

岩样	编号	动应力比 η_d	静偏应力比 η_s	围压 σ_C	加载频率 f
全风化岩样	M-1	0. 133、0. 167、0. 233、0. 3、0. 4	0. 25	300	1
	M-2	0. 167	0、0. 25、0. 333、0. 5	300	1
	M-3	0. 167	0. 25	300、450、600	1
	M-4	0. 167	0. 25	300	0. 5、1、2

续表3-2

岩样	编号	动应力比 η_d	静偏应力比 η_s	围压 σ_C	加载频率 f
中风化岩样	N-1	0.027、0.033、0.047、0.06、0.08	0.05	450	1
	N-2	0.033	0、0.05、0.067、0.1	450	1
	N-3	0.033	0.05	300、450、600	1
	N-4	0.033	0.05	450	0.5、1、2

2.试验结果分析

（1）动应力比的影响分析

由图 3-3 可知，不同动应力比对岩样的累积塑性应变影响较大。对于全风化泥质粉砂岩，当动应力比分别为 0.133、0.167、0.233、0.3 时，试样变形规律呈稳定型，变形规律大致相同，在试验加载前 1000 次的累积应变占总应变（10000 次）的 75%~80%，这是由于全风化软岩内部结构松散，孔隙数量较多，加载初期岩样被压实，累积变形急剧增大。

对于中风化泥质粉砂岩，在加载前 100 次的累积应变占总应变的 85%~95%，相较于全风化软岩而言，中风化软岩达到稳定阶段所需的循环次数更少且中风化软岩加载初期应变占总应变比例更大，这是因为中风化软岩岩芯较完整，内部裂隙数量较少，颗粒之间胶结作用较强，宏观上表现为抵抗变形能力较强，因此，前几十次循环次数累积塑性应变曲线就已经趋于平稳。

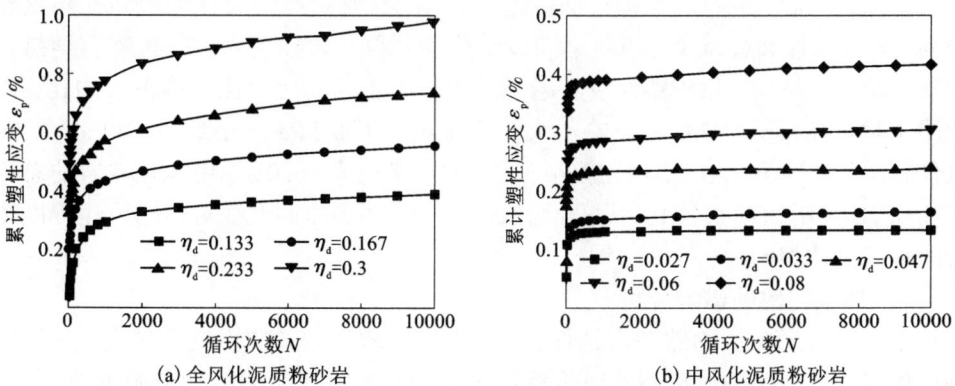

(a) 全风化泥质粉砂岩　　(b) 中风化泥质粉砂岩

图 3-3　不同动应力比下岩样累积应变与加载次数的关系曲线

（2）静偏应力比的影响分析

如图 3-4 所示，对于全风化软岩而言，当静偏应力比为 0 时，岩样总应变为 0.351%，静偏应力比增大到 0.333 时，总应变达到 0.655%，增幅为 86.6%，但累积塑性应变曲线仍为稳定型。对于中风化软岩而言，4 种工况下岩样累积塑性应变曲线均为稳定型。当静偏应力比从 0 增大到 0.1 时，岩样所对应的总应变从 0.101% 增加到 0.312%，后者是前者的 3.1 倍。说明静偏应力对中风化岩样的影响较全风化岩样更小，这是由于中风化岩样结构完整，动强度较大，在循环荷载作用下很难产生较大的变形。

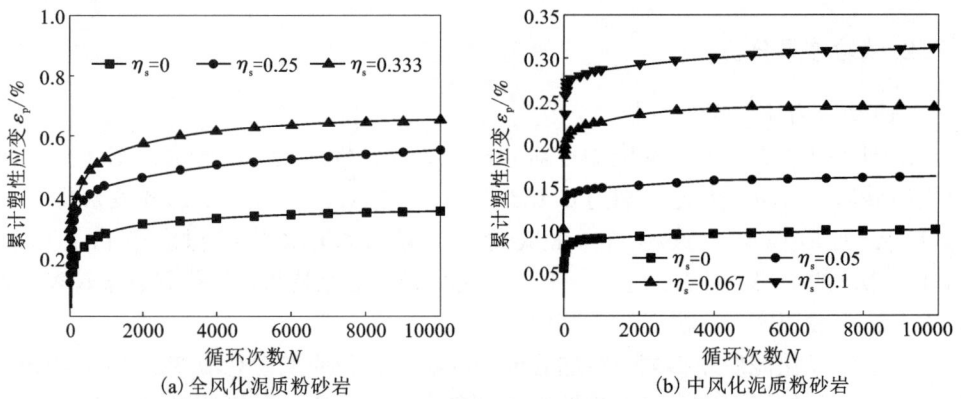

图 3-4　不同静偏应力比下的岩样累积应变与加载次数的关系曲线

（a）全风化泥质粉砂岩　　　　（b）中风化泥质粉砂岩

（3）围压的影响分析

如图 3-5 所示，随着围压的增大，全、中风化软岩累积应变反而越小，其原因是岩样吸水后，原有的结构特征被完全破坏，重塑过程中岩样颗粒和孔隙重新排列，导致岩样裂缝减少，颗粒之间胶结作用增强，岩样更密实，物理力学指标表现为动强度越大，累积塑性应变越小。相较于不同动应力比和静偏应力比，改变围压对岩样累积塑性应变影响不大。当围压从 600 kPa 减小到 300 kPa 时，全风化软岩的总应变从 0.354% 增加到 0.552%，增幅为 56.0%；中风化软岩的总应变从 0.129% 增加到 0.201%，增幅为 55.7%，说明围压的改变对不同风化程度软岩的影响大致相同。

（4）加载频率的影响分析

由图 3-6 可知，加载频率越低，全、中风化软岩的总应变反而越大，其原因是在加载频率较小的情况下，动荷载作用时间更长，孔压消散和裂隙发育更快，岩样累积塑性应变急剧增加。对于全风化软岩而言，当频率为 0.5 Hz 时，加载到

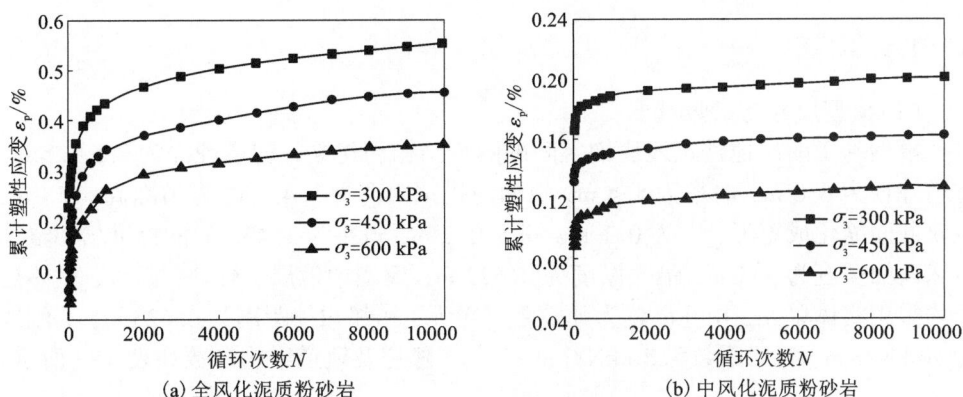

图 3-5　不同围压下岩样累积应变与加载次数的关系曲线

10000 次岩样仍有应变继续增大的趋势，由于试验周期过长，没有考虑更多循环次数和更低频率下累积应变的变化规律，后期可考虑增加循环次数和减小频率的工况；对于中风化软岩而言，低频区段内改变频率对其影响不大，由于试验设备最大加载频率为 2.0 Hz，因此，高频区段内改变频率的影响有待探究。

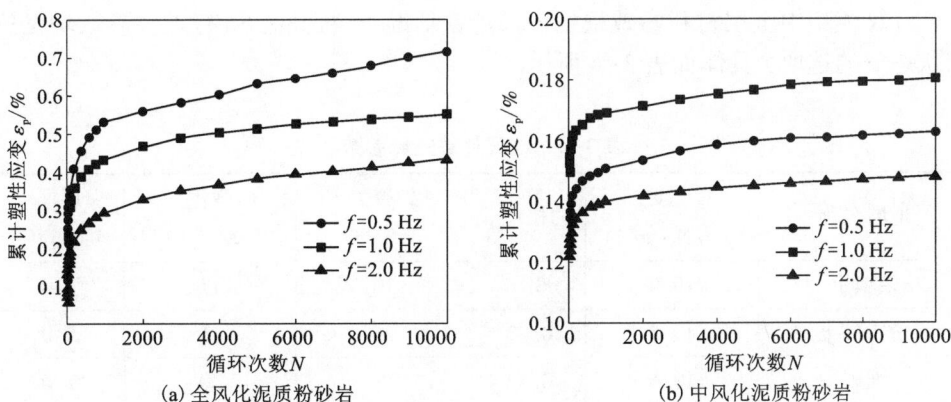

图 3-6　不同加载频率下岩样累积应变与加载次数的关系曲线

3.1.2　隧道下卧不同风化软岩动力响应数值研究

本节依托南昌地铁某区间工程，采用有限元软件 ABAQUS 建立列车-整体道床-衬砌-围岩三维有限元模型，分析在不同列车速度下及隧道基底不同风化程度泥质粉砂岩对围岩动力响应的影响。

1. 计算模型

（1）模型尺寸与参数选取

模型基于南昌地铁正线盾构区间的隧道结构而建立。隧道埋深为 9.5~25 m，隧道外径为 6.0 m，内径为 5.4 m，轨面与拱顶距离为 5.43 m，隧道净高 5.13 m；钢轨截面简化成矩形，宽为 0.1 m，高为 0.2 m，轨距为 1.435 m 的标准轨，整体道床顶面宽度为 3.4 m，最大厚度为 0.672 m；模型中地层、衬砌、钢轨、整体道床均采用实体单元，扣件设置为弹簧阻尼单元，相邻扣件距离为 0.625 m，其刚度为 60 kN/mm，阻尼系数为 50 kN/(m·s^{-1})，隧道及轨道结构参数如表 3-3 所示。

表 3-3　隧道及轨道结构基本物理参数

结构名称	弹性模量 E/GPa	泊松比 v	重度 γ/(kN·m^{-3})
钢轨	210	0.3	78
整体道床	32.5	0.2	25
隧道衬砌	34.5	0.2	25

计算模型中土层材料参数根据南昌地铁地勘资料选取，所有土层参数均是饱和状态下的选取，具体如表 3-4 所示。

表 3-4　地层计算主要参数

地层名称	重度 γ/(kN·m^{-3})	泊松比 v	黏聚力 c/kPa	内摩擦角 φ/(°)	层厚 d/m
杂填土	19.0	0.3	10	12	3.0
粉质黏土	19.5	0.32	26	16	5.0
细砂	19.6	0.32	1	30	2.0
中砂	19.8	0.30	1	32	2.0
粗砂	20.0	0.30	1	34	3.5
砾砂和圆砾	20.0	0.30	1	36	9.5
全风化泥质粉砂岩	21.0	0.30	40	25	2.0
中风化泥质粉砂岩	23.0	0.29	4000	40	8.0
钙质泥岩	25.0	0.25	420	36	20.0

为消除模型的尺寸效应，模型宽度为 60 m(左右各取 5 倍洞径宽)，竖向高度为 55 m，纵向长度为 120 m，隧道基底分别穿越全风化泥质粉砂岩(隧道埋深 20 m，仰拱距模型底部边界 29 m)和中风化泥质粉砂岩(隧道埋深为 23 m，仰拱距模型底部边界 26 m)。隧道周边区域网格较密，远离隧道区域网格较疏，网格尺寸为 0.5~2.0 m，数值计算模型如图 3-7 所示。

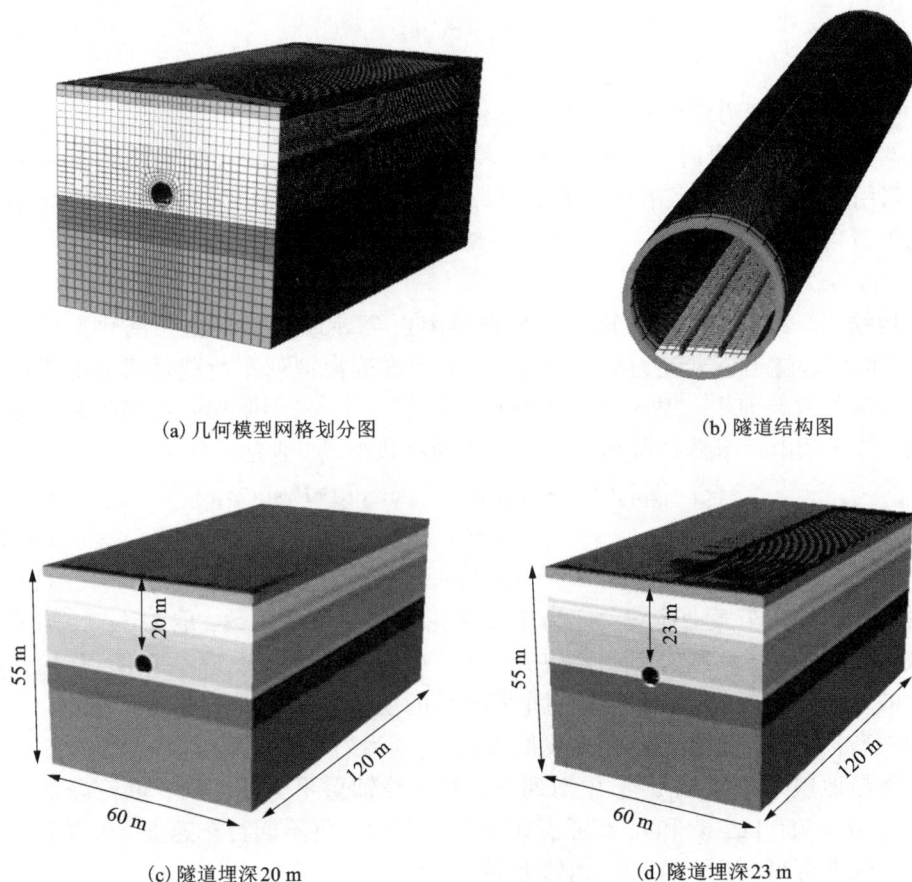

(a) 几何模型网格划分图

(b) 隧道结构图

(c) 隧道埋深 20 m

(d) 隧道埋深 23 m

图 3-7　数值计算模型图

(2)边界条件

为防止波传播到边界后将反射回振源区域，同时若考虑使用黏弹性边界，当模型土层分层较多，介质的质量密度通常转换成等效密度，并且单元数较多时，波源至边界的距离选取也不够精确，求解时会影响结果的准确性。所以，有限元软件 ABAQUS 中设置有限元-无限元耦合边界，即在边界设置衰减公式使振动产生的能量逐渐衰减，阻止波的反射，无限元的动力分析假设只考虑平面体波向边界传播，无限元边界处质点运动的微分控制方程为[125]：

$$\begin{cases} \sigma_{xx} = -d_p \dot{u}_x \\ \sigma_{xy} = -d_s \dot{u}_y \end{cases} \tag{3-3}$$

式中，ρ、$\ddot{\mu}$、σ 分别为质点的质量密度、加速度和应力。

假定有限元区域和无限元区域存在交界面，在交界面处设定分布阻尼为：

$$\begin{cases} \sigma_{xx} = -d_p \dot{u}_x \\ \sigma_{xy} = -d_s \dot{u}_y \end{cases} \tag{3-4}$$

式中，d_p、d_s 分别为阻尼常数，其余符号同上。

当加入分布阻尼时，应力波完全入射无限元区域，没有反射回到有限元区域，采用有限元-无限元耦合边界既可以允许垂直入射无限元区域，又可以防止应力波反射回到振源区域，提高了计算结果的准确性。

（3）地铁列车荷载模拟

地铁列车行驶过程中，轨道不平顺等因素会导致列车车轮在钢轨上产生振动，从而引起隧道围岩动力响应和变形，如何准确模拟列车荷载是研究隧道围岩动力响应的重要前提。基于前人研究基础上[126, 127]，采用激振函数模拟列车振动荷载，该函数由列车静荷载和行驶产生的动荷载组成，表达式如下：

$$F(t) = k_1 k_2 (P_0 + P_1 \sin \omega_1 t + P_2 \sin \omega_2 t + P_3 \sin \omega_3 t) \tag{3-5}$$

$$P_i = M_0 a_i \omega_i^2 \tag{3-6}$$

$$\omega_i = 2\pi v / L_i \tag{3-7}$$

式中，$F(t)$ 为列车振动荷载；k_1 为车轮间轮轨力的叠加系数，取 1.5；k_2 为分散系数，取 0.7；P_0 为列车静荷载；P_1、P_2 和 P_3 分别为考虑轨道不平顺、作用在线路上的动力附加荷载、波形损耗列车所产生的动荷载；M_0 为列车簧下质量；a_i 为典型矢高；L_i 为典型波长；ω_i 为波长圆频率；v 为列车行驶速度。

南昌地铁采用 4 动 2 拖 B 型列车，列车静轴重不大于 14 t，单轮静轴重为 70 kN，$M_0 = 750$ kg，a_i 和 L_i 参考值如表 3-5 所示。将不同行车速度、矢高和波长代入上式即可得到列车作用在钢轨上的轮轨力。

表 3-5　不同影响条件下矢高和波长参考值

参数名称	P_1 条件	P_2 条件	P_3 条件
矢高 a_i/mm	5	0.4	0.08
波长 L_i/m	10	2.0	0.50

设置列车行驶速度分别为 60 km/h、80 km/h、110 km/h，绘制 0~3s 内轮轨力随时间变化规律，在有限元软件 ABAQUS 上外接子程序，通过 FORTRAN 语言编写 DLOAD，模拟钢轨上的动荷载，如图 3-8 所示。

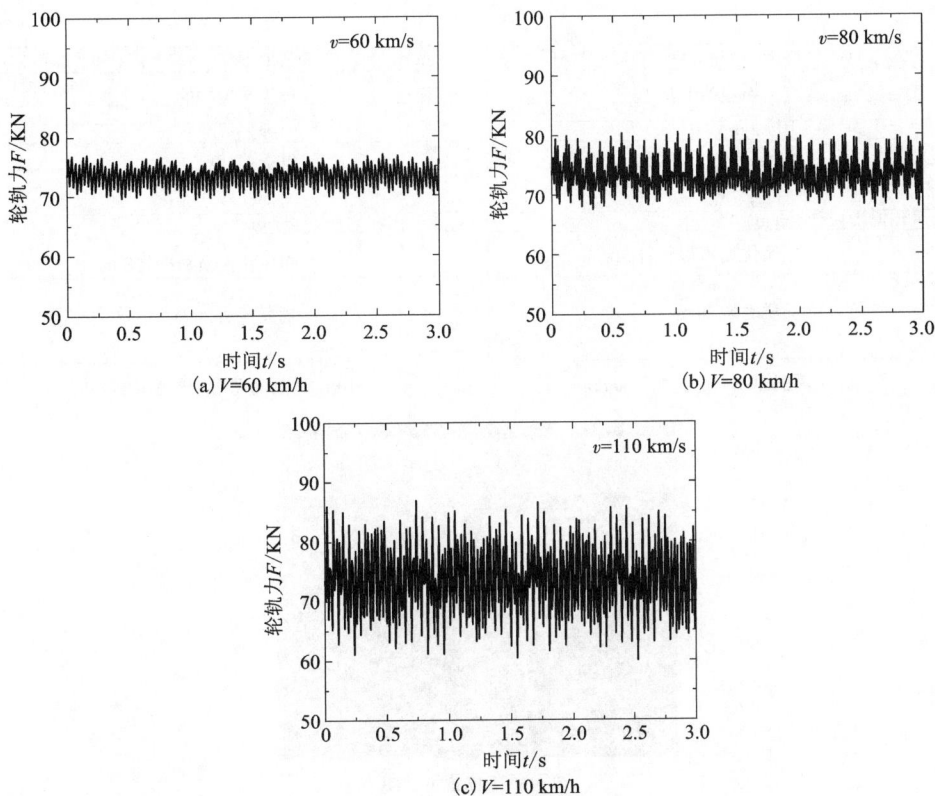

(a) V=60 km/h

(b) V=80 km/h

(c) V=110 km/h

图 3-8 不同速度下轮轨力与时间关系

从图 3-8 可以看出不同速度下的轮轨力大小都基于静荷载上下振动。随着列车速度的增大，轮轨力随时间的变化有所增大，振动频率越大，其峰值也随之增大。由此可知影响轮轨力大小的主要因素是列车静荷载，不同列车速度下动荷载影响较小。

2. 计算工况

根据地铁运营期实际工况，建立三维有限元动力模型，隧道长度为 120 m，三种列车速度下通过时间分别为 7.2 s、5.4 s 和 3.9 s。隧道基底选取 A 点、B

点、C 点、D 点和 E 点为分析点，如图 3-9(c) 所示。分析不同列车速度和不同隧道埋深(基底不同风化程度泥质粉砂岩)条件下隧道围岩动应力和加速度的变化规律，得出不同影响因素下隧道基底的动力响应，图 3-9(a)～(b)为隧道不同埋深下土体剖面图，计算工况如表 3-6 所示。

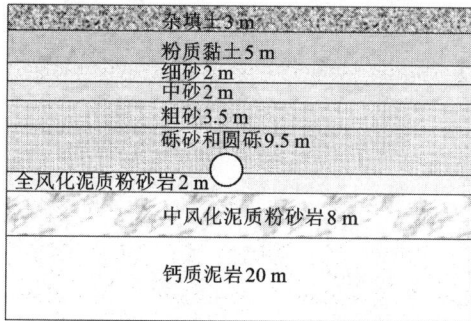

(a) 土体剖面图(隧道埋深 20 m)　　　　(b) 土体剖面图(隧道埋深 23 m)

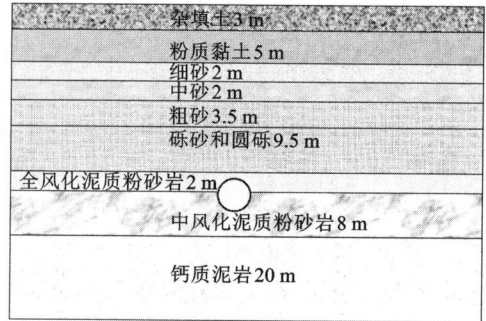

(c) 分析点位置示意图

图 3-9　计算工况

表 3-6　不同影响因素下计算工况表

影响因素	分析工况	影响因素	分析工况
列车行驶速度	60 km/h	隧道基底不同风化程度软岩	全风化泥质粉砂岩(埋深 20 m)
	80 km/h		中风化泥质粉砂岩(埋深 23 m)
	110 km/h		

3.计算结果分析

为研究列车速度对隧道周边围岩动应力及加速度的影响，选取隧道仰拱下方不同垂直距离处分析点进行分析。隧道基底不同风化软岩动应力及加速度峰值随地层深度和水平距离的变化曲线分别如图 3-10、图 3-11 所示。

由图 3-10(a)可知，隧道基底位于全、中风化软岩地层，动应力峰值均随着地层深度增加而减小，这是由于地层本身具有阻尼特性，随着距离的增加会吸收更多列车振动产生的能量，导致动应力呈衰减趋势。基底位于全风化软岩地层，深度达到 16 m 时动应力峰值减幅超过 90%；位于中风化软岩地层，当深度达到 11.0 m 时，不同列车速度下的动应力峰值数值较小且基本重合，表明列车荷载产生的动应力峰值竖向影响范围分别为 16 m、11 m。在深度方向上，位于全风化地层的动应力峰值较中风化地层的大，但衰减速率比位于中风化地层的小，且随着列车行车速度的增加，两种基底情况的动应力峰值略有增加，但增幅较小。

观察图 3-11(a)发现，随着水平距离的增大，动应力变化趋势均为先迅速衰减后缓慢衰减，水平方向的衰减幅度较深度方向的大，两种状态下规律基本一致。当隧道基底位于全风化软岩地层，距隧道中心轴水平距离从 0 m 增大到 5 m 时，动应力峰值减幅超 90%；隧道基底位于中风化软岩地层，距隧道中心轴水平距离由 0 m 增大到 4 m 时，动应力峰值减幅为 98.6%，表明全、中风化软岩基底下，列车荷载产生的动应力峰值横向影响范围分别约为 5 m、4 m。隧道基底位于中风化软岩地层时的最大动应力峰值比位于全风化软岩地层的最大动应力峰值小 20%，行车速度的增加对动应力峰值影响不大。

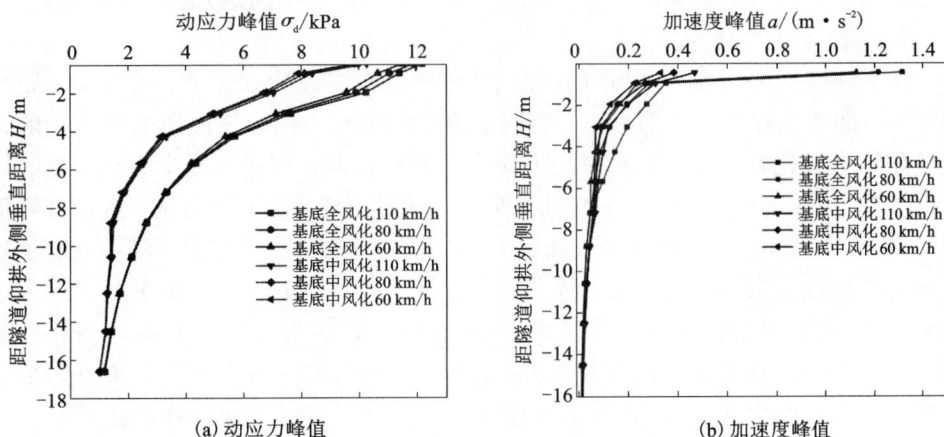

(a) 动应力峰值　　　　　　　(b) 加速度峰值

图 3-10　不同工况下的动力响应结果随地层深度变化曲线

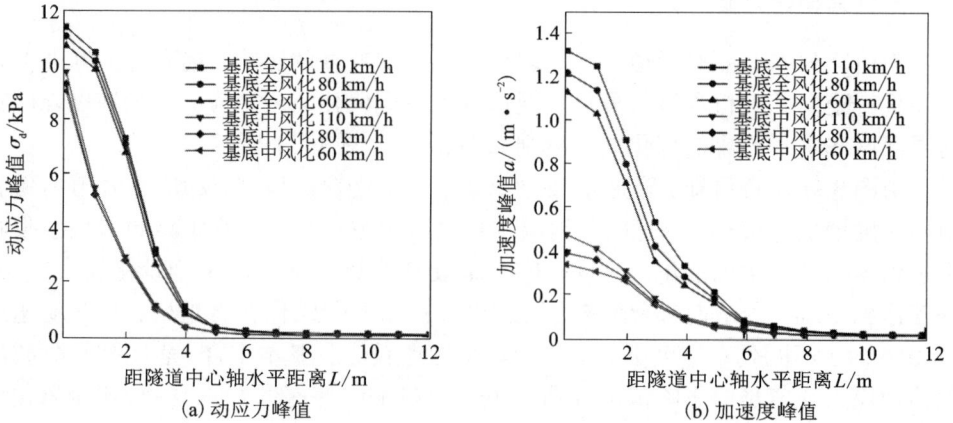

(a) 动应力峰值   (b) 加速度峰值

图 3-11   不同工况下的动力响应结果随水平距离变化曲线

由图 3-10(a) 可知, 当隧道基底位于全风化软岩时, 加速度峰值在地层深度为 0.5~1.0 m 内迅速衰减, 究其原因是隧道仰拱下方 1.0 m 是全风化和中风化泥质粉砂岩层交界处, 是"软土"到"硬土"的过渡层, 材料强度和弹性模量迅速增大导致围岩变形加速度骤减; 地层深度在 1.0~7.0 m 时, 加速度峰值衰减缓慢, 地层深度大于 7.0 m 后加速度峰值基本不再改变, 表明隧道基岩沿地层深度加速度峰值影响范围约为 7.0 m; 当隧道基底位于中风化软岩时, 地层深度从 0.5 m 增加到 3.0 m 时, 加速度峰值衰减较快, 当地层深度大于 6 m 时, 加速度基本不再变化, 表明加速度峰值影响范围约为 6.0 m。两种情况下, 列车速度均对速度峰值影响较小, 但隧道基底位于全风化软岩层 0~6 m 范围内的加速度峰值较位于中风化软岩层时的大。

由图 3-11(b) 可知, 隧道基底分别位于两种不同风化软岩下, 随着水平距离的增大, 加速度峰值均逐渐减小, 但列车速度的提高对两种情况影响较小。隧道基底位于全风化软岩地层, 水平距离在大于 6.0 m 时, 加速度基本不再变化。以速度 110 km/h 为例, 距隧道中心轴水平距离由 0 m 增大到 6.0 m 时, 加速度峰值从 1.32 m/s² 减小到 0.08 m/s², 减幅为 94%, 说明列车荷载作用下隧道基岩加速度横向传播范围大约为 6.0 m。隧道基底位于中风化软岩地层, 水平距离在大于 6.0 m 时, 加速度峰值基本不再变化, 水平距离从 0 m 增加到 6.0 m, 三种不同速度下加速度峰值衰减幅度范围为 90%~95%, 说明列车荷载作用下隧道基岩加速度横向传播范围为 6.0 m, 这与隧底位于全风化软岩层时加速度横向传播范围一致。此外, 隧底位于中风化软岩层时, 最大加速度峰值比位于全风化软岩层的最大加速度峰值小 65%。

3.1.3　下卧不同风化软岩时地铁隧道长期沉降预测研究

地铁运营期的隧道在列车长期振动荷载作用下隧底风化软岩层会产生附加变形(长期沉降),过大的沉降不仅会导致隧道管片开裂和渗漏水等问题,而且会严重影响乘客乘坐的舒适性和安全性。为此,基于上节动三轴试验结果和数值模拟分析结果,提出可以考虑多方面影响因素的新累积塑性应变数学模型,预测地铁隧道基底风化软岩在列车长期荷载作用下的长期沉降,以期为地铁隧道设计、施工和运营提供相关依据和参考。

1. 长期沉降预测公式

基于前人研究[128],结合风化泥质粉砂岩动三轴试验结果,本节提出一种新的适用于风化软岩的累积塑性应变数学模型,表达式如下:

$$\varepsilon_p = a\eta_d^m(1+\eta_s)^n + b\ln N \tag{3-8}$$

式中, η_d 、 η_s 分别为动应力比和静偏应力比; N 为列车荷载作用次数。

上述公式中参数可借助 MATLAB,采用最小二乘法拟合得到,结果如表 3-7 所示。

表 3-7　不同风化程度软岩参数计算结果

岩样名称	a	m	n	b
全风化软岩	0.7808	2.7481	12.0479	0.0467
中风化软岩	3.1022	1.1661	15.5891	0.0056

由式(3-8)采用分层总和法可计算得到地铁隧道基底风化软岩层的累积变形,其计算表达式如下:

$$S = \sum_{i=1}^{n} \varepsilon_{pi} H_i \tag{3-9}$$

式中, S 为累积塑性总形变; ε_{pi} 为第 i 层的累积塑性应变; H_i 为第 i 层的厚度; n 为隧道中心底部划分层数。

2. 长期沉降计算分析

南昌地铁每天运营时间为 6:00—22:30,不考虑高峰情况下列车平均每 6 min 一班,每天 165 班次,按照地铁运行寿命 100 a 来考虑,列车循环荷载次数大约为600万次。根据式(3-8)和式(3-9)，结合动三轴试验结果，可计算得到不同列车速度下地铁隧道基底全、中风化软岩长期累积沉降与列车振动次数的关系如图3-12所示。

由图3-12(a)可知，当地铁隧道基底位于全风化软岩层时，列车荷载作用600万次(运营100 a)后，列车速度分别为60 km/h、80 km/h和110 km/h时的隧道基底全风化软岩累积沉降预测值分别为24.28 mm、25.01 mm和25.68 mm；累积沉降与列车作用次数的关系为沉降先迅速增加后缓慢增加，最后趋于稳定，这与动三轴试验结果吻合；当列车速度由60 km/h增大到110 km/h时，累积沉降增幅约为5%，表明列车速度的改变对隧道底部风化软岩的长期沉降影响较小。

由图3-12(b)可知，当地铁隧道基底位于中风化软岩层时，列车荷载作用600万次(运营100 a)后，列车速度分别为60 km/h、80 km/h和110 km/h的隧道基底中风化软岩的累积沉降预测值分别为17.18 mm、17.69 mm和17.98 mm；随着列车速度的增大，隧道底部风化软岩的累积沉降预测值也会随之增大，累积沉降增幅约为5%，即速度对最终沉降值影响不大，这与隧底位于全风化软岩层时的规律相似；与隧道底部位于全风化软岩层的累积沉降相比，在速度分别为60 km/h、80 km/h和110 km/h条件下，累积沉降值分别减少了7.10 mm、7.32 mm和7.70 mm，减幅约为30%。

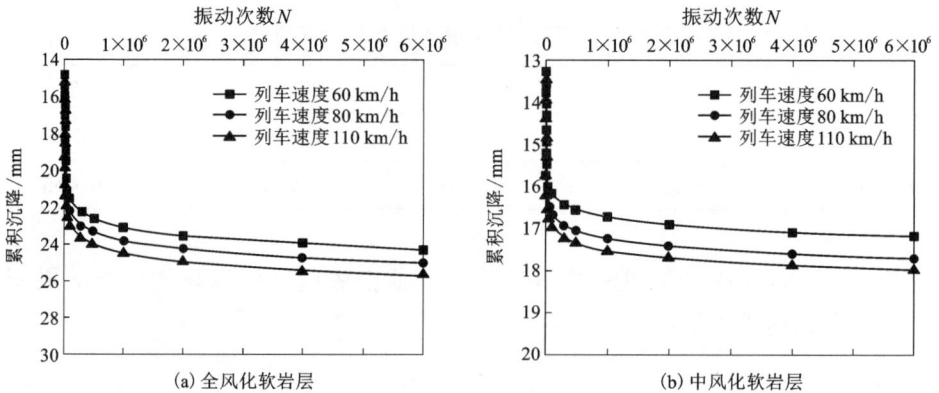

图3-12　不同风化软岩层累积沉降与振动次数关系

3.2　下伏地层软硬不均时盾构隧道结构响应试验研究 >>>

上节针对下卧风化软岩层地铁盾构隧道动力响应规律展开初步研究，但由于计算资源条件等限制，未能深入考虑管片接头对隧道结构受力变形的影响。为此，本节拟在考虑管片纵向接头的前提下，开展不均匀沉降对盾构隧道影响的模型试验研究，以进一步探明差异沉降作用下盾构隧道结构受力响应机理。

3.2.1　隧道模型设计与制作

由于本节主要研究隧道在纵向不均匀沉降时的力学响应规律，试验拟采用 20 环以上管片作为纵向尺度。考虑到试验成本、场地成本及模型箱大小，将几何尺寸相似常数 C_1 设为 20，计算方法同 2.1 节，各相似常数计算值如表 3-8 所示。

表 3-8　相似常数计算表

物理量	相似关系	相似常数
管片尺寸	基本量	20
管片容重	基本量	1
应变	C_ε	1
应力	$C_1 C_\gamma$	20
位移、弹模	C_1	20
轴力、剪力	$C_1{}^3 C_\gamma$	20^3
弯矩	$C_1{}^4 C_\gamma$	20^4
轴向、剪切刚度	$C_1{}^3$	20^3
弯曲刚度	$C_1{}^4$	20^4

基于前文 2.1 节材料配比试验，隧道模型管片可初步选定为由特定比例的石膏拌料浇筑而成，如图 3-13 所示。

纵向接头采用前文 2.1 节中的弹簧+螺栓形式模拟。管片环之间通过安装在接头对应位置的内外两侧弹簧以及预埋螺栓进行连接，安装过程如图 3-14 所示，完成组装的模型盾构隧道如图 3-14(e)所示，模型隧道外径为 30 cm，纵向长度为 20 mm×60 mm。

(a) 管片模具

(b) 模型浇筑

图 3-13　管片模型浇筑

3.2.2　试验设备及方案设计

1.测量装置及测点布设

试验主要对隧道纵向沉降、横向收敛变形、衬砌内力进行量测，应在每一次加载后结构变形稳定时进行数据的监控量测。其所用装置及布设方案如下：

(1)隧道衬砌内力。在管片内外两侧均匀布置环向电阻应变片，量测管片结构内外侧的应变值，以此得到管片结构的弯矩、轴力。在第 4、5、8、10、13、14 环，以 90° 为单位在管片环内外侧对称布置应变片，第 9 环(砂黏土突变交界处)则额外在对应环向接头处布置应变片，均在管片环内外侧对称粘贴，如图 3-15(a) ~ (b)所示。

(2)隧道纵向沉降。隧道纵向沉降共布置 5 个量测断面，分别为第 3、6、9、12、15 环，采用位移百分表进行记录测量。该系统通过在模型箱上方焊一根钢管，将磁性表座吸附在方管上，百分表底部竖直顶在刚性直杆小铁片的中部，如图 3-15(c)所示。

(3)衬砌横向收敛变形。隧道直径收敛变形由固定在钢架上的百分表位移计测量，其在第 1、3、6、8、9、10、12、15、17 环，以 90° 为单位在管片环内部进行安装与布置，如图 3-15(d)所示。

最后，将测量所用导线与应变采集仪及配套设备进行连接，通过 DH3816N 动态信号采集分析软件实时记录、分析数据，如图 3-15(e) ~ (f)所示。

(a) 纵向接头螺栓拼接

(b) 特制弹簧构件

(c) 管片弹簧安装

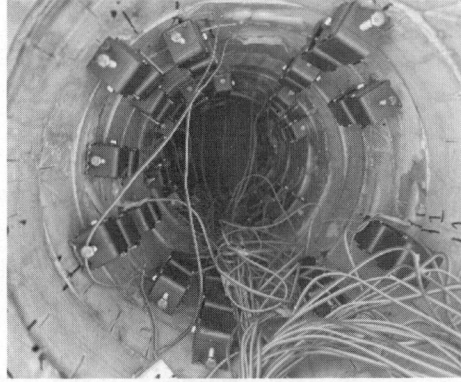

(d) 模型管片内侧

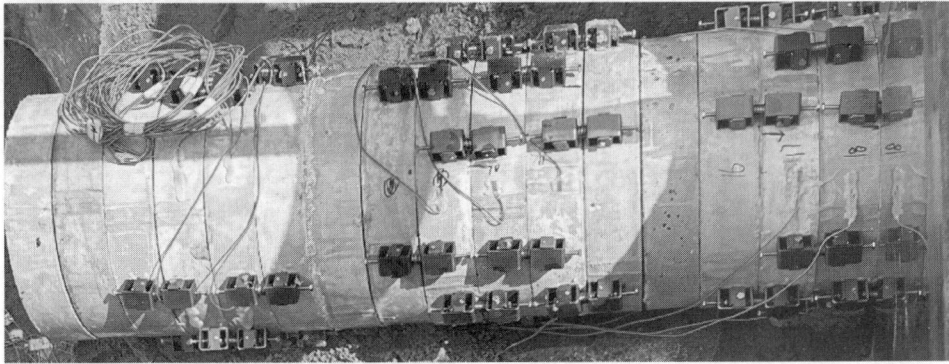

(e) 拼接组成试验隧道模型

图 3-14　模型隧道纵向接头制作与组装

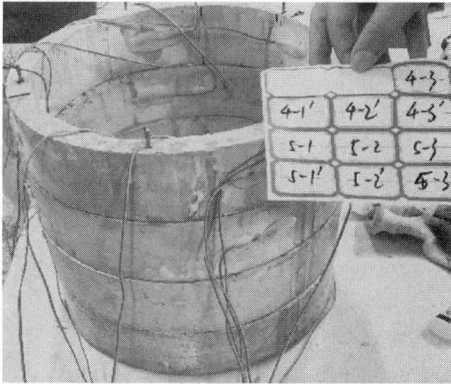

(a) 应变片粘贴

(b) 导线编号

(c) 竖向位移监测系统

(d) 直径收敛测量系统

(e) 应变采集仪

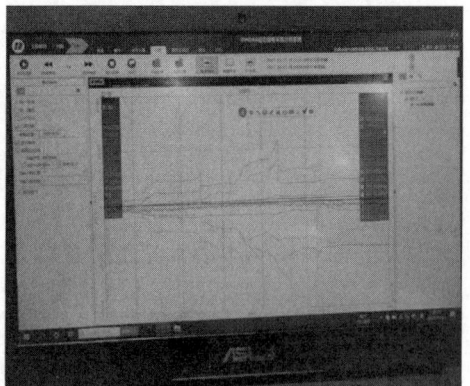

(f) DH3816N动态信号采集分析

图 3-15　试验测量系统及测点布置

2. 试验用土及工况设计

试验拟采用软硬不同的两类土, 考虑到取材、成本等因素, 选取颗粒均匀的中砂作为试验下卧硬土层或上覆土层, 如图 3-16(a); 选用细颗粒黏土作为试验隧道下卧软土层, 如图 3-16(b)。通过固结直剪和压缩试验测得两类土的基本物理力学性质如表 3-9 所示。

为模拟盾构隧道实际受荷情况, 先将隧道下卧土层填筑平整, 再放置模型隧道, 如图 3-16(c) ~ (d) 所示, 之后采用逐层填筑的方式填筑隧道两侧土体, 当土体刚好没过隧道拱顶时, 记录此处埋深为 $0D$。此后每次填筑的土层高度均为 $0.25D$, 待数据稳定后采用应变仪及配套软件记录试验数据, 重复以上步骤直至覆土高度达到 $2.5D$(接近模型箱顶部)。待稳定后则进行软土侧局部荷载施加, 加压区域处于软土侧模型隧道的正上方, 如图 3-16(e) ~ (f) 所示。

在控制覆土高度、测点布置、模型隧道位置相同的情况下, 将隧道下卧单一砂层、下卧软硬不均土层分别记作工况 1-1、2-1; 在覆土完成后再对模型箱顶部土体进行软土一侧堆载, 分别记作工况 1-2、2-2。

表 3-9　模型土基本物理力学性质

类别	容重 γ /($kN \cdot m^{-3}$)	弹性模量 E/MPa	泊松比 v	黏聚力 c/kPa	内摩擦角 φ/(°)
砂土(硬)	18.6	24.7	0.30	15.0	31.5
黏土(软)	17.3	4.8	0.30	25.5	6.8

(a) 砂土筛选

(b) 黏土筛选

(c) 下卧土层

(d) 放置模型隧道

(e) 填筑覆土

(f) 偏侧堆载

图 3-16　试验步骤

3.2.3　试验结果分析

1.隧道纵向沉降位移分析

图 3-17 为下卧均一砂层、软硬不均地层隧道不同纵向位置的沉降曲线，图中横坐标表示隧道环号，纵坐标为隧道拱顶沉降。

观察图 3-17(a)可以发现，在单一地层无偏压下，隧道纵向沉降曲线基本平稳，无明显不均匀沉降。施加局部荷载后，隧道沉降略增，特别是靠近加载区，增量大约 1.3 mm，最大不均匀沉降为 0.3 mm。其结果表明，局部堆载会对隧道产生轻微不均匀沉降影响，但在单一硬土中影响有限。

图 3-17(b)为下卧软硬不均地层的隧道沉降曲线,从图中可以看出,堆载造成沉降曲线明显变化,特别是软硬交界(第 8~10 环)处不均匀沉降近 7 mm。偏载下,硬土侧沉降小幅增加(约 0.8 mm),软土侧沉降则显著增加(约 2.4 mm),最大不均匀沉降达到 8 mm。结果表明,下卧不均地层会产生较大不均匀沉降,尤其在软土侧,局部堆载对隧道沉降影响显著。

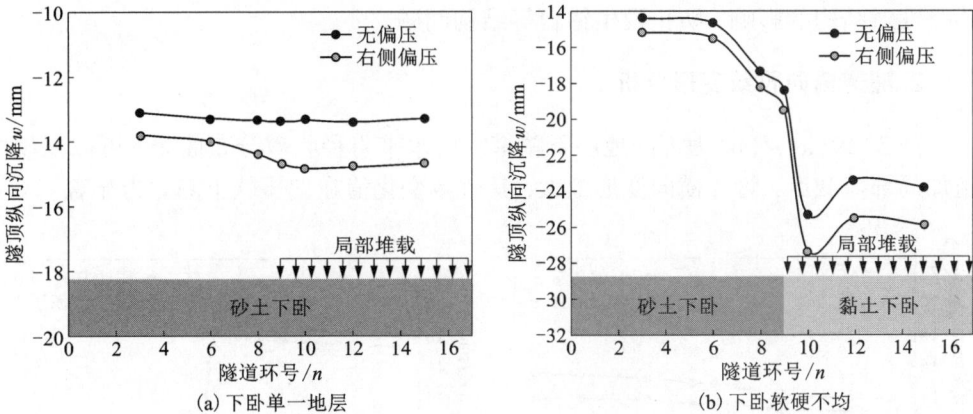

(a) 下卧单一地层　　　　(b) 下卧软硬不均

图 3-17　不同纵向位置隧道沉降曲线

由图 3-18(a)可知,相较于下卧单一砂层,下卧软硬不均地层使隧道沉降峰值(绝对值)从 13.3 mm 骤增至 25.4 mm,增幅近 91%。位于软土区的隧道每 10 m 的最大变形值为 11.0 mm,超过了允许最大沉降控制值 4 mm/10 m 的标准,其中不均匀沉降大部分发生在软硬突变的软土侧(第 9~10 环)。

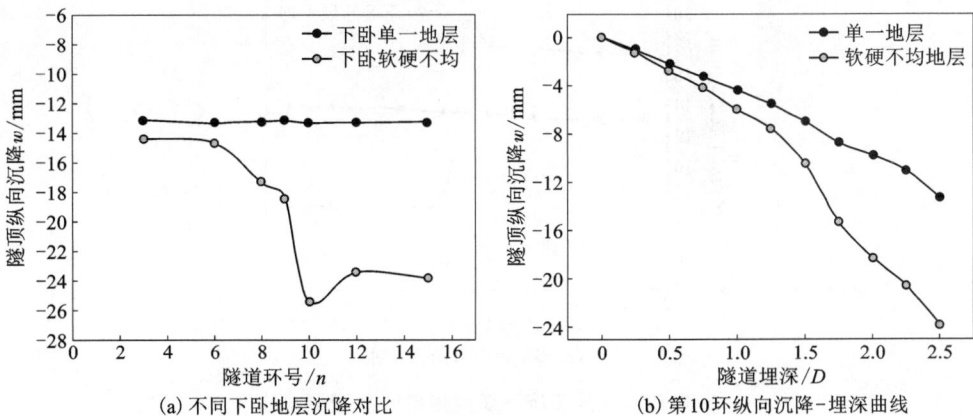

(a) 不同下卧地层沉降对比　　　(b) 第10环纵向沉降-埋深曲线

图 3-18　不同工况下隧道沉降曲线

75

根据第 10 环管片的沉降-埋深曲线 [图 3-18(b)] 显示，隧道在单一砂层下沉降呈线性变化，而在软硬不均地层下呈非线性曲线变化，特别是埋深 $1.5D$ 处沉降速率加快。这种非线性变化可能由上部荷载增加引起，导致硬土与软土区沉降及抗力差增大，进而诱发隧道衬砌环纵向接头变形，造成管片错台。

由此得出结论，当盾构隧道通过不同性质的软硬突变地层时，需在该处采取隧道保护或加固措施，特别是靠近软土侧的衬砌环，应控制沉降差，减少土层不均一性对结构的影响，防止发生错台等结构问题。

2.隧道横向收敛变形分析

图 3-19(a)~(b) 为不同地层下隧道纵向水平直径收敛分布曲线，可以发现，施加局部荷载后，管片横向变形增大，其收敛变化值在偏压软土侧尤为显著。

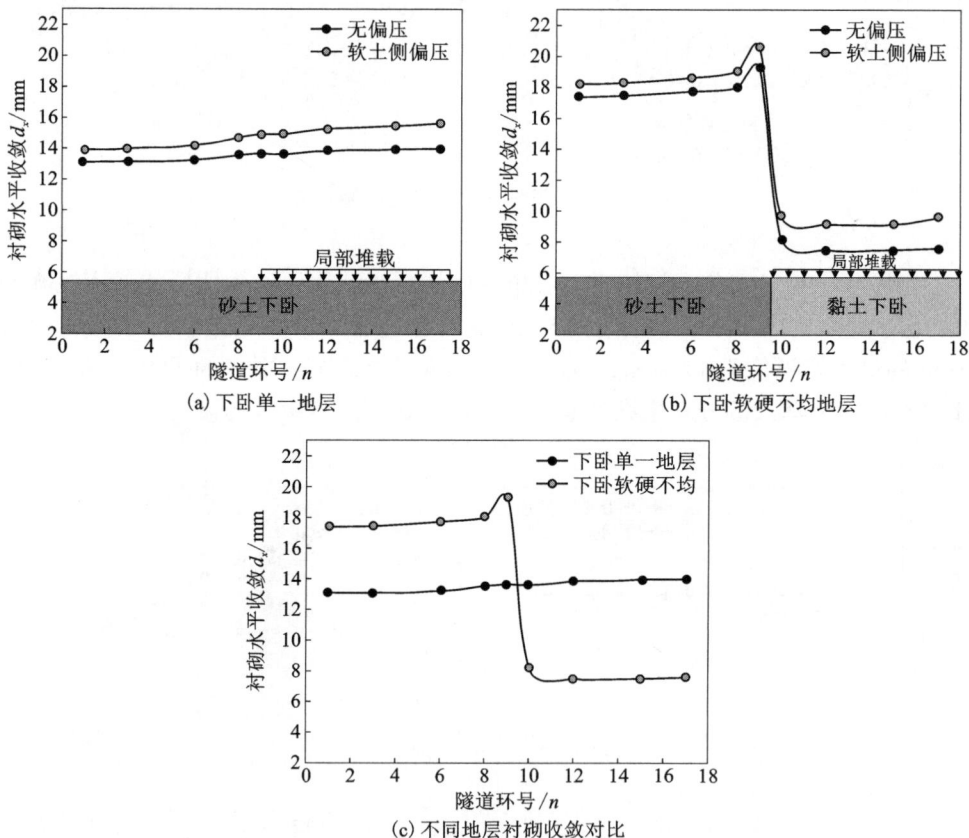

(a) 下卧单一地层

(b) 下卧软硬不均地层

(c) 不同地层衬砌收敛对比

图 3-19　不同工况下隧道横向收敛变形曲线

由图 3-19（b）可知，软土侧的衬砌收敛变形（7.5 mm）小于硬土侧的变形（17.5 mm）。这是下伏地层压缩模量不同导致的，可以将软土和硬土比作具有不同刚度的弹簧。软土弹簧刚度小，变形容易，因此在隧道加载时，"软土弹簧"的压缩变形为隧道衬砌提供了一定的缓冲，减少了上部荷载的影响，从而减少了软土区域衬砌的横向收敛变形。

尽管软土侧衬砌变形减小，但软硬不均地层并不减少隧道横向收敛变形总量。如图 3-19（c）所示，相较于单一地层，下卧软硬不均地层的收敛值表现为：软土区域变形减少而硬土区域变形增大，管片收敛峰值增大近 42%。这表明，软硬不均地层会造成隧道横向收敛变形分布不均，最小收敛值降低而最大收敛值升高，且最大变形集中在硬土区域。因此，设计盾构隧道时，应特别计算靠近软硬地层交界的硬土区域衬砌的横向刚度，并考虑在该区域加强管片的横向刚度，以减少横向变形。

3. 隧道衬砌环截面内力分析

图 3-20（a～d）为埋深 2.5D 时，隧道衬砌环（第 10 环）下卧单一砂层、软硬不均地层的弯矩包络分布曲线（图中小圆环代表管片的接头位置）。由图 3-20（a）可看出，当下卧土层为单一砂层时，弯矩分布曲线基本呈左右对称型，其包络线形状呈马鞍形，分布较为均匀，其正弯矩分布在拱顶、拱底周边范围，此处区域弯矩包络曲线内凹，最大正弯矩为 149.5 kN·m，位于拱底处；负弯矩分布在两侧拱腰周边范围，此区域弯矩包络曲线则是向外凸出，最大负弯矩为 -128.5 kN·m，位于拱腰附近。由图 3-20（c）可看出，当下卧土层为软硬不均土层时，管片弯矩分布曲线起伏较大，在拱顶、拱底区域弯矩变化速率较快，在拱腰处弯矩变化速率则是有所减缓，此时整个弯矩包络曲线形似花生形，其正弯矩分布在拱顶、拱底周边范围，负弯矩分布在两侧拱腰周边范围，最大正弯矩出现在拱底处，大小为 313.7 kN·m，最大负弯矩出现在拱腰附近，大小为 -60.7 kN·m。

如图 3-20（e）所示，当下卧单一地层时，偏压使管片拱顶、拱底、拱腰（左）弯矩分别从 70.7 kN·m、149.5 kN·m、-123.9 kN·m，增大到了 85.2 kN·m、164.8 kN·m、-141.1 kN·m，其增幅分别为 20%、10%、14%；如图 3-20（f）所示，当下卧软硬不均地层时，偏压使管片拱顶、拱底、拱腰弯矩分别从 113.2 kN·m、313.7 kN·m、-59.9 kN·m，增大到了 126.1 kN·m、330.1 kN·m、-71.3 kN·m，其增幅分别为 11%、5%、19%。这表明无论是隧道下卧单一砂层还是不均匀地层，在局部荷载施加后管片弯矩包络曲线的形状与分布不会发生显著变化，但其弯矩极值依旧会受到一定程度的影响，尤其是在拱顶、底处弯矩增幅更为明显。

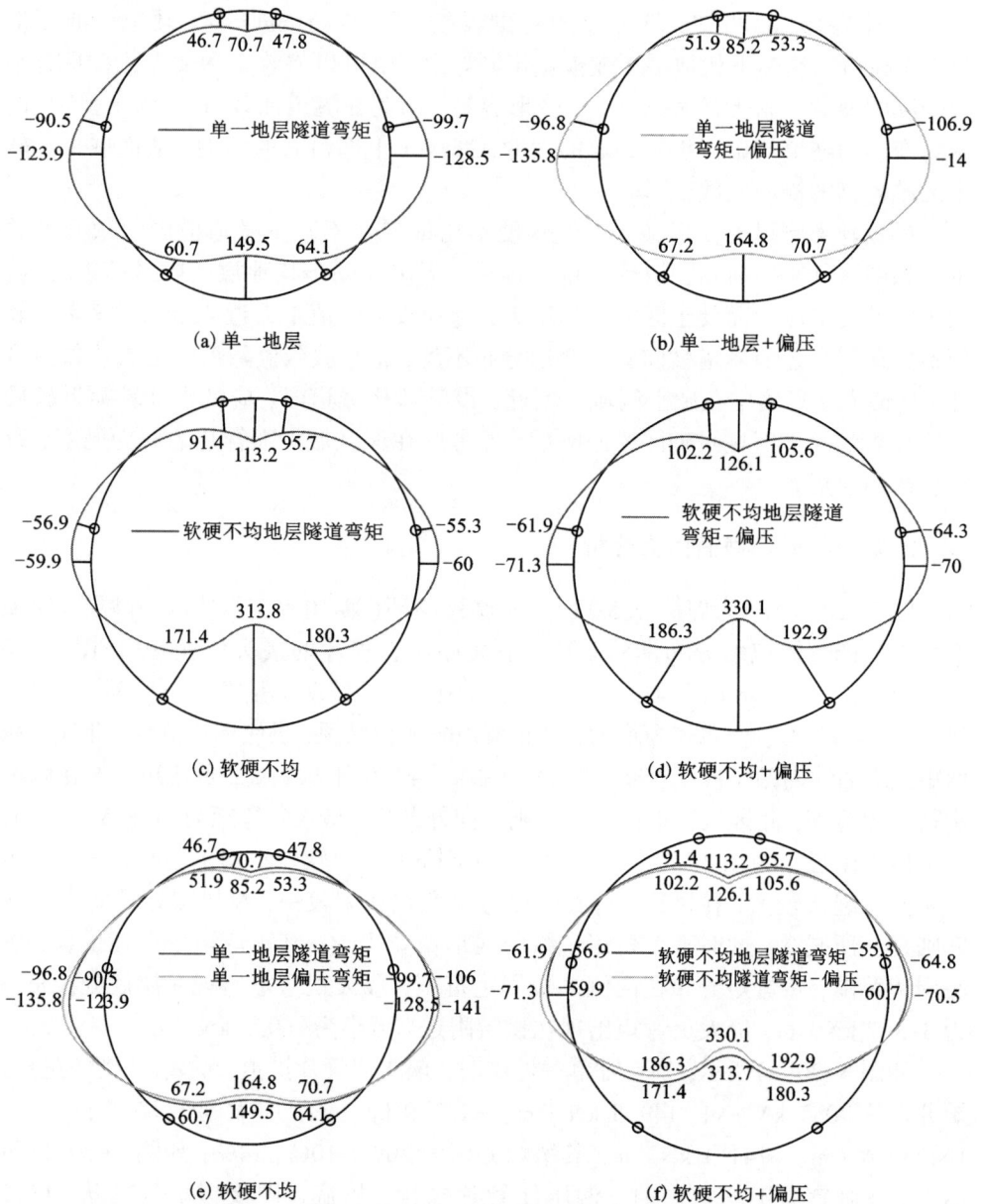

(a) 单一地层

(b) 单一地层+偏压

(c) 软硬不均

(d) 软硬不均+偏压

(e) 软硬不均

(f) 软硬不均+偏压

图 3-20　不同工况下管片弯矩分布

　　将下卧单一砂层、软硬不均土层的隧道衬砌环弯矩进行对比，如图 3-21 所示，可以看出下伏地层由单一砂层变为软硬不均后，弯矩包络曲线形状明显发生较大改变，在拱腰两侧曲线向内收敛，而在拱顶、底附近变化尤为剧烈，此时曲线出现明显的突起。随着下卧土层变化，拱腰处管片的最大负弯矩由−128.5 kN·m减少至−60.7 kN·m，减少了近53%；而拱底处管片的最大正弯矩则是由149.5 kN·m 骤增至313.7 kN·m，增大幅度达到110%。

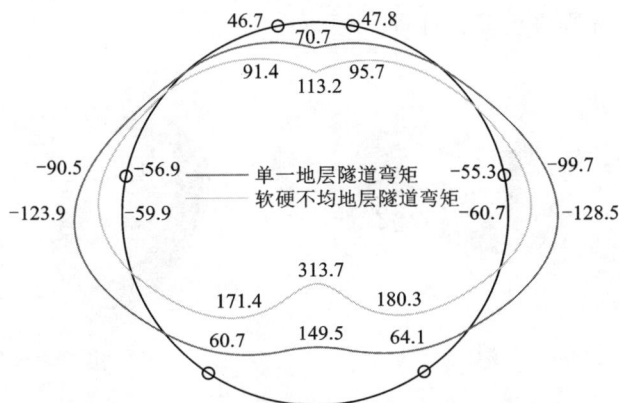

图 3-21　下卧单一地层与软硬不均隧道弯矩对比

由于地层软硬不均，管片弯矩分布显著改变，使得正弯矩区域增大、负弯矩区域略减，弯矩极值增加约110%。这表明，软土层中的隧道结构内力发生明显变异，造成隧道结构更易出现裂缝，特别是在管片拱顶和底部。隧道拱脚接头位置也易发生错台。因此，对于沿轴线土层软弱区域，应加强钢筋配置和防水措施，以降低土层弱化对隧道结构的不利影响。

3.3　下伏地层软硬不均时盾构隧道受力特性精细化数值模拟

　　基于上节模型试验分析，采用 ABAQUS 有限元软件建立考虑环、纵向螺栓的盾构隧道精细化数值模型，进一步分析下伏地层不均、局部堆载情况下盾构隧道的纵向内力、结构张开及错台、纵向沉降等变形特征的影响，以期探明下卧软硬不均及局部堆载作用下盾构隧道的力学响应规律。

3.3.1　隧道数值模型的建立

1. 模型建立

基于前文管片结构分析模型设计原理，依托南昌地铁盾构隧道形式，采用

ABAQUS 有限元软件建立精细化螺栓接头管片模型。管片衬砌环由 3 块标准块 67.5°、2 块邻接块 67.5°和 1 块封顶块 22.5°拼装而成，管片内径为 5.4 m，外径为 6.0 m，环宽为 1.2 m，在关键环处相邻管片环间采用错缝拼装，管片间通过环、纵向螺栓相互连接，如图 3-22 所示。为方便计算，仅在关键环考虑管片的接头及手孔，其余环则进行简化处理。

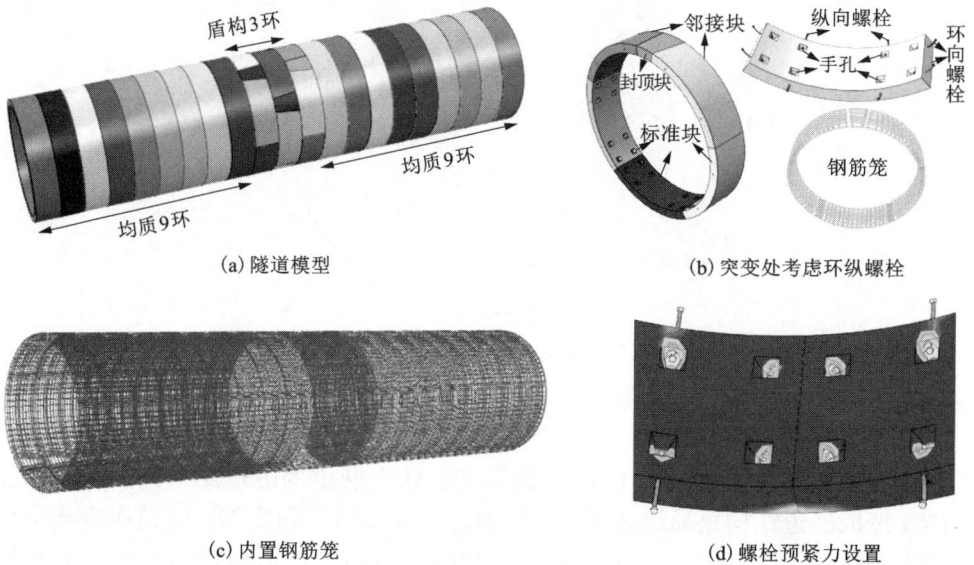

(a) 隧道模型

(b) 突变处考虑环纵螺栓

(c) 内置钢筋笼

(d) 螺栓预紧力设置

图 3-22　盾构隧道数值模型示意

2. 网格划分、边界条件及接触定义

相邻管片接触面的法向行为采用硬接触模拟，切向行为采用基于罚函数的 Cloumb 摩擦模拟，摩擦系数取 0.6；管片手孔与螺帽间、传力垫片与管片间的接触均视为绑定，采用 tie 约束模拟；螺栓与螺栓孔间接触的法向行为设置为硬接触，切向行为设置为无摩擦，并对各环、纵向螺栓按规范要求施加相应的螺栓预紧力；利用嵌入约束将钢筋笼内置于管片内部来建立材料间的相互作用。

模型土底部施加绑定约束，土体前后两侧施加 z 方向约束，土体左右两侧施加 x 方向约束；模型隧道置于模型土中，约束其前后两个截面 z 方向的位移。模型网格划分如图 3-23 所示。

（a）隧道管片网格划分

纵向螺栓接头

环向螺栓接头

（b）环纵螺栓及手孔网格划分

隧道

41.2 m

25.2 m

42 m

（c）土体网格划分（正视）

砂土

隧道

砂土　　黏土

（d）土层与隧道位置关系（侧视）

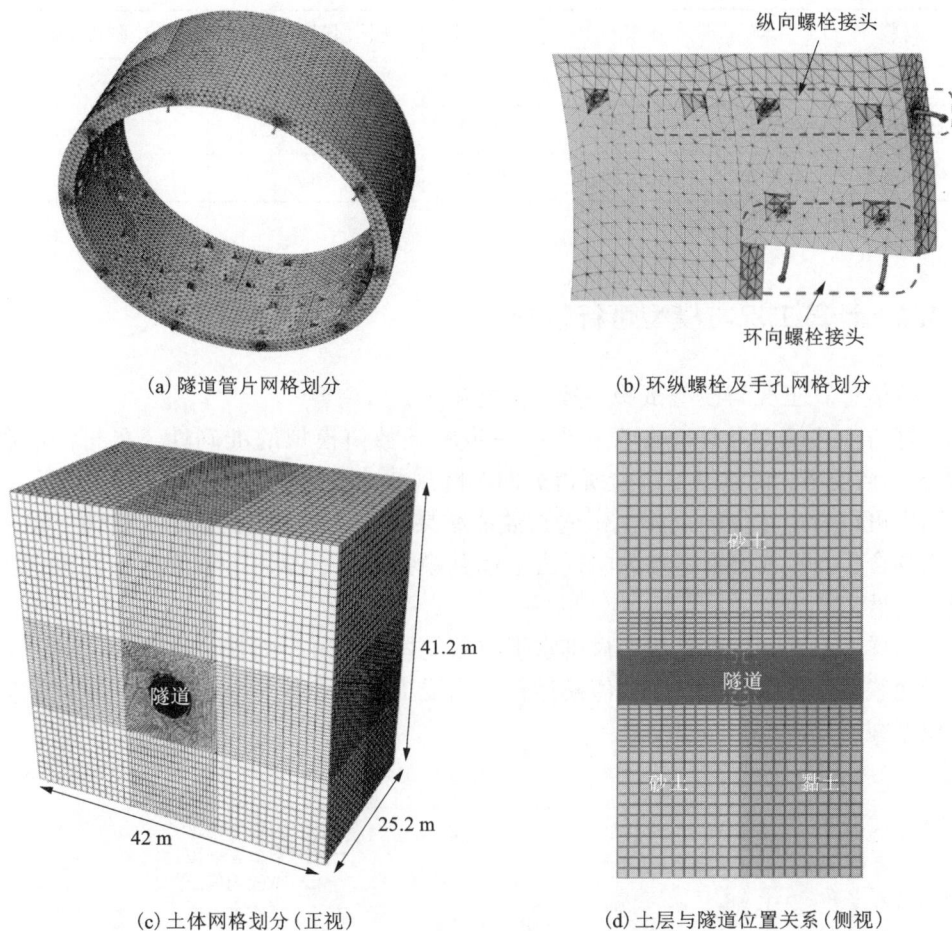

图 3-23　盾构隧道、土体网格划分及位置关系

3. 材料本构

　　管片材料为 C50 混凝土，采用弹塑性本构，其各项参数及应力与应变关系选自《混凝土结构设计规范》，材料本构关系与 2.3 节一致，具体如表 3-10 所示。

　　模型硬土考虑为均质砂层，材料为中砂；模型软土考虑为软黏土，其各项参数如表 3-9 所示，土体选用 Mohr-Coulomb 本构进行计算。

表 3-10　管片模型各项参数

材料	类型	弹模/GPa	泊松比	屈服强度/MPa	抗拉强度/MPa
管片	C50	34.5	0.20	25.3	1.96
环向螺栓	6.8/M30	210	0.30	480	—
纵向螺栓	6.8/M27	210	0.30	480	—

3.3.2　计算工况与模型可行性分析

数值计算工况与模型试验一致，详见 3.2.2 节内容。

基于上述模型及计算工况，为进一步验证数值模拟的准确性，在同种埋深($2.5D$)情况下，将数值与试验所得纵向沉降规律曲线进行对比，如图 3-24 所示，从图中可以看出在纵向沉降上试验与数值结果规律一致、数据接近，整体上结果较为吻合，表明数值模型在纵向受力上达到模拟要求，验证了数值模型在纵向上的可行性。

同样，将数值与试验所得衬砌水平收敛规律曲线进行对比，如图 3-25 所示，二者曲线吻合度较高，表明数值模型在横向受力上达到模拟要求，较好验证了数值模型在横向上的可行性。

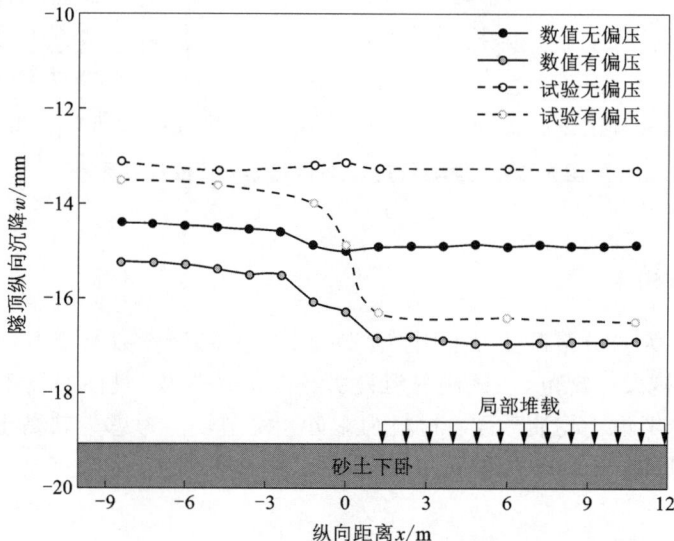

(a) 单一地层纵向沉降

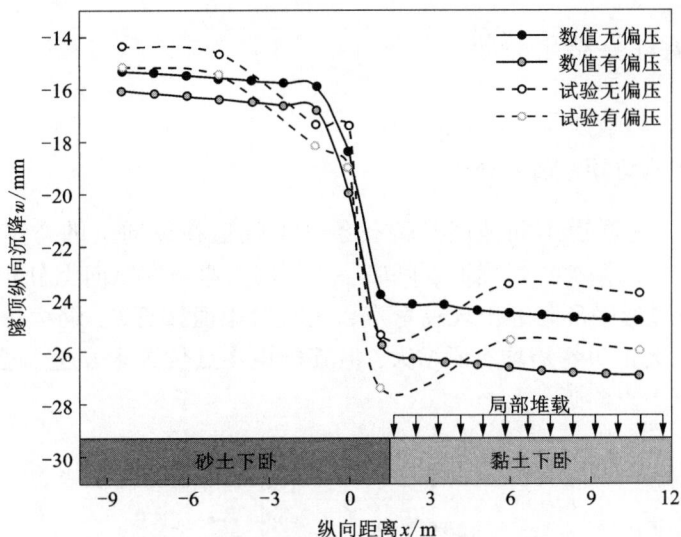

(b) 软硬不均地层纵向沉降

图 3-24　试验与数值隧道拱顶沉降结果对比

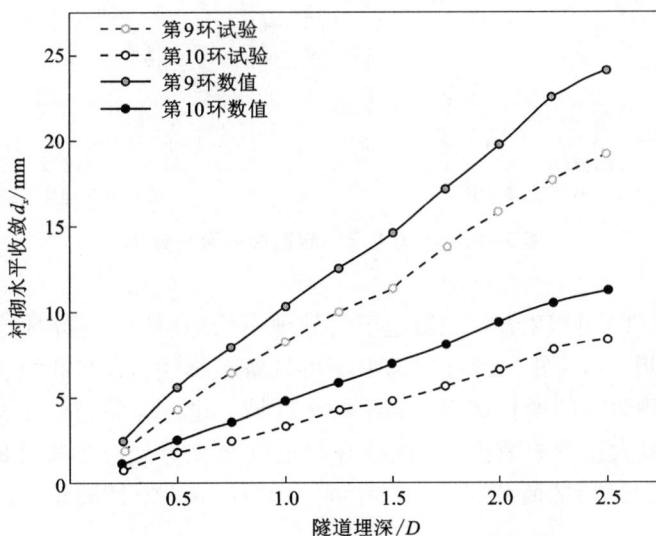

图 3-25　试验与数值衬砌水平收敛规律对比

　　综上，通过与试验结果相互验证可知，所建隧道数值模型在横向、纵向均具备一定的准确性与可行性，可利用该模型进行相关计算分析。

3.3.3　数值计算结果分析

1.隧道结构弯矩、轴力分析

如图 3-26 为隧道不同地层及偏载条件下隧道在纵向上的弯矩变化规律曲线。由图 3-26(a)可知，当隧道下卧单一砂层时，弯矩在纵向上分布关于隧道中心点对称，在隧道中环附近出现反弯点，此时弯矩值接近 0，继续进行局部加载使隧道纵向最大正负弯矩均有所增大，但其弯矩零点位置未发生显著变化，依旧处于隧道纵向中点附近。

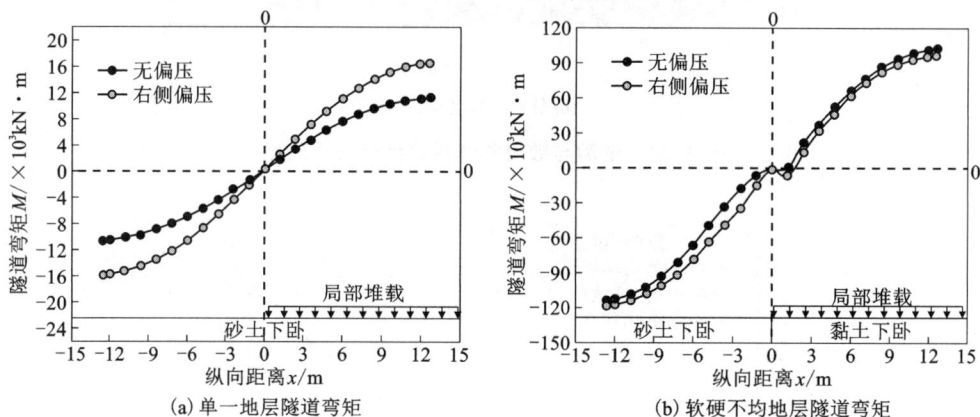

(a) 单一地层隧道弯矩　　　　(b) 软硬不均地层隧道弯矩

图 3-26　不同工况下隧道纵向弯矩分布

从图 3-26(b)可以看出，当隧道下卧软硬不均地层时，弯矩零点依旧位于隧道纵向中点附近，但弯矩曲线在纵向上不再具备对称性，分布曲线从左到右起伏较大，在软土侧弯矩的增长速率要高于硬土区域，此时局部加载使隧道纵向最大负弯矩增大，最大正弯矩减小，且曲线在靠近软土交界处有小幅度的突变，出现这个现象的原因是局部荷载加剧了管片环间的纵向错台，使隧道纵向内力在错台处发生了改变。

2.隧道结构纵向错台及其应力分布分析

经前文分析可知，下卧软硬不均地层对隧道结构的纵向受力变形影响较大，尤其在软硬地层交界处很可能存在错台等现象。因此，考虑对下卧软硬不均地层隧道进行堆载全过程的变形与位移分析,为使结果呈现更为直观,绘制初始状态、堆载 0.5D、堆载 1.5D、堆载 2.5D(为便于描述,将其命名为阶段 1~4 工况下隧道变形应力云图(正视,缩放系数 5),如图 3-27(a)~(d)所示。

阶段①:在初始状态时,即无堆载工况,隧道外部应力几乎为 0,隧道无明显纵向沉降变形,如图 3-27(a)所示。

阶段②:将砂土填至隧道上方 0.5D,该状态下隧道应力云图如图 3-27(b)所示,此时隧道应力分布发生轻微变化,隧道在地层突变处应力存在少许应力集中现象,对比硬土、软土区域隧道变形云图可知,纵向沉降在软土区域较大,大应力区域(绿色)则是在硬土侧更为集中,集中范围多在衬砌拱顶、拱底、拱腰及接头附近,最大应力出现在靠近拱底的纵向接头处。

阶段③:对隧道继续堆土填至隧道上方 1.5D,此状态隧道应力云图如图 3-27(c)所示,相较于上个阶段,软土侧隧道沉降继续增大,其纵向沉降差也随之增大,而且明显可以看出靠近软土侧结构错台更大,靠近硬土侧则较小。同时隧道应力较上一阶段也有明显变化,大应力区域在硬土侧显著增大,而且在土层交界处隧道拱顶、底纵向接头附近管片出现了应力集中现象(红色区域)。

阶段④:继续堆土填至隧道上方 2.5D,此状态隧道应力云图如图 3-27(d)所示,相较于上个阶段,软土侧隧道沉降进一步增加,此时管片错台较上一阶段增加明显,并且绝大部分错台出现在地层分界处靠近软土侧的管片环间,应力集中区域(红色区域)进一步扩大。

分析不同阶段堆载过程中隧道的纵向变形可知:在软硬不均地层中,隧道结构纵向错台随着上部堆载增加而逐渐加大,产生的错台主要集中在土层突变的交界处,而且靠近软土侧的结构错台大于硬土侧;随着上部堆载的逐渐加大,下卧硬土侧隧道的大应力区域也逐渐扩张,尤其在土层交界处隧道拱顶、底的纵向接头附近,管片出现了较大范围的应力集中现象。

由上述分析可知下卧软硬不均时,隧道结构性能关键点主要在地层交界处的三环管片,因此对埋深 2.5D 时的隧道中间三环管片单独分析,进一步研究其应力分布情况。从图 3-28 可以看出,软土侧纵向错台比硬土侧大得多,其错台值大约为硬土侧的 5~6 倍。同时从右下图可以看出,错台越大其应力集中区域也就越大,尤其是在拱顶环、纵向接头连接区域内,管片大应力区大幅增加,出现这种现象的原因是:隧道在拱顶处错台值最大,此时纵向螺栓变形较大,使得螺栓与管片手孔相互挤压,再加上原本拱顶就存在较大应力,导致拱顶范围内应力叠加集中。

(a) 初始状态

(b) 堆载0.5D

(c) 堆载1.5D

(d) 堆载2.5D

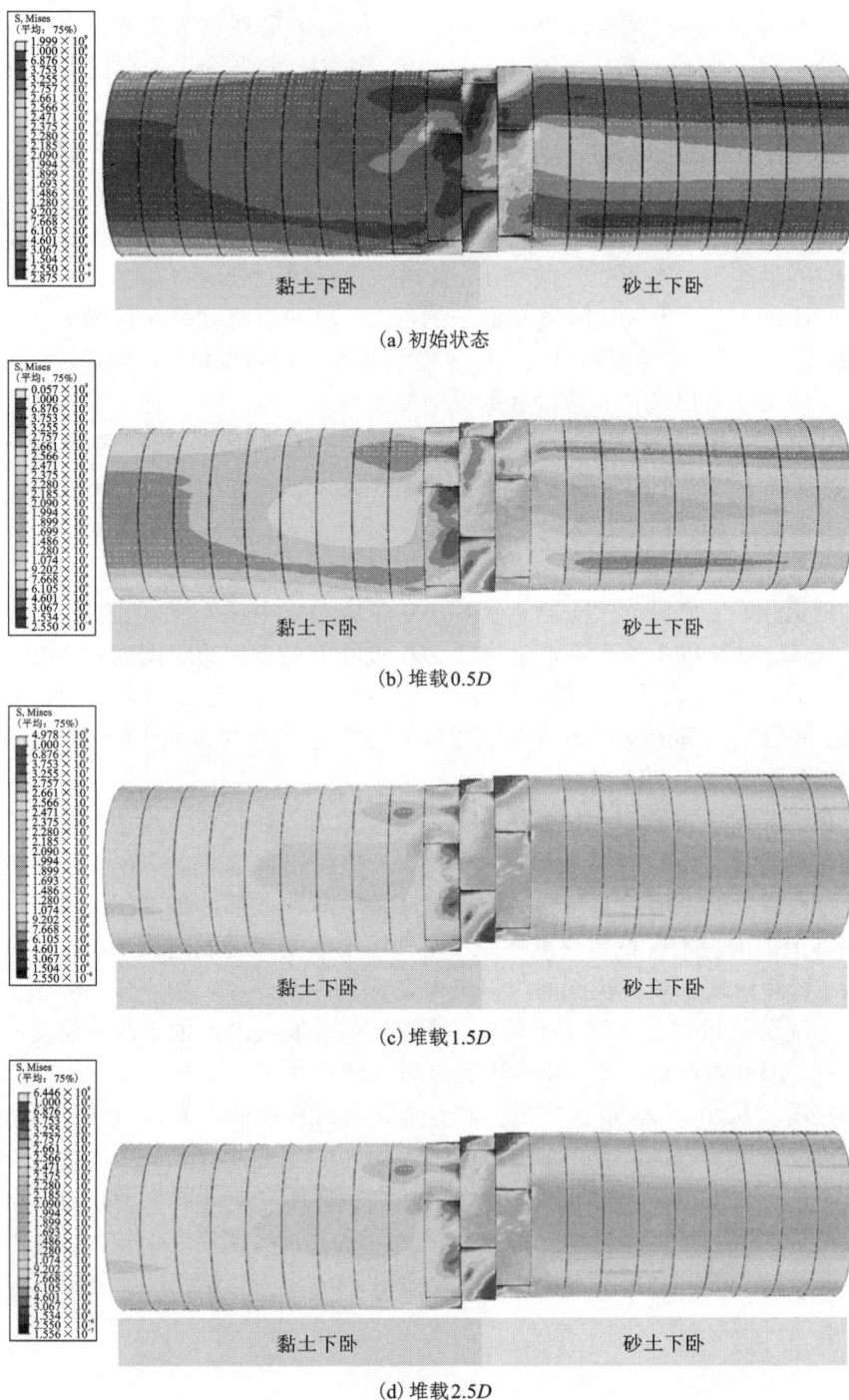

图 3-27　盾构隧道变形应力云图

变形放缩系数：5

结构纵向错台

隧道应力分布

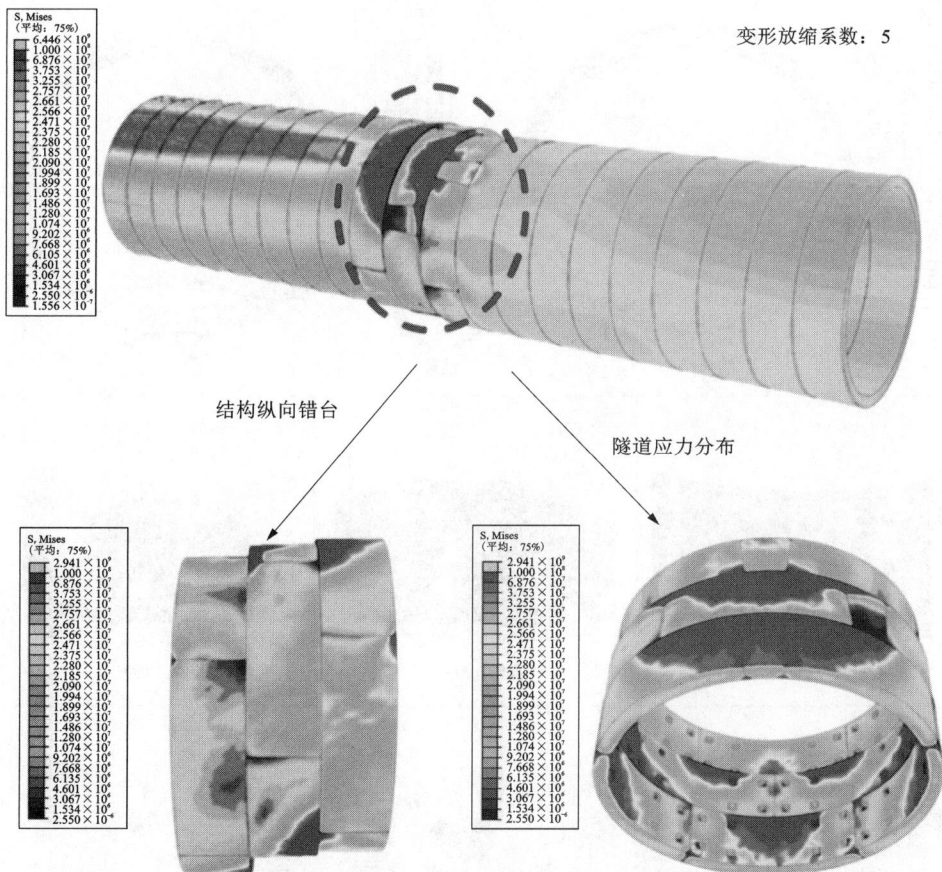

图 3-28　盾构隧道纵向错台及应力分布

3. 隧道衬砌接缝张开机理分析

随着隧道结构纵向错台的发展，衬砌接缝张开也随之产生，为探明软硬不均地层下隧道衬砌接缝张开机理，选取隧道中间错台最大的衬砌环进行分析，并绘制初始状态（预紧力施加）、堆载 $0.5D \sim 2.5D$ 工况下隧道衬砌拱底接头的变形应力云图（缩放系数 5），如图 3-29 所示。从图中可以看出，衬砌接头存在三个阶段，为便于描述分别将其命名为：初始阶段（预紧力）、受拉阶段（堆载 $0.5D \sim 1D$）、张开阶段（堆载 $1.5D \sim 2.5D$），下面对各个阶段进行分析。

初始阶段：此阶段下管片只受到环、纵向螺栓的预紧力，仅在螺栓手孔小范围内出现较大应力，其余区域应力较小。

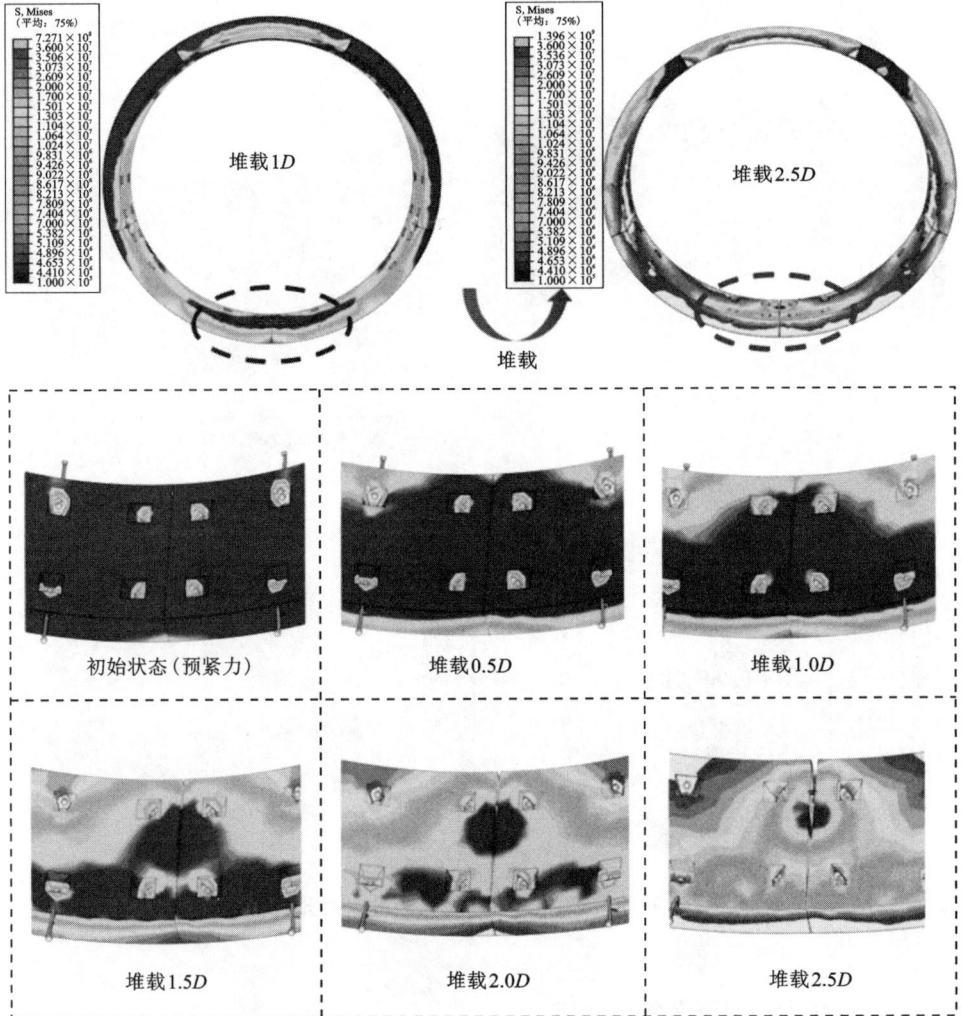

图 3-29　隧道衬砌拱底接头的变形应力云图

受拉阶段：当堆载高度为 $0.5D \sim 1.0D$ 时，由于隧道下卧软硬不均地层，软硬两侧隧道衬砌环受差异沉降作用使相邻衬砌环间在竖向上受力不均，存在少许错台，此时纵向螺栓初步受拉、变形较小，较大应力分布在螺栓与手孔的连接处。

张开阶段：随着堆载高度的不断增加（$1.5D \sim 2.5D$），软硬两侧隧道衬砌环受差异沉降作用愈发明显，管片结构纵向错台量也随之增加，此时纵向螺栓受拉变形较大，较大部分应力通过螺栓挤压管片手孔逐渐传递到整个衬砌拱底。与此同时，堆载也加大了管片的横向收敛变形，在纵向错台与横向收敛二者共同作用下，诱发了隧道衬砌的接缝张开。

分析不同阶段中衬砌拱底接头的变形可知：在软硬不均地层中，管片应力变化大部分是由纵向螺栓逐渐传递而来，隧道的不均匀沉降使得纵向螺栓受拉愈发明显，同时加上堆载使管片横向收敛变形逐步加大，二者的共同作用诱发了隧道结构的接缝张开，其张开最大值出现在交界处软土侧管片的拱底接头附近。

4. 预紧力大小对隧道纵向变形影响分析

通过改变纵向螺栓的预紧力，在理论上可以提升隧道的纵向刚度，从而减少在下卧软硬不均地层时盾构隧道的不均匀沉降。为探明预紧力大小对隧道纵向变形的影响，将纵向螺栓预紧力分别设置为 50 kN、100 kN、200 kN、250 kN、300 kN、350 kN、400 kN，下伏地层的选取与前文的软硬不均地层（软土+砂土）一致，分别对 Y_1、Y_2 两处环缝间的接头施加不同大小的预紧力，并对比隧道拱顶纵向沉降总和 Z_w，如图 3-30(a) 所示（Y_1、Y_2 分别是隧道软土侧、硬土侧的环缝；Z_w 为隧道 1-2、2-3 的累积沉降差，大小等于差异沉降绝对值总和 Z_1+Z_2）。

汇总计算结果（埋深 2.5D 时），绘制隧道差异沉降总和与纵向螺栓预紧力 F_N 的关系曲线，如图 3-30(b) 所示。从图中可以看出，加大软土侧接缝（Y_1）螺栓预紧力可有效降低累计差异沉降总和，但其效果不断减弱，在 350 kN 时曲线会回弹；加大硬土侧接缝（Y_2）螺栓预紧力对累计差异沉降总和的降低效果一般，且在预紧力为 200~250 kN 区间大幅回弹，曲线大幅回弹的原因是相邻两块在预紧力较大时，纵向刚度会显著增加，则导致与另一侧刚度差加大，反而使沉降总和小幅增加。例如接缝 Y_2 预紧力增大到一定程度时，会使管片 2-3 环的纵向刚度显著提升，从而加大管片 1 与管片 2 间的刚度差，导致原本作用在管片 2-3 环间的差异沉降转移到了管片 1-2 环间，又因为管片 1 下卧软土，沉降在管片 1-2 环间响应更为明显，反而会使差异沉降总和增大，出现曲线回弹现象。

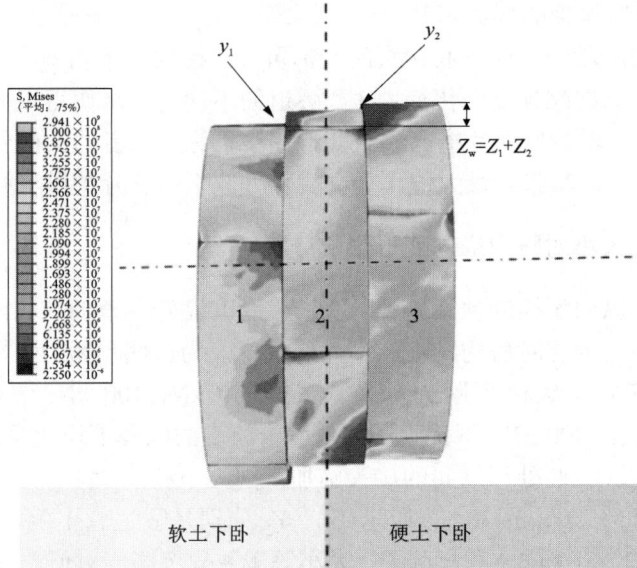

（a）管片编号与注释

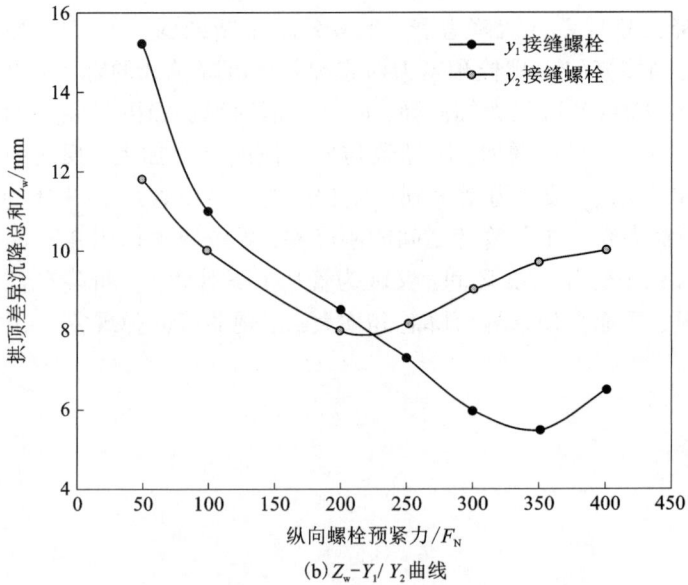

（b）$Z_w - Y_1 / Y_2$ 曲线

图 3-30　隧道差异沉降总和与纵向螺栓预紧力关系曲线

3.4　本章小结

>>>

　　本章依托实际工程，基于南昌地铁典型风化软岩层、单一砂层及纵向软硬不均地层，采用数值仿真和模型试验等手段对不同下卧风化软岩的动力特性、下伏地层软硬不均时盾构隧道受力特性进行深入分析，以探究下伏地层不均时盾构隧道结构的受力响应机理。得到以下主要结论：

　　(1) 通过室内三轴试验分析了全、中风化软岩的累积轴向变形发展规律，研究发现动应力比和静偏应力比对应变影响较大，而围压和加载频率的影响较小。基于试验结果，提出了一个基于累积塑性应变的可以预测隧道长期沉降的数学模型。同时，结合该模型和数值模拟，对南昌地铁隧道长期沉降进行了预测。研究表明，地铁运营100 a，列车速度的改变对隧道长期沉降影响较小。相比中风化软岩层，隧底位于全风化软岩层的累积沉降增幅约为42%。由此可知下伏地层差异致使不均匀沉降会对隧道结构产生不利影响，在进行隧道设计及施工时应着重考虑。

　　(2) 开展了下卧软硬不均地层和局部堆载等工况下的盾构隧道模型试验，结果表明，软硬不均地层会导致土层突变处隧道沉降峰值大幅增加，同时引起硬土区域的衬砌收敛值升高及衬砌弯矩骤增。此外，施加局部堆载主要影响隧道弯矩极值，尤其在拱顶和隧底处弯矩增幅明显。研究发现，软土区隧道结构内力明显变异，衬砌弯矩分布突变，拱底处弯矩骤增近110%，易使管片产生劣损，建议实际隧道设计施工加强对该区域的衬砌保护。

　　(3) 基于精细化数值仿真分析了盾构隧道在软硬不均地层及局部堆载作用下的结构响应，验证了数值模型的可行性。研究显示，软硬不均地层导致隧道纵向弯矩在交界处快速增加，纵向错台主要集中在软土侧，且接缝张开最大值出现在拱底。此外，增加软土侧环缝预紧力能减少差异沉降，但效果随预紧力增大而减弱，当预紧力达300~350 kN时，由于两管片刚度差增大，沉降总和小幅增加。

第4章
软硬不均地层盾构隧道荷载模式研究

城市地铁建设因网络化、规模化和复杂地理条件频遇软硬不均地层挑战，然而目前隧道衬砌结构设计计算方法普遍采用修正惯用法，荷载计算时地层普遍简化为均质处理，针对软硬不均地层尚未形成统一的盾构隧道荷载计算体系，软硬不均地层下盾构隧道荷载模式亟待探究。鉴于此，本章针对软硬不均地层，系统地考虑隧道埋深、滑移面形式、侧压力系数与地层的关联，通过滑裂面假设和极限平衡理论等方法提出软硬不均地层盾构隧道理论荷载作用模式，并结合现场实测数据，进一步验证及修正理论荷载模式。

4.1 既有衬砌荷载理论模式
>>>

4.1.1 现有围岩压力理论及其局限性

在隧道设计中，围岩压力是指隧道开挖后周围岩体在施工扰动下发生应力重分配过程中，使周围岩体和支护发生变形、破坏的作用力，围岩压力的计算是隧道支护力计算中的主要环节[129]。现有隧道围岩压力理论计算方法主要包括：Caquot 理论、Bill Bowerman 理论、Fenner 理论、Castner 理论法、Platts 理论、Karl Terzaghi 理论、全土柱理论以及谢家烋理论法等。其中，最常用的计算方法有全土柱理论法、比尔鲍曼理论法、太沙基理论法以及谢家烋理论法[130]。

1. 全土柱理论法

全土柱理论是一种简化的地质力学模型，初步设计阶段或者地质条件较好、预期变形较小的情况下，主要用于评估浅埋隧道或其他地下结构的顶部所承受的土压力。该理论假设土压力为隧道或地下结构上覆土体的竖向自重，而忽略侧向土压力和土层之间可能存在的力学性质差异。全土柱理论计算原理图如图 4-1 所示，其主要计算式如下：

竖向围岩压力：

$$q = \gamma h \tag{4-1}$$

围岩侧压力按照主动土压力计算：

$$e_1 = \gamma h \tan^2 \left(45° - \frac{\varphi}{2} \right) \tag{4-2}$$

$$e_2 = \gamma (H+h) \tan^2 \left(45° - \frac{\varphi}{2} \right) \tag{4-3}$$

式中，γ 为岩土体重度；H 为隧道埋深；h 为隧道高度；φ 为岩土体内摩擦角。

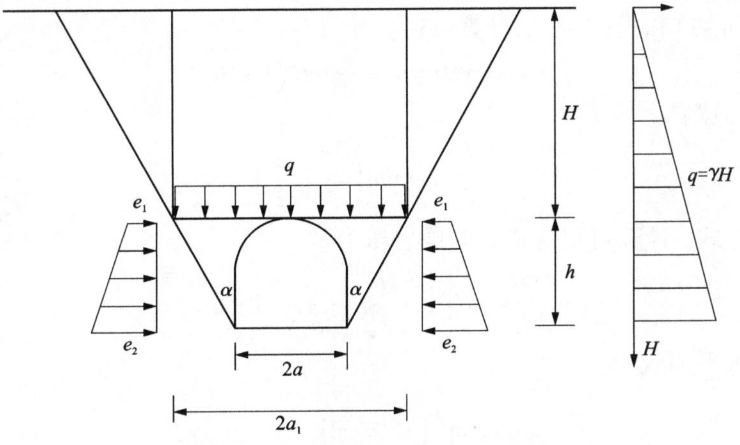

图 4-1　全土柱理论计算原理图[130]

尽管全土柱理论在工程实际中是一个既经济又有效的设计工具，需要注意的是，由于全土柱理论忽略了岩土体可能经历的横向变形和极限状态方面的一些影响因素，因此在一些特定情况下它可能会低估或高估实际作用在结构上的应力，使用时应结合工程实际和经验进行综合判断。

2.比尔鲍曼理论法

比尔鲍曼理论法是基于全土柱理论法的深化和发展，考虑了岩土体的摩擦力和黏聚力对围岩压力的影响。根据该理论，当隧道开挖之后，上覆岩土体产生垂直向下的滑动，并在隧道两侧形成起始于隧道底部的滑动面。这个滑动面与隧道侧壁之间形成 $\alpha = 45° - \varphi/2$ 的夹角，并延伸至地表。隧道上的岩土体除去滑动面上摩擦力与黏聚力所产生的合力之外的部分，即作用在隧道支护结构上的围岩压力。比尔鲍曼理论计算原理图如图 4-2 所示，主要计算式如下：

$$Q = W - 2T \tag{4-4}$$

$$t = c + e_z \tan \varphi \tag{4-5}$$

$$e_z = \gamma z \tan^2 \left(45° - \frac{\varphi}{2} \right) - 2c \tan \left(45° - \frac{\varphi}{2} \right) \tag{4-6}$$

将式(5-6)积分可得岩土体任一侧面上的夹制力 T：

$$T = \int_0^H t d_z = \frac{1}{2} \gamma H^2 K_1 + cH(1 - 2K_2) \tag{4-7}$$

式中，$K_1 = \tan \varphi \tan^2 \left(45° - \frac{\varphi}{2} \right)$；$K_2 = \tan \varphi \tan \left(45° - \frac{\varphi}{2} \right)$

联立(4-7)和式(4-4)，计算可得：

$$Q = 2a_1 \gamma H - \gamma H^2 K_1 - 2cH(1 - 2K_2) \tag{4-8}$$

隧道上覆岩土体宽度：

$$a_1 = a + h \tan \left(45° - \frac{\varphi}{2} \right) \tag{4-9}$$

综合上式，计算可得隧道竖向围岩压力：

$$q = \frac{Q}{2a_1} = \gamma H \left[1 - \frac{H}{2a_1} K_1 - \frac{c}{a_1 \gamma} (1 - 2K_2) \right] \tag{4-10}$$

隧道水平侧压力：

$$\begin{cases} e_1 = q\lambda = q \tan^2 \left(45° - \frac{\varphi}{2} \right) \\ e_2 = (q + \gamma H)\lambda = (q + \gamma H) \tan^2 \left(45° - \frac{\varphi}{2} \right) \end{cases} \tag{4-11}$$

式中，Q 为作用在 JK 面上的压力；W 为岩土体自重；T 为岩土体两侧夹制力；t 为岩土体侧面 GJ 和 HK 上任意一点的夹制力；$2a$ 为隧道宽度；λ 为侧压力系数；其余参数含义同前。

该理论中假定滑动面从隧道底部以 $\alpha = 45° - \varphi/2$ 延伸至地表，但实际中滑动面的形状和位置可能由于地层结构、应力状态、开挖方法和其他因素而有所不同。此外从极值的角度分析，比尔鲍曼理论法亦存在一定局限性，当隧道埋深 $H > 2H_{max}$ 时，比尔鲍曼理论法计算的围岩压力为负值，故比尔鲍曼理论法不适用于埋深 $H > 2H_{max}$ 的隧道。

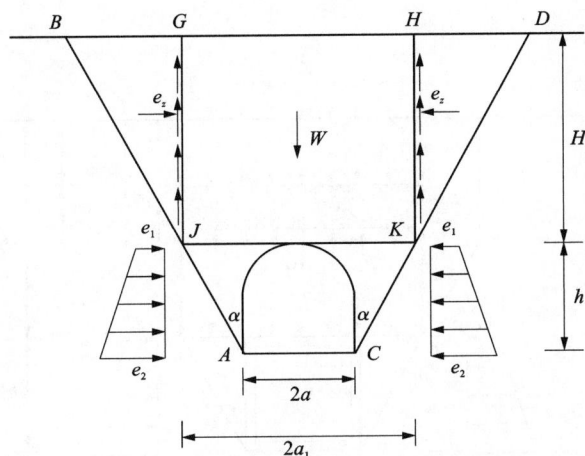

图 4-2　比尔鲍曼理论法计算原理图[130]

3. 太沙基理论法

太沙基理论以松散介质压力理论为基础，基于应力传递概念推导出作用在隧道支护结构上的围岩压力。根据朗肯主动土压力理论，隧道开挖后，将产生两个滑动面，隧道侧壁与滑动面的夹角为 $\alpha = 45° - \varphi/2$，然后沿着曲线 AE 和 BI 传递到地表，如图 4-3 所示。

因工程中曲线 AE 和 BI 不便计算，所以假定两条垂直线 AD 和 BC 来代替。将隧道拱顶与地表之间的滑动块宽度设为 $2a_1$，则有：

$$a_1 = a + h\tan\left(45° - \frac{\varphi}{2}\right) \tag{4-12}$$

式中，a_1 为滑动块半宽度；a 为隧道半宽度；h 为隧道高度；其余参数含义同前。

根据静力平衡条件，通过分析岩土体之间的应力传递状态以及土压力计算原理，选取滑动面 $ABCD$ 内部一竖向高度为 $\mathrm{d}z$ 的单元体进行分析，有：

$$\begin{cases} \sum F_y = P + G - T - 2F = 0 \\ P = 2a_1\sigma_v \\ G = \int 2a_1\gamma\mathrm{d}z \\ T = \int 2a_1(\sigma_v + \mathrm{d}\sigma_v) \\ F = \int \tau_f\mathrm{d}z \\ \tau_f = \sigma_h\tan\varphi + c = \lambda_1\sigma_v\tan\varphi + c \end{cases} \tag{4-13}$$

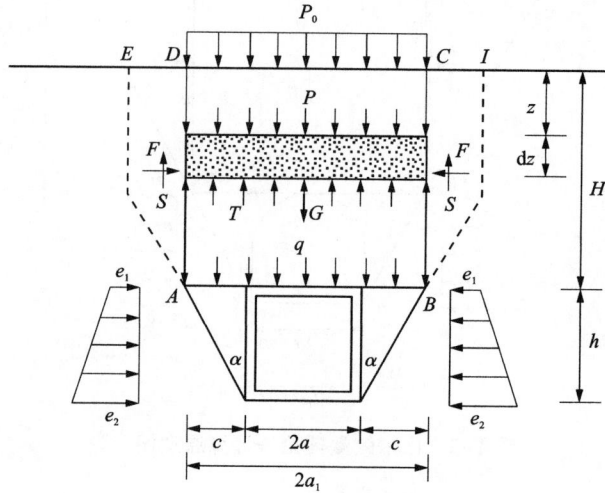

图 4-3　太沙基理论法计算原理图[130]

式中，G 为单元体自重；P 为单元体所承受的上覆土压力；T 为单元体所承受的下覆岩土体托力；F 为单元体侧面所承受的竖向围岩摩擦力；τ_f 为岩土体抗剪强度。

联立式（4-12）和式（4-13），计算可得：

$$\sigma_v = \frac{a_1\gamma - c}{\lambda_1 \tan\varphi}\left(1 + A\mathrm{e}^{-\frac{\lambda_1 \tan\varphi z}{a_1}}\right) \tag{4-14}$$

根据边界条件，当 $z = 0$ 时，$\sigma_v = P_0$，其中 P_0 为地表附加荷载（kPa）。由式（4-14）计算可得：

$$A = \frac{\lambda_1 P_0 \tan\varphi}{a_1\gamma - c} - 1 \tag{4-15}$$

联立式（4-14）和式（4-15），当 z 取隧道埋深 H 时，即可计算得到隧道竖向围岩压力：

$$q = \sigma_v = \frac{a_1\gamma - c}{\lambda_1 \tan\varphi}\left(1 - \mathrm{e}^{-\frac{\lambda_1 \tan\varphi H}{a_1}}\right) + P_0\mathrm{e}^{-\frac{\lambda_1 \tan\varphi H}{a_1}} \tag{4-16}$$

于是，水平侧围岩压力计算如下：

$$\begin{cases} e_1 = q\lambda_2 = q\tan^2\left(45° - \dfrac{\varphi}{2}\right) \\ e_2 = (q + \gamma h)\lambda_2 = (q + \gamma h)\tan^2\left(45° - \dfrac{\varphi}{2}\right) \end{cases} \tag{4-17}$$

式中，R_0 为隧道直径；λ 为侧压力系数；φ 为土的内摩擦角；P_0 为地表竖向荷载；γ 为岩土体重度；σ_v 为初始竖向地应力；λ_1 为隧道顶部岩土体侧压力系数，取 1.0；σ_h 为初始水平地应力；c 为岩土体黏聚力；λ_2 为隧道底部岩土体侧压力系数。

太沙基理论法不仅考虑了松散体的内摩擦角、黏聚力和重度，还将隧道的埋深、高度、跨度以及地表附加荷载等参数作为计算指标。但是在不考虑地表附加荷载的情况下，对于上式，当岩土体的黏聚力 $c>\alpha_1 \cdot \gamma$ 时，通过太沙基理论法计算的围岩压力会出现负值，不符合工程实际，所以对于岩土体黏聚力较大的地层或岩层，太沙基理论公式便不再适用。

4. 谢家烋理论法

谢家烋理论法是根据极限平衡原理推导得到，该方法被广泛应用于我国隧道设计。如图 4-4 所示，假设在围岩中沿着水平夹角为 β 的方向产生破裂面，隧道上覆岩土体 $EGHF$ 产生竖向沉降，从而带动两侧三棱岩土体（如图 4-5 中区域 ACE 和 BDF）下沉。而当岩土体 $ACDB$ 产生竖向沉降时，会受到破裂面 BD 和 AC 的阻碍，计算时需考虑岩土体的黏聚力 c 和摩擦角 φ。直线 FH 和 EG 不是破裂面，其阻力小于破裂面上的阻力，假设 FH 和 EG 滑动面上的摩擦角为 θ。

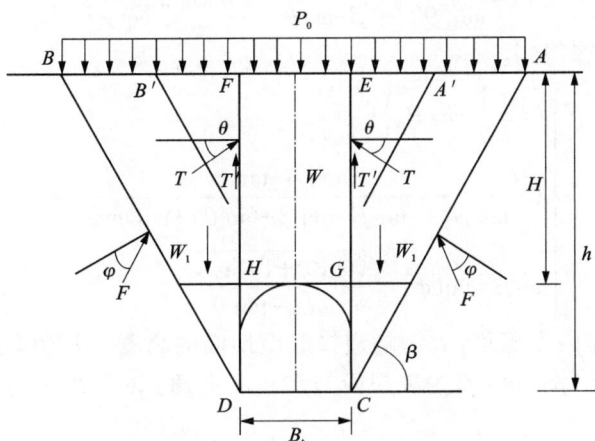

图 4-4　谢家烋理论法计算原理图[130]

对右三棱岩体区域 ECA 和隧道上方岩土体区域 $EFHG$ 进行受力分析，即可推导得到隧道拱顶的竖向围岩压力。主要计算过程如下：

对三棱岩土计算模型进行受力分析，HG 面所受竖向压力总和为：

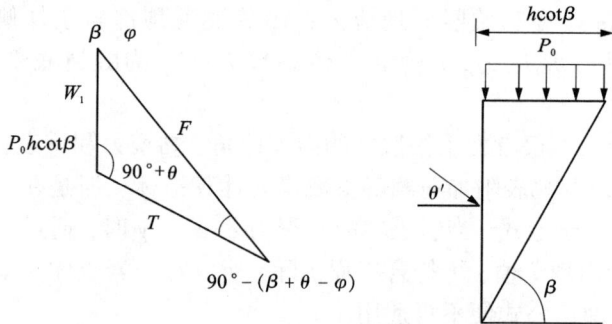

图 4-5　三棱岩土体计算模型[130]

$$Q = W + P_0 B_t - 2T'\left(\frac{H}{h}\right)^2 = W + P_0 B_t - 2T\sin\theta\left(\frac{H}{h}\right)^2 \qquad (4-18)$$

三棱岩土体自重为：

$$W_1 = \frac{1}{2}\gamma h \frac{h}{\tan\beta} \qquad (4-19)$$

由正弦定理可得：

$$T = \frac{\sin(\beta-\varphi)}{\sin[90°-(\beta-\varphi+\theta)]}\left(W_1 + P_0 \frac{h}{\cot\beta}\right) \qquad (4-20)$$

联立上式计算得到：

$$\begin{cases} T = \left(\frac{1}{2}\gamma h + P_0\right)h\dfrac{\lambda}{\cos\theta} \\[2mm] \lambda = \dfrac{\tan\beta-\tan\varphi}{\tan\beta[1+\tan\beta(\tan\varphi-\theta)+\tan\varphi\tan\theta]} \\[2mm] \tan\beta = \tan\varphi + \sqrt{\dfrac{(\tan^2\varphi+1)\tan\varphi}{\tan\varphi-\theta}} \end{cases} \qquad (4-21)$$

式中，θ 为岩土体内摩擦角；h 为隧道拱底至地面的高度；H 为隧道埋深；B_t 为隧道宽度；γ 为岩土体重度；β 为破裂面与水平面夹角；λ 为侧压力系数；φ 为计算摩擦角。

联立式(4-21)和式(4-18)，其中，$W = \lambda \cdot H \cdot B_t$，计算得到：

$$Q = \gamma H B_t + P_0 + P_0 B_t - 2\left(\frac{1}{2}\gamma h + P_0\right)h\lambda\tan\theta\left(\frac{H}{h}\right)^2 \qquad (4-22)$$

于是，可计算得到作用在衬砌结构上的竖向围岩压力：

$$q = \frac{Q}{B_t} = \gamma H + P_0 - \left(\gamma\frac{H^2}{B_t} + 2P_0\frac{H^2}{hB_t}\right)\lambda\tan\theta \qquad (4-23)$$

则侧向水平压力为：

$$\begin{cases} e_1 = (\gamma H + P_0)\lambda \\ e_2 = (\gamma h + P_0)\lambda \end{cases} \tag{4-24}$$

谢家烋理论法基于极限平衡条件，对隧道上覆岩土体的内摩擦角、黏聚力、重度；隧道的埋深、高度、跨度、外部荷载、地表坡度角等参数进行分析来确定滑动面与水平方向的夹角以及隧道上方岩土体在下滑过程中所受到的阻力。该法在实际运用过程中涉及的参数较多，如计算摩擦角等参数只能结合规范取得范围值，无法取得精确的计算值，所以在计算过程中会产生较大的误差。

4.1.2　传统修正惯用法荷载体系的不足

目前我国盾构隧道衬砌结构设计仍普遍采用修正惯用法荷载体系，即无论对于软土-硬土，上土下岩、土岩互层等软硬不均地层，荷载计算时常常等效简化为均质地层处理，往往难以精确计量荷载。传统修正惯用法荷载体系如图 4-6 所示。但在实际工程中，对于不均匀地层，由于上下两类地层自身物理力学性质有所差异，尤其对于软土-硬土，上土下岩、土岩互层等情况相差较大，若采用修正惯用法计算主要会存在以下 3 个问题。

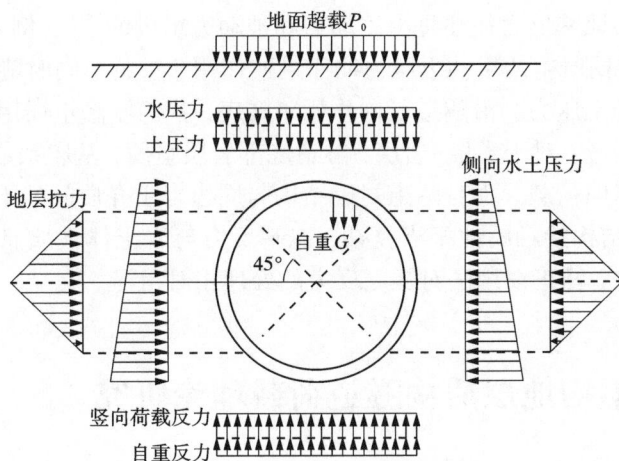

图 4-6　传统修正惯用法荷载体系

1.围岩弹性抗力

围岩对衬砌产生主动压力作用的同时，也产生被动压力约束隧道衬砌变形。

产生地层抗力区的前提条件是围岩与衬砌紧密、全面地接触，但实际工程中，两者接触属性复杂多变，尤其对于硬土、岩质地层，可能是局部接触、点面接触，且不同地层约束衬砌变形的能力有所差异，而修正惯用法将这些复杂情况予以理想化，即假定侧向地层抗力分布在与水平直径上下 45°范围内，同时地层抗力系数固定不变。目前，常借助数值模拟手段，采用梁-弹簧模型进行地层模拟。对于均质软土地层，受力后变形很快，而且易与衬砌全面接触，通常沿隧道外轮廓布设切向和径向弹簧；而对于硬土、岩层，受力后变形缓慢，此时衬砌和围岩可能是局部接触或者点面接触，设置切向弹簧往往不适合，通常只设置径向弹簧。

2. 侧向围岩压力

对于不均匀地层，修正惯用法将多层不同的地层参数加权平均简化为均一地层进行计算，虽然能提高计算效率，但若上下部地层参数差异很大，如软土-硬土，上土下岩地层等软硬不均地层，仍按此方法计算与实际相比会出现较大误差[131, 132]。

3. 隧底地基反力

修正惯用法计算隧底地基反力时是假定地层反力与地层位移相互独立，直接根据竖向力平衡来计算，即取地基反力等于竖向围岩荷载、隧道自重、地面超载之和。而实际的地基反力往往是由主动力和被动力组成的[51]。例如对于软土-硬土地层，隧道开挖产生的主动土压力往往迅速作用于隧底，同时隧道自重和地面超载引起的被动土压力会沿隧道径向作用于隧底，若仍按修正惯用法计算会高估隧底地基抗力响应；对于土层-岩层，隧道底部岩层坚硬，基床系数大，可以提供一部分力抵抗竖向荷载。而且隧道衬砌结构与周边岩土介质间的不连续性是普遍存在的，围岩-结构接触属性相当复杂，地基反力与岩土体性质息息相关。即对于软硬不均地层，修正惯用法对隧底反力的处理相对粗糙。

4.2 软硬不均地层盾构隧道荷载理论研究

4.2.1 基础理论依据

根据前文介绍，Terzaghi 理论认为隧道开挖后引起上方岩土体下沉，滑移面沿竖直方向向上延伸至地面，滑移面形式是竖直滑移面，破裂面与水平面夹角为

$\alpha=45°-\varphi/2$。对于深埋隧道,这类滑移面形式是被普遍认可的;而当隧道埋深较浅时,其滑移面形式备受讨论,有诸多国内外学者认为是非垂直面,如斜线、曲线形滑移面。故本节对隧道荷载理论的研究分为浅埋和深埋进行计算。

结合南昌地铁盾构隧道浅埋时穿越典型地层(粉质黏土、砂层),引入椭球体理论,假定滑移面为细长椭圆形,以进一步推导隧道竖向松动土压力。

1. 椭球体理论

(1)椭球体理论由 Janelid[133] 提出,应用于探究砂土等颗粒物质在自身重力、放矿口宽度等因素下的流动问题。核心理论主要有两点:一是颗粒在重力作用下以近似椭球体状流出,每一个流出椭球体必有一个极限椭圆松动区与之对应;二是流出椭球体与极限椭球体偏心率相同,具体如图 4-7 所示。

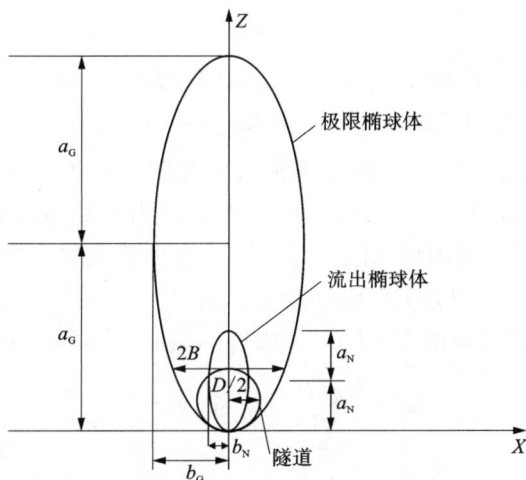

a_N、b_N—流出椭球体长半轴、短半轴; a_G、b_G—极限椭球体长半轴、短半轴;

D—隧道开挖直径;$2B$—滑动土柱宽度。

图 4-7　椭球体理论示意图

流出椭球体偏心率用 ε 表示,计算如式下,实际工程常取值为 $0.90 \sim 0.98$[133,134]。

$$\varepsilon = (a_N^2 - b_N^2)^{1/2}/a_N \tag{4-25}$$

同时,定义了松动系数 $\varepsilon' = \varepsilon_1 - \dfrac{\varepsilon_1 - \varepsilon_2}{1+\delta}$ 表示极限与流出椭球体的体积关系,工程常见取值为 $1.066 \sim 1.100$[133,134],计算式如下:

$$\beta = \frac{E_{N}}{E_{G} - E_{N}} \tag{4-26}$$

式中：E_{N} 为给定的任意流出椭球体体积；E_{G} 为对应的极限椭球体体积。

由于软硬不均地层颗粒粒径、摩擦角等土体性质不同，椭球体形状与均质地层会有所差异。有学者[135]通过模型试验对椭球体理论进行修正并验证，发现不同地层损失下，隧道上方土体的破坏模式整体上相同，近似一个立椭圆的形状，椭球体理论可用于砂层隧道。为方便考虑软硬不均地层情形，定义地层不均匀比 δ 这一概念，其是指隧道断面范围内，上部相对软弱地层所占面积与整个隧道面积之比，则可假设软硬不均地层的流出椭球体偏心率 ε' 具有如下关系：

$$\delta = \frac{\alpha - \sin \alpha}{2\pi} \tag{4-27}$$

$$\varepsilon' = \varepsilon_{1} - \frac{\varepsilon_{1} - \varepsilon_{2}}{1 + \delta} \tag{4-28}$$

式中，α 为隧道截面上部软土层弧段对应的圆心角；ε_{1}、ε_{2} 分别为隧道断面为软弱地层 1、坚硬地层 2 对应的流出椭球体偏心率，且 $\varepsilon_{1} > \varepsilon_{2}$。

对于圆形隧道，武军等[136]假设虚拟流出椭圆的面积和隧道开挖断面面积相等，土体松动区为极限椭圆。当隧道所受支护压力逐渐减小达到临界支护压力时，土体对应逐渐形成椭圆松动区；当支护压力小于临界支护压力，松动区发生坍塌。即定义该界限支护力为极限松动土压力。

根据上述面积相等及虚拟椭圆与极限椭圆偏心率相等两个条件，可以得出：

$$a_{G} = \frac{D}{2} \left(\frac{\beta}{\beta - 1} \right)^{1/2} \left(1 - \varepsilon^{2} \right)^{-1/4} \tag{4-29}$$

$$b_{G} = \frac{D}{2} \left(\frac{\beta}{\beta - 1} \right)^{1/2} \left(1 - \varepsilon^{2} \right)^{1/4} \tag{4-30}$$

为方便求出松动系数 β，武军等[70]提出根据土粒粒径、密实程度进行计算，但未考虑地下水流动的影响。工程中一般以渗透系数大于 10^{-3} cm/s 作为判断是否为渗水土的重要分界指标。为此，考虑土体颗粒特性及引入地层渗透系数影响因子 I_{k}，计算如下：

$$\beta = \frac{V_{max}}{V} I_{k} = \frac{e_{max} + 1}{e + 1} I_{k} \tag{4-31}$$

$$I_{k} = \frac{1}{1 + 1/9 \cdot e^{(-10^{4}k)}} \tag{4-32}$$

式中，V_{max} 为土体最大体积；V 为土体当前体积；e 为孔隙比；k 为地层渗透系数。

2. 分界埋深及滑移面形式

定义隧底深度达到极限椭圆长轴大小时对应的隧道埋深为分界埋深 H_L，则可得出：

$$\frac{H_L}{D} = \frac{2a_G - D}{D} = \left(\frac{\beta}{\beta - 1}\right)^{1/2} (1 - \varepsilon^2)^{-1/4} - 1 \tag{4-33}$$

为说明其能较好地适用于实际工程，与隧规法及太沙基理论中深浅埋分界线对比，以粉质黏土-砂土复合地层盾构隧道（$D = 6$ m，$\delta = 0.5$，β 可取为 1.07～1.09，ε' 可取为 0.92～0.94）为例，围岩级别为Ⅵ级，土体似摩擦角取 35°。

根据隧规法，计算出等效荷载高度 $h_q = 15.8$ m，则分界埋深 $H_P = 2.5h_q = 39.5$ m；根据太沙基理论，埋深大于 5 倍半自然拱跨度为深埋，则分界埋深 $H_T = 30.6$ m；根据式（4-33）可计算得 $H_L = 30～36$ m，即 $H_T < H_L \leqslant H_P$，说明对于上述软硬不均地层，本节提出的分界埋深 H_L 是介于太沙基理论和隧规法之间，具有一定的可行性和适用性。

根据临界埋深可以划分为如图 4-8 所示两类滑移面形状，图中 θ 为滑移面倾角。当埋深超过 H_L 时，土体松动区为整个极限椭圆，随埋深进一步增加，松动土压力不再改变，这也与隧规法中对深埋隧道围岩压力的计算比较契合。

从图 4-8 可以看出 θ 是随深度改变而变化的，其与极限椭圆大小息息相关，即受偏心率 ε、松动系数 β、隧道埋深、开挖直径 D 的影响。为此，参考隧规法简化思路及相关文献[77, 78]，采用岩土体等效滑移面倾角 θ'。

$$\theta' = \arcsin \frac{\int_A^C \sin\theta \, dl}{\int_A^C dl} \tag{4-34}$$

式中，A 点为隧道底部；C 点为地表与极限椭圆右交点；当埋深达到 H_L 时，$\theta = 90°$。

由图 4-8 可知滑动区宽度会随深度变化而改变，并非定值。由于考虑滑移面为细长椭圆，则滑动土体宽度近似值可计算如下：

$$2B = 2\sqrt{2Da_G - D^2} \cdot (1 - \varepsilon^2)^{1/2} \tag{4-35}$$

3. 计算模型基本假设

基于上述基础理论研究，提出修正松动土压力计算，基本假设如下：①滑移面为细长椭圆形；②滑移面上土体处于极限平衡状态，土体达到抗剪强度，服从 Mohr-Coulomb 破坏准则；③滑动土柱竖向有效应力为抛物线拱形分布。

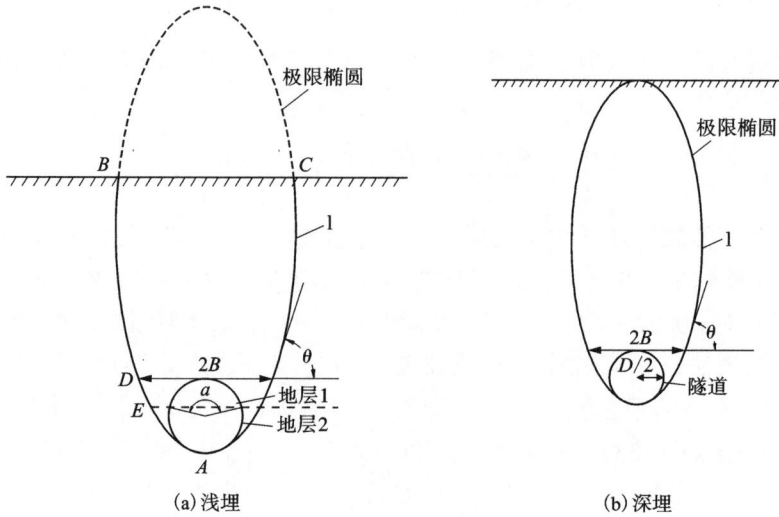

图4-8　不同埋深下滑移面形式

　　诸如太沙基理论竖直滑移面、国内外学者提出的塔形滑移面等都是假定竖向有效应力为均匀分布,但实际情况是隧道两侧滑移面附近土体先形成较大塑性区,隧道中线正上方荷载向两侧土体转移,滑移面上土体塑性区逐渐贯通,达到极限破坏状态。

　　文献[71]虽然用椭球体理论来表征隧道上方的土体破坏范围,但其对于隧道上方竖向应力分布的假设(梯形分布)不符合实际,且参考文献[137]理论可假定竖向应力自地层滑移处向隧道中轴线处逐渐递减,呈抛物线拱形分布。故浅埋隧道松动土压力计算模型如图4-9所示。

4.修正侧压力系数

　　对于侧压力系数的计算有诸多计算方法。对于垂直滑移面,太沙

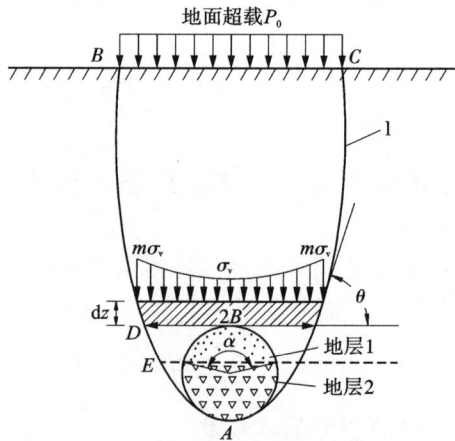

图4-9　浅埋隧道松动土压力修正计算模型

基根据试验结果得出其取值范围为1~1.5,特别地当侧压力系数取1时,太沙基

理论与普氏理论计算公式相同；Maston[138]、Krynine[139]根据莫尔应力圆分析滑动面微分土条处于极限平衡状态，得出不同地侧压力系数计算公式。对于非垂直滑移面，朱孟龙等[140]假定浅埋隧道为塔形滑移面，定义侧压力系数为滑移面上土体平均法向应力和竖向应力之比；Shukla 等[141]提出了一个斜线滑移面，推导出侧压力系数与该滑移面倾角有关，但未给出具体确定方法及验证；汪大海等[142]、陈若曦等[143]基于主应力旋转特性，定义平均竖向应力与水平应力之比为平均侧压力系数(大于 1)。上述方法普遍都是假定竖向应力为均布荷载，计算出的侧压力系数都是一个固定值，而对于曲面滑移面未很好考虑侧压力系数随倾斜角变化而改变。为此，基于前文基本假定，根据 Mohr-Coulomb 准则绘制莫尔应力圆，如图 4-10 所示，再进一步推导修正的侧压力系数。

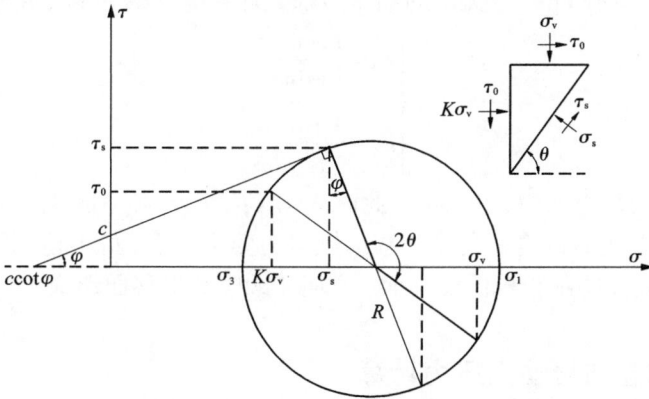

R—莫尔圆半径；θ—滑移面倾角；σ_v—竖向有效应力；σ_s、τ_s—滑移面上正应力、剪应力；

K—侧压力系数；φ、c—土体内摩擦角、黏聚力。

图 4-10　滑移面上土体单元应力状态

当 $\theta=90°$ 时，即为垂直滑移面，满足 $K\sigma_v=\sigma_s$；当 $\theta=45°+\varphi/2$ 时，$\sigma_3=K\sigma_v$。即倾斜角 $\theta\in\left[45°+\dfrac{\varphi}{2},\ 90°\right]$，根据几何知识可推出以下关系式：

$$R\cos\left[\frac{\pi}{2}-\varphi-(\pi-2\theta)\right]=\frac{\sigma_v-K\sigma_v}{2} \tag{4-36}$$

$$\sigma_s+R\sin\varphi=\frac{(1+K)\sigma_v}{2} \tag{4-37}$$

$$\tau_s=R\cos\varphi \tag{4-38}$$

联立式(4-36)~式(4-38)，可计算出 σ_s、τ_s 的表达式如下：

$$\begin{cases} \sigma_s = \left[\dfrac{(1+K)}{2} - \dfrac{(1-K)\sin\varphi}{2\sin(2\theta-\varphi)} \right]\sigma_v \\[4mm] \tau_s = \left[\dfrac{(1-K)\cos\varphi}{2\sin(2\theta-\varphi)} \right]\sigma_v \end{cases} \tag{4-39}$$

由基本假设②可知，滑移面上土体满足 $\tau_s = \sigma_s + c\tan\varphi$，则可计算出侧压力系数 K 如下式：

$$K = 1 - \frac{2\cos\varphi(c+\sigma_v\tan\varphi)\sin(2\theta-\varphi)}{\sigma_v\left[1+\sin(2\theta-\varphi)\sin\varphi\right]} \tag{4-40}$$

可以看出 K 是 θ、c、φ 和 σ_v 的函数。特别地，对于砂性土，$c=0$，上式变为：

$$K = \frac{1-\sin\varphi\sin(2\theta-\varphi)}{1+\sin\varphi\sin(2\theta-\varphi)} \tag{4-41}$$

Maston[138]、Krynine[139] 提出的侧压力系数计算值分别为 K_1、K_2。

$$\begin{cases} K_1 = \dfrac{1-\sin\varphi}{1+\sin\varphi} \\[4mm] K_2 = \dfrac{1-\sin^2\varphi}{1+\sin^2\varphi} \end{cases} \tag{4-42}$$

当滑移面为垂直面时，$\theta=90°$，此时 $K=K_2$；当 $\theta=45°+\varphi/2$，$K=K_1$。表明本节计算侧压力系数 K 综合考虑了滑移面倾角的变化，可较好地适用于曲面滑移面形式，如本节假设的细长椭圆滑移面，亦能兼顾竖直滑移面形式。

4.2.2　隧道竖向松动土压力计算

1.浅埋隧道竖向松动土压力推导

如图 4-11 所示，对厚度为 dz 的微元土体受力分析。该微分土条受力有：①自身重力 dw；②上覆抛物线形竖向压应力；③下伏土体作用反力；④滑移面上正应力和剪应力。令土体容重为 γ，则有：

$$d_W = (2B+\mathrm{d}z\cot\theta)\gamma\mathrm{d}z \tag{4-43}$$

将侧压力系数 K 反代回式（4-39）可得出：

$$\begin{cases} \sigma_s = Q\sigma_v - Nc \\[2mm] \tau_s = Q(\sigma_v\tan\varphi + c) \\[2mm] Q = \dfrac{\cos^2\varphi}{1+\sin(2\theta-\varphi)\sin\varphi} \\[4mm] N = \dfrac{\left[\sin\varphi+\sin(2\theta-\varphi)\right]\cos\varphi}{1+\sin(2\theta-\varphi)\sin\varphi} \end{cases} \tag{4-44}$$

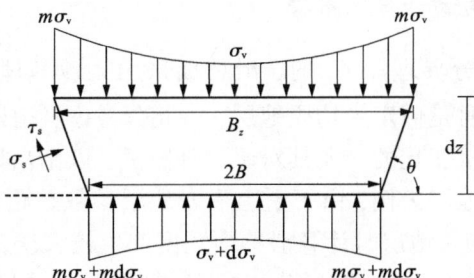

图 4-11　微元土条受力图

由微分土条竖向受力平衡可得：

$$\gamma(2B+\mathrm{d}z\cot\theta)\,\mathrm{d}z+\frac{1}{3}(2m+4)(B+\mathrm{d}z\cot\theta)\,\sigma_v=$$

$$\frac{1}{3}(2m+4)B(\sigma_v+\mathrm{d}\sigma_v)+2\sigma_s\cos\theta\frac{\mathrm{d}z}{\sin\theta}+2\tau_s\mathrm{d}z \tag{4-45}$$

忽略高阶微分，上式可简化为：

$$\begin{cases} \dfrac{\mathrm{d}\sigma_v}{\mathrm{d}z}=A_1-A_2\sigma_v \\[2mm] A_1=\dfrac{3B\gamma+3Nc\cot\theta-3Qc}{B(m+2)} \\[2mm] A_2=\dfrac{3Q(\cot\theta+\tan\varphi)-(m+2)\cot\theta}{B(m+2)} \end{cases} \tag{4-46}$$

求解一阶线性非齐次微分方程，可得：

$$\sigma_v=\frac{A_1}{A_2}+Ce^{-A_2z} \tag{4-47}$$

代入边界条件，$z=0$，$\sigma_v=P_0$，求得常数 C 为：

$$C=P_0-\frac{A_1}{A_2} \tag{4-48}$$

则进一步可求出浅埋隧道松动土压力计算公式为：

$$\sigma_v=\frac{A_1}{A_2}(1-e^{-A_2z})+P_0e^{-A_2z} \tag{4-49}$$

式中，A_1、A_2 是 θ、c、φ 和 m 的函数；θ、c、φ 根据上覆土体性质可以确定，即只有 m 是未知数。根据相关文献[76]和离心模型试验结果[18]，隧道埋深与开挖直径之比为 1~4 时，m 的常见取值变化范围在 2.281~2.533。

2.深埋隧道竖向松动土压力推导

当隧道埋深超过分界埋深 H_L 时，滑移面采用太沙基理论中的竖直滑移面，但其推导滑移面宽度时是假定为均质地层，未充分考虑隧道断面位于软硬不均地层时地层分界线是起伏变化的。尤其对于深埋隧道，以南昌地铁盾构隧道深埋时穿越典型的软硬不均地层为例，由于上土下岩地层参数差距较大，尤其是内摩擦角 φ，会导致简化为均质地层时计算滑移面宽度产生较大误差。

即在隧道埋深及上覆土体类型相同时，隧道断面的地层分界线位置会较大程度影响滑移面松动宽度，如图 4-12(a) 所示。为此，本节对软硬不均地层下深埋地铁盾构隧道的滑移面宽度取值进行合理修正。

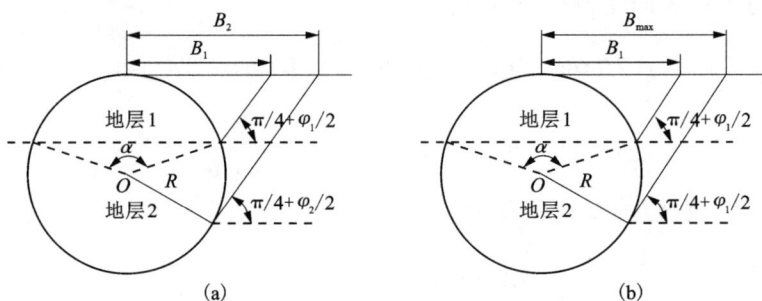

图 4-12 半滑移面松动宽度示意图

根据定义及几何知识得出以下关系:

$$B_1 = R\left(1-\cos\frac{\alpha}{2}\right)\cot\left(\frac{\pi}{4}+\frac{\varphi_1}{2}\right)+R\sin\frac{\alpha}{2} \tag{4-50}$$

$$B_2 = R\cot\left(\frac{\pi}{8}+\frac{\varphi_2}{4}\right) \tag{4-51}$$

$$B_{1\max} = R\cot\left(\frac{\pi}{8}+\frac{\varphi_1}{4}\right) \tag{4-52}$$

式中，φ_1 为地层 1 内摩擦角；φ_2 为地层 2 内摩擦角；B 为滑移面半松动宽度；其余参数含义同前。

如图 4-12(b) 所示，存在一个临界值 α_L，结合式(4-27)可知对应存在一个临界地层不均匀比 δ_{cr}，使得 B_1 取得最大值 $B_{1\max}$。再联立式(4-27)、(4-50)可以反解出 δ_{cr}。则进一步对滑移面半松动宽度 B 取值修正如下:

①当 $\delta<\delta_{cr}$ 时，$B_r=\max[B_1, B_2]$；

②当 $\delta\geqslant\delta_{cr}$ 时，$B_r=B_1$。

则对于软硬不均地层深埋地铁盾构隧道,结合朱合华等[144]提出的衬砌圆环荷载计算方法,深埋隧道竖向松动土压力可按太沙基公式修正计算如下:

$$
\begin{cases}
\sigma_{v} = \dfrac{\gamma B_{r} - c}{K \tan\varphi}(1 - e^{-K\frac{H}{B_{r}}\tan\varphi}) + P_{0}e^{-K\frac{H}{B_{r}}\tan\varphi} \\[4mm]
K = \dfrac{1 - \sin^{2}\varphi}{1 + \sin^{2}\varphi} - \dfrac{c\sin 2\varphi}{\sigma_{v}(1 + \sin^{2}\varphi)}
\end{cases}
\tag{4-53}
$$

式中,γ 为上覆土体容重;H 为隧道埋深;P_{0} 为地面超载;c、φ 分别为上覆土体黏聚力、内摩擦角;B_{r} 为修正后滑移面半松动宽度;K 为侧压力系数。

4.2.3　隧道侧向土压力计算

1.浅埋隧道侧向土压力计算

根据前文,修正惯用法往往夸大地层 2 的侧向土压力,为此假定侧向土压力在土层分界线处存在突变,且忽略衬砌管片表面与地层的摩擦力。则浅埋隧道侧向土压力力学分析模型如图 4-13 所示。

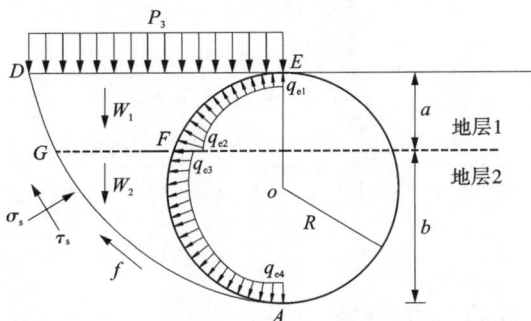

图 4-13　浅埋隧道侧向土压力力学分析模型

假设在地层分界处侧压力以系数 λ 向隧道底部递增,即 $q_{e4} = q_{e3} + \lambda l_{z}$。根据水平方向和竖向方向受力平衡,则有如下关系式:

$$
\begin{cases}
\sigma_{s}\sin\theta' l_{AD} + \tau_{s}\cos\theta + f\cos\theta' = (q_{e1} + q_{e2})a/2 + (q_{e3} + q_{e4})b/2 \\
W_{1} + W_{2} + P_{3} = \sigma_{s}\cos\theta' l_{AD} + \tau_{s}\sin\theta' + f\sin\theta' \\
W_{1} = \gamma_{1}\Omega_{1} \\
W_{2} = \gamma_{2}\Omega_{2} \\
P_{3} = \sigma_{v}'
\end{cases}
\tag{4-54}
$$

$$\begin{cases} q_{e1} = P_3 K_1 \\ q_{e2} = (P_3 + \gamma_1 a) K_1 \\ q_{e3} = (P_3 + \gamma_1 a) K_2 \\ q_{e4} = q_{e3} + \lambda l_z \end{cases} \tag{4-55}$$

式中，θ' 为岩土体等效滑移面倾角；γ_1、K_1、a 分别为地层 1 土体的容重、主动侧压力系数、厚度；γ_2、K_2、b 分别为地层 2 土体的容重、主动侧压力系数、厚度；Ω_1、Ω_2 分别为 $DEFG$ 区域、GFA 区域的面积；P_3 为隧道顶部竖向荷载；l_{AD} 为对应滑移线弧长；σ_s、τ_s 分别为滑移面上正应力、剪应力。

联立上述两式计算可得下部地层 2 侧向土压力递增系数 λ。如此，侧向围岩压力 q_{e1}、q_{e2}、q_{e3}、q_{e4} 即可全部计算解得。

2. 深埋隧道侧向土压力计算

对于深埋隧道，考虑前文对深埋时竖向松动土压力的计算采用的是太沙基理论中的滑移面形式，即式（4-40）中 $\theta = 90°$，则 q_{e1}、q_{e2}、q_{e3}、q_{e4} 计算如下：

$$\begin{cases} q_{e1} = P_3 K_1 \\ q_{e2} = (P_3 + \gamma_1 a) K_1 \\ q_{e3} = (P_3 + \gamma_1 a) K_2 \\ q_{e4} = (P_3 + \gamma_1 a + \gamma_2 b) K_2 \end{cases} \tag{4-56}$$

式中，$K_1 = \dfrac{1 - \sin^2 \varphi_1}{1 + \sin^2 \varphi_1} - \dfrac{c_1 \sin 2\varphi_1}{\sigma_v (1 + \sin^2 \varphi_1)}$，$K_2 = \dfrac{1 - \sin^2 \varphi_2}{1 + \sin^2 \varphi_2} - \dfrac{c_2 \sin 2\varphi_2}{\sigma_v (1 + \sin^2 \varphi_2)}$，其余参数含义同前。

4.2.4 隧底反力和水压力计算

根据地铁设计规范，盾构隧道位于地下水位以下时，对于砂性土地层采用水土分算；黏性土地层在施工阶段应采用水土合算，使用阶段采用水土分算。以水土分算为例：

$$\begin{cases} q_{w1} = \gamma_w H_w \\ q_{w2} = \gamma_w (H_w + D) \end{cases} \tag{4-57}$$

隧底反力由被动抗力和主动土压力 P_2 组成，而隧底被动土压力由地基弹簧等效模拟，上下地层弹簧系数不同。其中被动地层抗力本节采用梁-弹簧模型求解，采用地基曲面弹簧等效模拟，上下地层设置不同弹簧系数，且设置曲面弹簧仅受压。肖明清等[51]推导了复合地层下部硬土或岩层隧底主动土压力，并引用

2 个案例(图 4-14 工况 1)的实测数据,经对比验证比较吻合,具体计算公式如下:

$$\begin{cases} P_2 = (P_3 + \gamma_1 a) K_a \cos \varphi \\ K_a = \tan^2(45° - \varphi_2/2) \\ \cos \varphi = \sin \dfrac{\alpha}{2} \end{cases} \tag{4-58}$$

式中,φ 为直线 OF 与隧道水平直径的夹角;K_a 为主动土压力系数;其余参数含义同前。

式(4-58)能更好地表征工况 2,P_2 随着 φ 的增大而增大,仍有 $\cos \varphi = \sin \dfrac{\alpha}{2}$。

且当 $\varphi = 0$ 时(地层不均匀比为 0.5),式(4-57)、式(4-58)计算值相同,满足实际情况。综上所述,针对工况 1、工况 2 分别采用式(4-57)、式(4-58)进行计算。

4.3 上软下硬地层盾构隧道荷载及内力测试

为验证上述软硬不均地层盾构隧道荷载理论计算的合理性与科学性,本节以南昌地铁 1 号线东延段盾构隧道工程为依托,结合相关单位提供的资料,选取南昌典型地层中具有代表性的隧道断面进行现场实测分析。

4.3.1 现场实测方案与实施

1. 测试断面概况

结合地勘资料可知,南昌地铁 1 号线东延段盾构隧道主要穿越粉质黏土、中砂和砾砂层。试验所取隧道断面里程为瑶湖东站—麻丘站区间左 YDDK32+195,位于 2#联络通道附近,隧道埋深 16.8 m,断面处地下水位线距地表约 4.95 m,穿越地层为上软下硬的粉质黏土和砾砂层,地质剖面如图 4-14 所示,各层岩土物理力学参数如表 4-1 所示。

试验环(环号 844)管片外径 6.0 m,内径 5.4 m,管片幅宽 1.2 m,厚度为 0.3 m,区间采用 C50 混凝土通用环管片。现场管片拼装时,盾构机推进系统中油缸分为 4 组,推进油缸沿圆周方向均匀分布,按顺时针进行编号。对于外径 6 m 管片,F 块(封顶块)有 20 个推进油缸拼装点位,且 F 块不宜拼装在拱顶处。

以该断面为例，现场管片拼装点位控制系统如图 4-15 所示，此时，F 块对应的推进油缸点位为 19#。

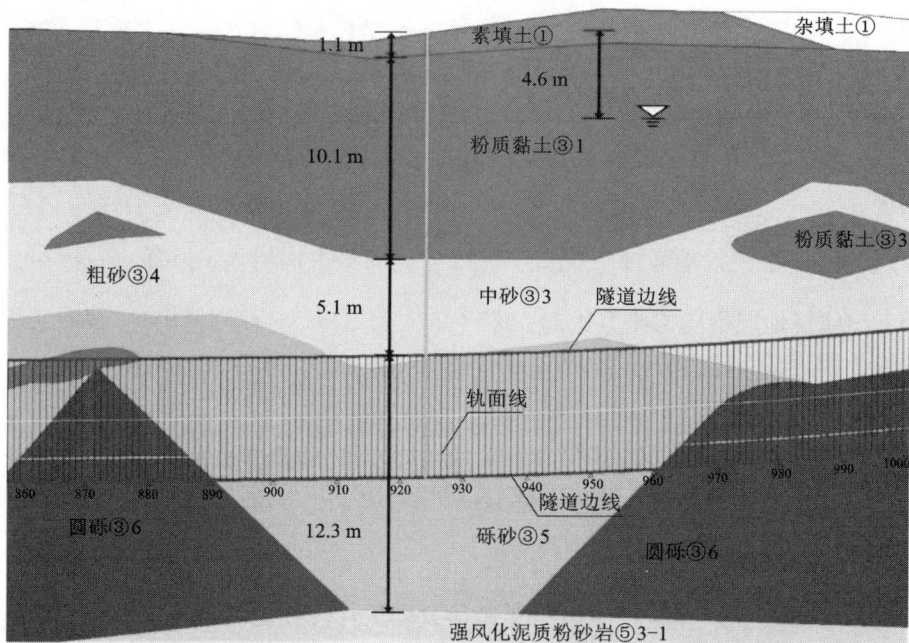

图 4-14　断面地质剖面图

表 4-1　各岩土物理力学参数建议取值

岩土名称	天然重度 $\gamma/(\text{kN}\cdot\text{m}^{-3})$	黏聚力 c/kPa	内摩擦角 $\varphi/(°)$	变形模量 E_0/MPa	静止侧压力系数 K_0	基床系数 $K_v/(\text{MPa}\cdot\text{m}^{-1})$	基床系数 $K_h/(\text{MPa}\cdot\text{m}^{-1})$
①素填土	18.1	10.0	10.0	—	—	—	—
③1 粉质黏土	19.7	33.1	19.0	—	0.54	15	35
③3 中砂	19.6	0	28.0	15	0.35	25	25
③5 砾砂	19.8	0	32.0	25	0.30	35	35
③6-1 粉质黏土	19.2	33.1	18.7	—	0.45	20	20

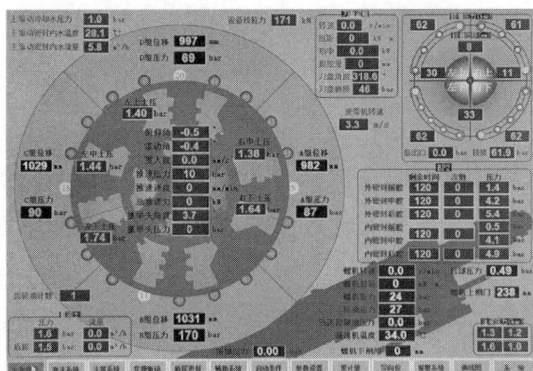

(a) 管片拼装控制系统　　　　　　　　(b) 管片拼装示意图

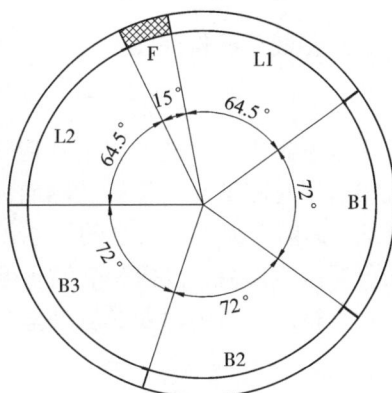

图 4-15　现场管片拼装点位控制系统及示意图

2. 测试内容及测点布置

在试验环管片外弧面布置振弦式土压力盒、振弦式渗压计对管片所承受的土水压力进行量测。将埋入式混凝土应变计对称绑扎在管片同一截面的内、外侧环向主筋上。通过测试出混凝土应变来进一步计算管片内力。为保证管片质量，待测点位需避开各管片块的手孔以及接缝位置，将测点设置在 6 块管片分块（F+2L+3B）正中间以及在两个 L 块各加设一个测点。测试元器件具体布置点位如图 4-16 所示。

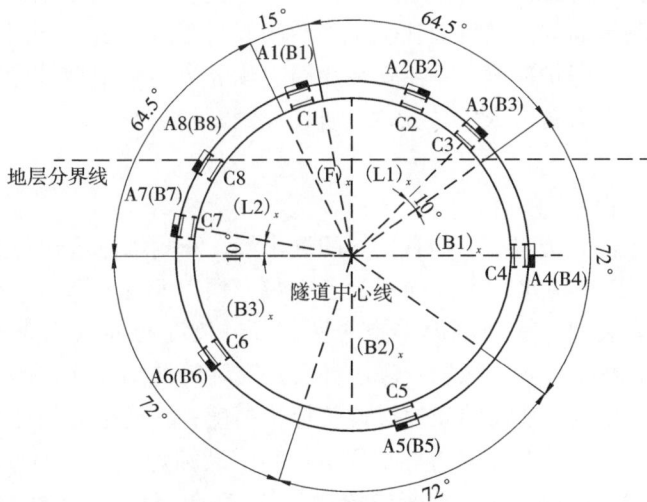

A—土压力盒，B—渗压计；C—混凝土应变计。

图 4-16　测试元器件布置点位

（注：图中数字代表仪器编号）

113

3.测试元器件埋设

(1)土压力传感器埋设

考虑到盾构法隧道施工的特殊性,土压力盒为嵌入式预埋安装,以避免管片脱出盾尾时测试元器件被冲刷而导致损坏甚至脱落。同时为了安装方便以及保护仪器,提前根据土压力盒的尺寸预制安装盒,所述安装盒为底面封闭、顶面露出的可焊接矩形盒,包括3个侧面可调节螺栓以及1个穿线槽,其边长略大于土压力盒直径。土压力盒及其安装盒如图4-17所示。

图4-17　土压力传感器及安装盒

安装过程:焊接安装盒前先通过调整焊接高度或加焊钢筋垫高,以确定能保证土压力盒的测量面与浇筑混凝土后的管片模具外弧面平齐。同时土压力盒测量面预先贴一层透明保护薄膜,并在安装盒周边预先涂上环氧胶,待安装盒焊接于待测点位后将土压力盒嵌入安装盒内,通过拧紧螺栓进行固定,电缆线通过穿线槽引出至藏线盒。

(2)渗压计埋设

渗压计顶部含有透水石,具有良好的透水性,外侧水流会通过透水石接触渗压计内部结构,以感应水压力。同样为了安装方便以及保护仪器,提前根据渗压计的尺寸预制安装筒,其为可焊接空心圆柱筒,长度与横截面直径略大于渗压计,且包括2个侧面可调节螺栓。渗压计及其安装筒如图4-18所示。

安装过程:焊接安装筒前先通过调整焊接高度,以确定能保证渗压计的测量面与浇筑混凝土后的管片模具外弧面平齐。待安装筒焊接于待测点位后将渗压计从下往上插入安装筒内,通过拧紧螺栓进行固定,电缆线从底部引出至藏线盒。同时为了保护渗压计透水石在管片浇筑过程中不被水泥砂浆封堵,在渗压计顶面与安装筒的空隙中涂抹密封胶,并在渗压计顶部包裹多层塑料薄膜。且渗压计布

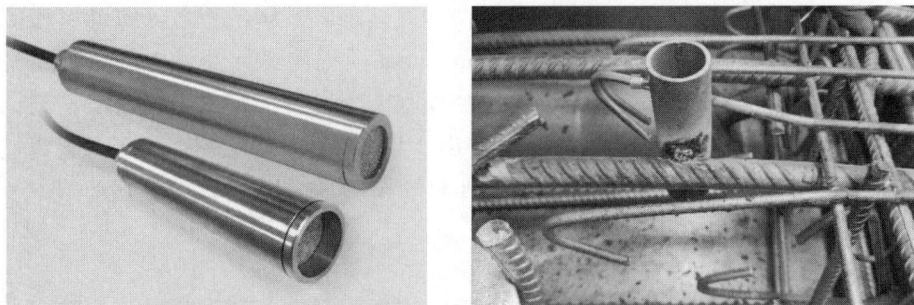

图 4-18　渗压计及安装筒

置时，与土压力盒在管片幅宽方向上空出一定间隙，即两者不密贴布设。

（3）混凝土应变计埋设

为便于绑扎固定以及尽量减小对管片质量的影响，选用体积更小的埋入式应变计。利用尼龙扎带将埋入式应变计对称绑扎在管片内外侧钢筋上，预埋位置尽量靠近管片混凝土应变最大位置处附近的主筋。埋入式混凝土应变计如图 4-19 所示。

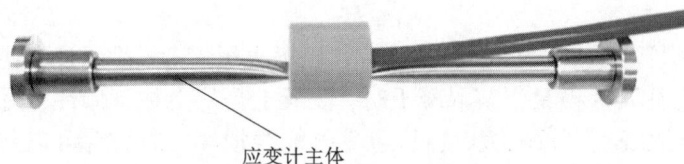

应变计主体

图 4-19　埋入式混凝土应变计

三类测试元器件的技术指标如表 4-2 所示。

表 4-2　测试元器件技术指标

仪器名称	型号	分辨率	量程	直径/mm	长度/mm
振弦式土压力盒	XH-TY02B	≤0.05%F·S	0.6 MPa	88	26
振弦式渗压计	XH-SYJ06	≤0.05%F·S	0.6 MPa	48	100
埋入式应变计	XH-MR150	$1\mu\varepsilon$	$\pm1500\mu\varepsilon$	24	165

由于管片浇筑后测试元器件的电缆线会被混凝土淹没，为此预埋藏线盒对电

缆线端头进行保护，藏线盒通过焊接固定于管片钢筋笼上，且焊接时保证藏线盒底部与浇筑混凝土后的管片模具内弧面紧贴。藏线盒为有顶无底的可焊接圆柱筒，外径约 7 cm，长 10~12 cm，厚 4 mm，顶部根据测试元器件电缆线的直径及数目对应预留开孔，底部根据藏线盒直径预制一个可拆卸密封盖。安装密封盖是为了避免往管片钢筋骨架浇筑混凝土时由于压浆作用导致混凝土进入藏线盒内部，待混凝土浇筑完成后打开密封盖，进而确保内部的电缆线能顺利抽出。藏线盒及其密封盖如图 4-20 所示。

图 4-20　藏线盒及其密封盖

　　藏线盒预埋完成后，用弹性 PVC 套管包裹土压力盒、渗压计电缆接头附近的电缆线。因为往管片模具浇筑混凝土时，混凝土是从上往下倾注，由于所需混凝土量较多，且混凝土自重较大，容易造成电缆线损坏，加套管可以起到缓冲、绝缘的作用，以尽量保证仪器的存活率。待套管包裹完成，将测试元器件的电缆线顺着钢筋绑扎穿进藏线盒内部，并在藏线盒开孔处涂抹遇水膨胀止水橡胶，且藏线盒及引线布置时避开手孔位置，如图 4-21 所示。

图 4-21　电缆线布置及保护

　　预埋前，逐一对所有测试元器件进行检验，检验合格后对元器件进行编号，并对应做好记录。在预埋过程中，电缆线端头会贴上"水""土""内""外"等标记。以 L 块(邻接块)为例，管片测试元器件埋设完成如图 4-22 所示。

图 4-22　测试元器件预埋完成图

4. 管片浇筑养护与拼装

（1）管片浇筑养护及试测

　　所有测试元器件预理完成后，进行混凝土浇筑。待管片浇筑完成后清除测试元器件表面混凝土，并抹平其周围混凝土。管片浇筑完成后按相关规定进行养护，对土压力盒测量面周边的管片外侧混凝土进行适当打磨，打磨后用工业酒精清洗，并且涂上适量环氧胶。同时对试验管片各测试元器件进行测试，检查其功能是否正常，符合测量要求后，则进一步埋设及生产另外所需的试验管片。试验管片浇筑养护及试测如图 4-23 所示。

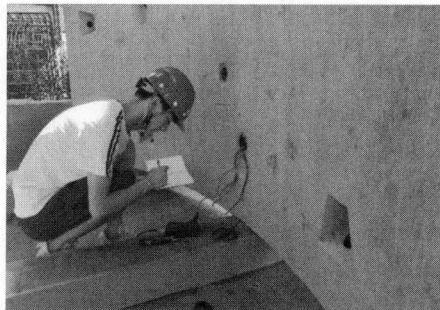

图 4-23　试验管片浇筑养护及试测

（2）现场拼装与测试

管片拼装前测量一组数据作为初始频率值，试验管片现场拼装如图 4-24 所示。试验管片拼装完成后，将测试元器件的电缆线从藏线盒沿管片内侧引至工作平台附近，以最大限度地避免电缆线脱落或者被盾构机推进刮断，同时方便后续现场跟进监测。

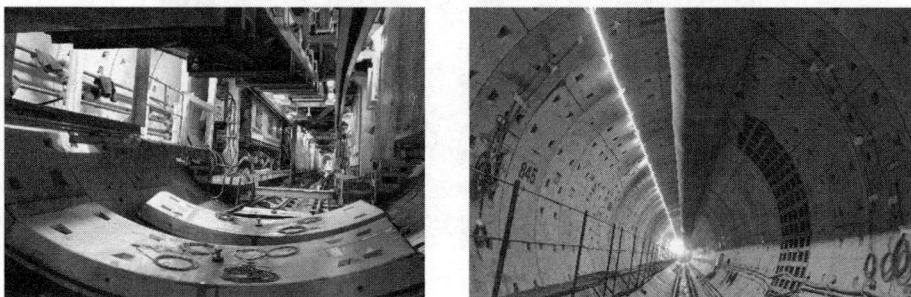

图 4-24　现场管片拼装

现场数据通过智能读数仪进行获取，利用测量所得的频率值、初始频率值以及元器件自身的标定系数 k，可以计算出管片环外水土压力以及管片内外侧应变值，具体计算公式如下：

$$P=k(f_0^2-f_i^2) \tag{4-59}$$

式中，P 为被测物所受压力荷载；f_i 为实时测量频率；f_0 为初始频率；k 为仪器标定系数。

隧道管片轴力及弯矩值换算值计算公式如下：

$$M=E(\varepsilon_1-\varepsilon_2)bh^2/12 \tag{4-60}$$

$$N=E(\varepsilon_1+\varepsilon_2)bh/2 \tag{4-61}$$

式中，E 为管片混凝土弹性模量；b 为管片截面宽度；h 为管片厚度；ε_1 为靠近管片内弧面处测点应变值；ε_2 为靠近管片外弧面处测点应变值。

4.3.2　现场实测分析

1. 水、土压力实测结果分析

管片环外实测土压力随施工进度的变化曲线如图 4-25 所示。从图中可以看出，该断面试验管片在盾尾同步注浆后脱出时，实测土压力达到峰值，随着盾构继续推进，土压力逐渐下降，并经过较短时间的波动趋于稳定。试验管片脱环时会受到盾尾注浆压力以及水土压力的作用，靠近同步注浆点位的测点 A1、A2、A6 处实测土压力明显较大，最大值约 310 kPa。当盾尾注浆压力逐渐消散后，上覆土压力快速作用于拱顶并逐渐达到稳定，此时拱顶附近测点 A1、A2 实测值较大，拱底处测点 A5 实测值略有增加。而后，随盾构继续推进，施工流固耦合效应减弱，各孔隙水压力逐渐回升，拱底砂砾层的实测土压值略有降低，并最终趋于稳定。最终稳定状态下的实测土压力最大值约为 160 kPa，位于拱顶测点 A2 处。

　　值得关注的是，上部测点 A1、A3、A8 由于附近区域为粉质黏土层，其渗透系数较小，盾尾同步注浆压力消散较慢，在脱环 20 环后的实测土压力值变化幅度小，相对平稳；而对于拱底砂砾层，其渗透系数较大且土层稳定性较好，试验管片脱环 3 环后，盾尾注浆压力明显消散，测点 A5、A6 实测土压力值的变化幅度（有效应力的增加）并不明显，后续的小范围波动可能受施工活动影响。总体看来，对于软硬不均地层，盾尾同步注浆对上部软土层土压力的影响范围更大，脱环 20 环后的实测土压力基本稳定。

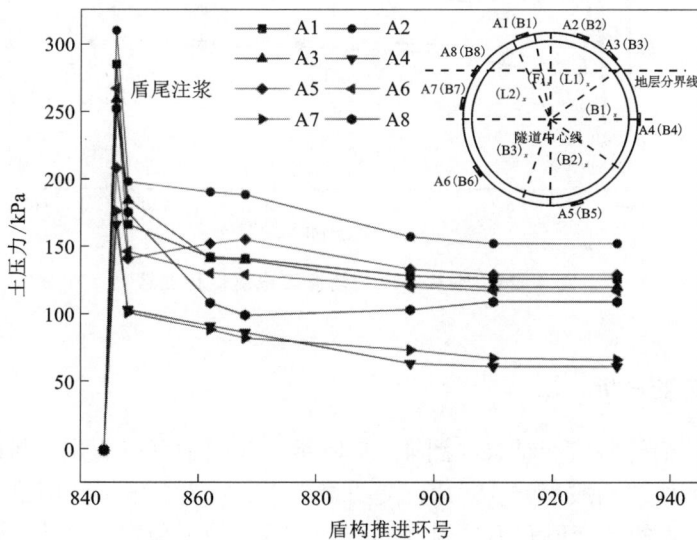

图 4-25　管片土压力随施工进度变化曲线

　　断面管片环外实测孔隙水压力随施工进度的变化曲线如图 4-26 所示。从图中可见，该断面试验管片在盾尾同步注浆后脱出时，实测水压力达到峰值。随着盾构继续推进，实测水压力先明显下降，后逐渐回升趋于稳定。试验管片在脱出盾尾时，靠近同步注浆点位的测点 B1、B2、B6 处实测孔隙水压力明显较大，最大值约 210 kPa。而后，盾尾注浆压力随盾构向前推进逐渐消散，孔隙水压力逐渐回升，最终趋于稳定。最终稳定状态下的实测水压力最大值约为 120 kPa，位于拱底 B5 测点处。由于上部粉质黏土层区域的渗透系数小于下部砂砾层，盾尾同步注浆引起的孔隙水压力消散更为缓慢，试验管片测点 B3、B8 实测水压力受注浆压力影响的范围约为脱环后的 15 环，而对于下部砂砾层测点 B5、B6 受注浆压力影响的范围较小，约 2~3 环，后续实测水压力的回升及波动主要是施工期流固耦合效应的影响。

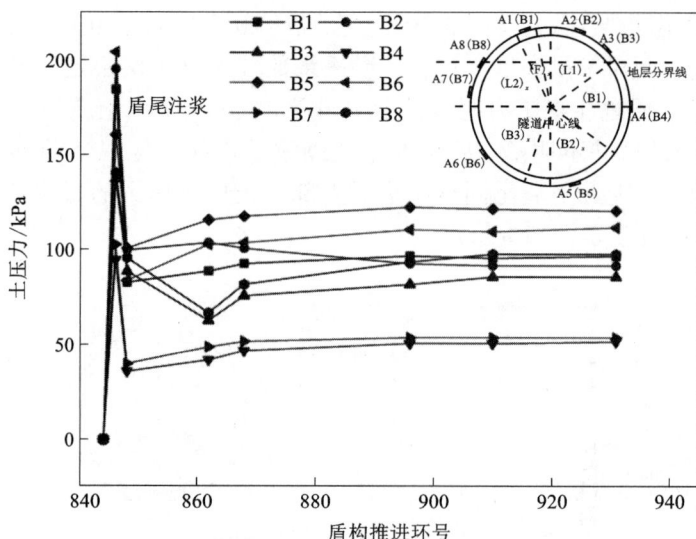

图 4-26　管片水压力随施工进度变化曲线

2. 管片应变分析

试验管片内外侧应变结果如图 4-27 所示。从图中可以看出，断面处试验管片在盾尾同步注浆后脱出时，管片应变明显较大，后续受施工流固耦合效应的影响，管片各测点的应变值有不同程度的波动，最终趋于稳定。其中，管片最大压应变约 $-290\ \mu\varepsilon$，位于拱顶左侧 C1 测点，最大拉应变约 $160\ \mu\varepsilon$，位于拱脚 C6 测点。拱顶左侧 C1 测点位于上部软土层，拱底附近 C5 测点位于下部硬土层，前者测得的管片内外应变差明显大于后者。特别的，拱顶右侧 C6 测点的管片内外应变均为拉应变，拱顶右侧 C2 测点的管片内外应变均为压应变，并且内外侧应变差值很小，由材料力学知识可知这两处位置的管片弯矩非常小，可能是该处附近为管片弯矩反弯点。

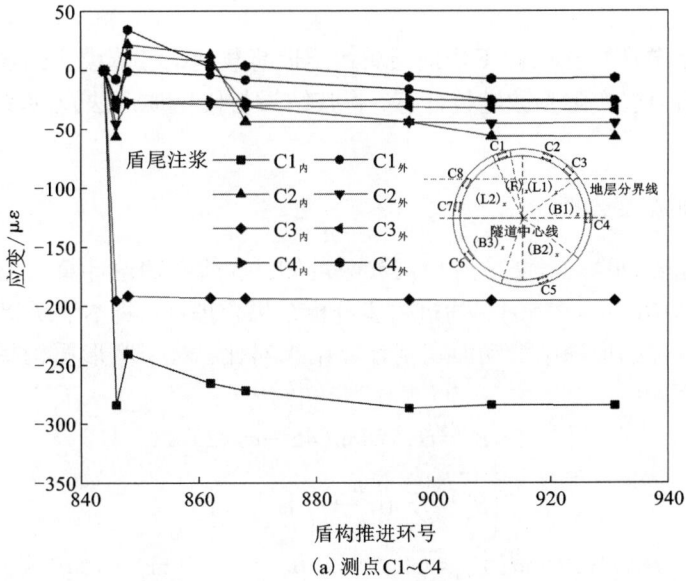

（a）测点 C1~C4

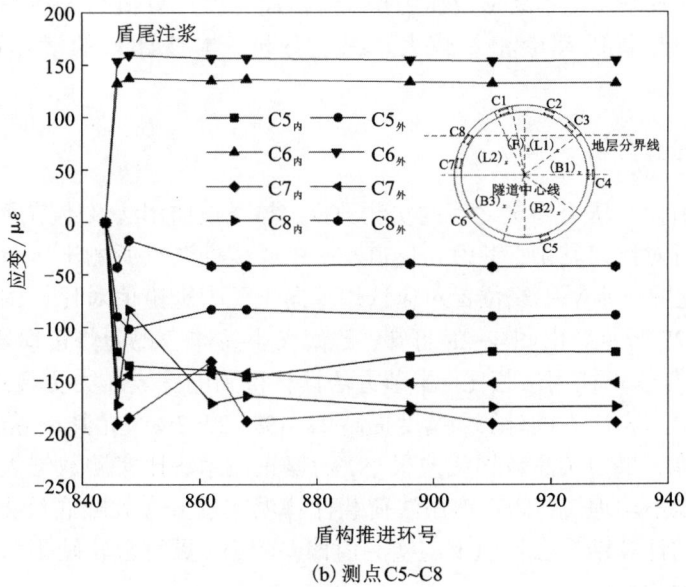

（b）测点 C5~C8

图 4-27　管片应变随施工进度变化曲线

4.3.3 理论计算与实测对比分析

为验证上节所提出软硬不均地层盾构隧道荷载理论计算模式的合理性与可行性，代入断面地层实际参数进行计算，将其结果与修正惯用法及现场实测值进行对比分析。

1. 滑移面宽度分析

根据隧道断面 $H/D = 2.8$ 及地层参数可知，按前文理论计算取值分别为 $\varepsilon' = 0.928$、$\beta = 1.076$、$m = 2.503$。为进一步分析结果合理性，将本节所提计算方法与太沙基理论、普氏理论中滑动面宽度计算结果对比，对于圆形盾构隧道，两者计算式分别如下：

$$\begin{cases} B_P = D + 2D\tan\left(45° - \varphi_0/2\right) \\ B_T = D\cot\left(\dfrac{\pi}{8} + \dfrac{\varphi}{4}\right) \end{cases} \tag{4-62}$$

经计算，$2B_1 = 10.16$ m，$B_{P1} = 11.60$ m，$B_{T1} = 10.39$ m。断面处隧道埋深较浅，其上覆土层性质较差，不易形成压力拱，滑移面宽度计算值与太沙基理论计算值更为接近，而与普氏理论相差较大。综上分析，本节计算的滑移面宽度较为合理。

2. 围岩压力分析

取试验断面土压力稳定之后的实测数据，与修正惯用法及本节所提荷载计算方法结果进行对比。其中，考虑到隧道水平中心线处测点所测土压力主要为水平侧压力，为此隧道水平中线位置对应选用侧向土压力理论值对比。围岩压力对比结果如图4-28所示。由图4-28可知，数值大小具体表现为修正惯用法>本节方法>实测值，与修正惯用法相比，本节方法计算得到的围岩压力更接近实测数据，对于隧顶位置围岩压力的计算，精度提高22.4%~27.7%。尤其在隧道底部位置，本节方法计算结果与实测数据相差很小，而修正惯用法比实测数据大很多。表明对于该类软硬不均地层，修正惯用法荷载计算模式过分夸大隧底反力，而本节所提荷载模式的计算结果在量值上与实测值偏差较小，更符合软硬不均地层盾构隧道的实际受荷状态。

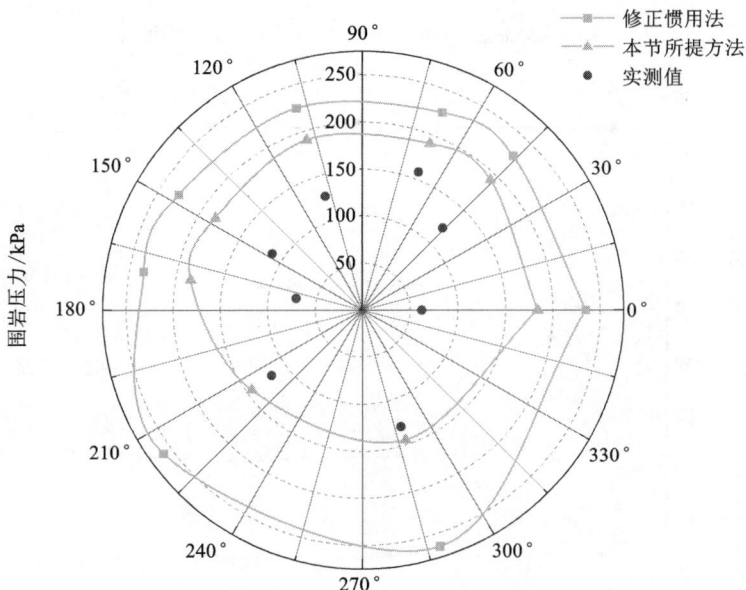

图 4-28　围岩压力对比分析

3. 竖向土压力分析

由于现场测试的围岩压力是沿径向的，为更直观地对比本节所提荷载计算模式，将其分解为竖向荷载与水平荷载。竖向围岩压力对比结果如图 4-29 所示。由图 4-29 可知，与修正惯用法相比，本节方法计算得出的隧顶附近竖向土压力更接近实测数据，与实测相差 23.2%，精度提高约 24.6%；对于隧道下半拱，按本节方法计算的隧底竖向土压力与实测规律相似，量值上较为接近，拱底仅相差 10.1%，与修正惯用法相比精度提高约 70.9%。相较之下，本节所提方法对于竖向围岩压力的计算结果与实测值符合较好。

4. 侧向围岩压力分析

考虑到修正惯用法荷载体系以及本节所提荷载模式的侧向围岩压力是左右对称的，故取隧道右半拱进行分析，实测数据可根据测点位置提取或用对称测点替代。侧向围岩压力对比结果如图 4-30 所示。由图 4-30 可知，实测数据表明对于软硬不均地层，侧向土压力并非从拱顶线性增加至拱底，在地层分界线附近出现较大的突变。从拱顶到地层分界线区段，按本节方法与修正惯用法计算出的侧向土压力值整体比较接近，但且本节方法对应的侧压力增长速度相

123

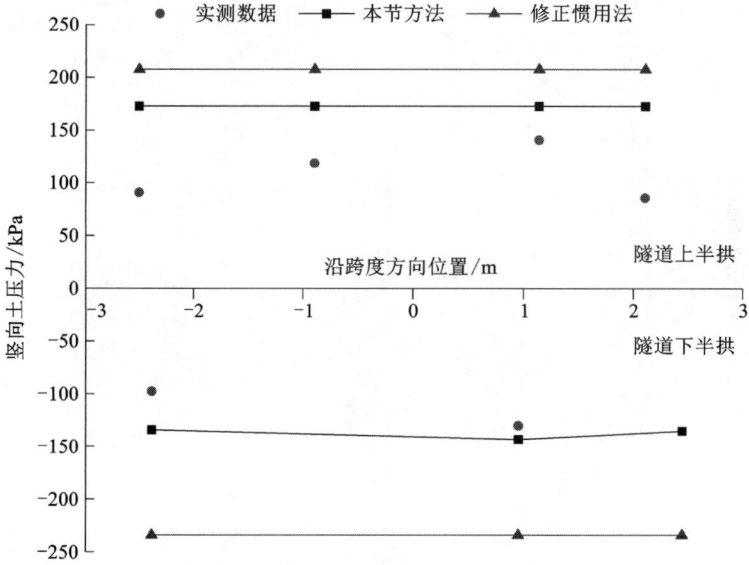

图 4-29　竖向围岩压力对比分析

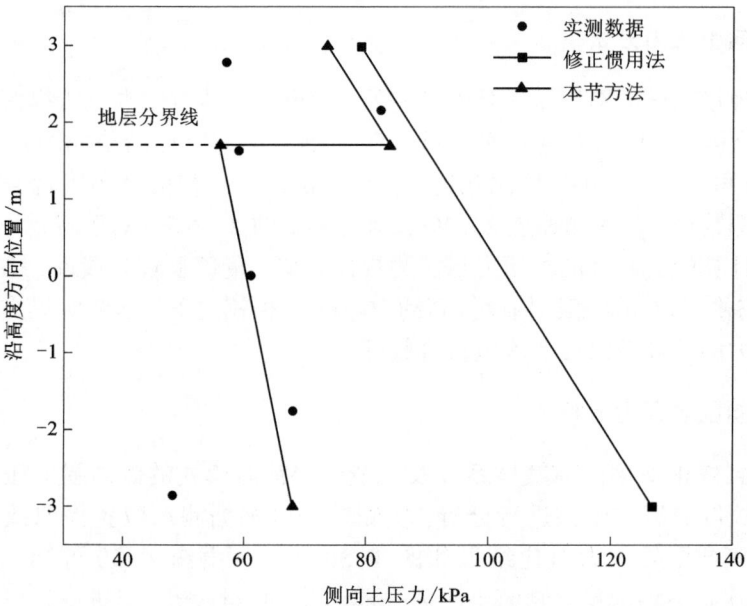

图 4-30　侧向围岩压力对比分析

对更大。缘于修正惯用法计算时是采用软土及硬土层侧压力系数加权平均值，虽本节方法计算出的竖向土压力比修正惯用法小，但本节方法计算时分别针对软土和硬土层采用不同的修正侧压力系数，即上部软土层采用的侧压力系数会偏大。在隧道水平中心线处，本节方法得到的侧向土压力与实测值吻合较好；对于隧底侧向土压力，修正惯用法计算结果明显偏大很多，而本节方法计算结果更接近实测值，相差 41.7%。

综上所述，针对软硬不均地层，相比于传统修正惯用法，本节所提荷载计算模式更符合工程实际，可为该类地层盾构隧道的设计和研究提供参考。

4.4　本章小结

>>>

本章依托南昌地铁实际工程，针对软硬不均地层，系统地考虑了隧道埋深、滑移面形式、侧压力系数与地层的关联，通过滑裂面假设和极限平衡理论等方法提出了软硬不均地层地铁盾构隧道理论荷载作用模式。同时，将理论计算与现场实测结果对比分析，验证了该理论荷载模式的合理性与科学性。主要结论如下：

(1) 对于浅埋隧道，引入椭球体理论推导出极限状态下滑移面为椭圆的修正侧压力系数及竖向松动土压力表达式，再由力学平衡方程推导出侧压力计算式；对于深埋隧道，考虑软硬不均地层的突变性对太沙基理论竖向滑移面松动宽度进行合理修正，进而推导出修正的竖向及侧向围岩压力计算公式。

(2) 隧道断面荷载实测结果表明，试验管片在盾尾同步注浆后脱出时，实测土压力、水压力均达到峰值，分别约 310 kPa、210 kPa。随着盾构推进，土压力逐渐下降并经较短时间趋于稳定，水压力先明显下降再逐渐回升趋于稳定。最终稳定状态下的实测土压力、水压力最大值分别约 160 kPa、120 kPa。对于软硬不均地层，盾尾同步注浆对上部软土层土压力的影响范围更大，试验管片脱环 20 环后的实测土压力基本稳定，实测水压力受注浆压力影响范围约为脱环后的 15 环。

(3) 管片应变实测数据表明，各断面试验管片环在脱出盾尾时，受盾尾同步注浆压力及水土压力的作用，管片应变明显增大，后续受施工活动的影响存在不同程度的波动，最后趋于稳定。对于软硬不均地层，测得的拱顶附近管片内外应变差明显大于拱底，试验管片的应变整体趋近稳定的速度比均质地层慢。

(4) 理论计算与实测结果对比发现，对于软硬不均地层，修正惯用法荷载计算模式过分夸大隧底反力，而按本章方法计算得到的结果在量值上与实测值偏差较小，同时实测的地层分界线附近侧向土压力出现较大突变，表明本章所提荷载模式更符合软硬不均地层盾构隧道的实际受荷状态。与修正惯用法相比，本章方法计算得到的隧顶、隧底竖向土压力精度分别提高约 24.6%、70.9%；按本章方法计算得到的隧道水平中线处侧向土压力与实测值吻合较好，隧底侧向土压力更接近实测值，相差 41.7%。

第5章
荷载变化下盾构隧道变形、损伤机理分析

除地层性质影响外，地铁隧道运营期间常由于邻近建（构）筑物施工导致隧道所受地层荷载发生变化，易诱发隧道病害，影响隧道结构安全稳定。为此，本章拟采用数值仿真、现场监测等方法开展不同因素（隧道上方堆载、侧方卸载、地下水变化等）引起的荷载变化对盾构隧道受力特性的响应规律分析，以探明各类（外）荷载变化对盾构隧道内力、变形及损伤特性的影响机理。

5.1 堆卸载引起的荷载变化对盾构隧道的影响　>>>

地铁隧道运营期间受邻近建（构）筑物施工影响难免出现顶部超卸载情况，在顶部超载作用下隧道结构椭变会大幅提升，严重时会引发管片错台、裂损及渗漏水，影响隧道的运营安全。既有相关地铁隧道数值仿真研究重点关注超载作用下管片的裂损行为（变化），其数值模型大多仅考虑环向或纵向接头的单一影响，且对于弯螺栓接头而言，通常将管片接头等效为切向和法向弹簧，忽视螺栓与手孔（螺栓孔）间的相互作用，或是将螺栓嵌入混凝土中，未考虑螺栓预紧力对结构的加强作用，难以获取较为精确的接缝张开及错台等管片受力变形特性，数值精细化程度有待提升。

鉴于此，本节依托南昌地铁上沙沟站—青山湖西站区间隧道工程，采用ABAQUS软件建立考虑环、纵向接头的三维精细化盾构管片数值模型，探究盾构隧道管片结构在超卸载作用下的承载极限、变形及损伤演化规律。

5.1.1 模型建立与精度分析

1.模型尺寸及结构形式

本节依托实际工程,建立考虑环、纵向接头的三维精细化盾构管片数值模型。数值模型由三环管片错缝拼装而成,中环管片拼装相较于上、下环旋转180°(模拟最不利工况),如图5-1(a)所示。单环管片由1块封顶块F(15°),2块邻接块LL-LR(64.5°),以及3块标准块B1-B3(72°)组成,如图5-1(b)、(c)所示。

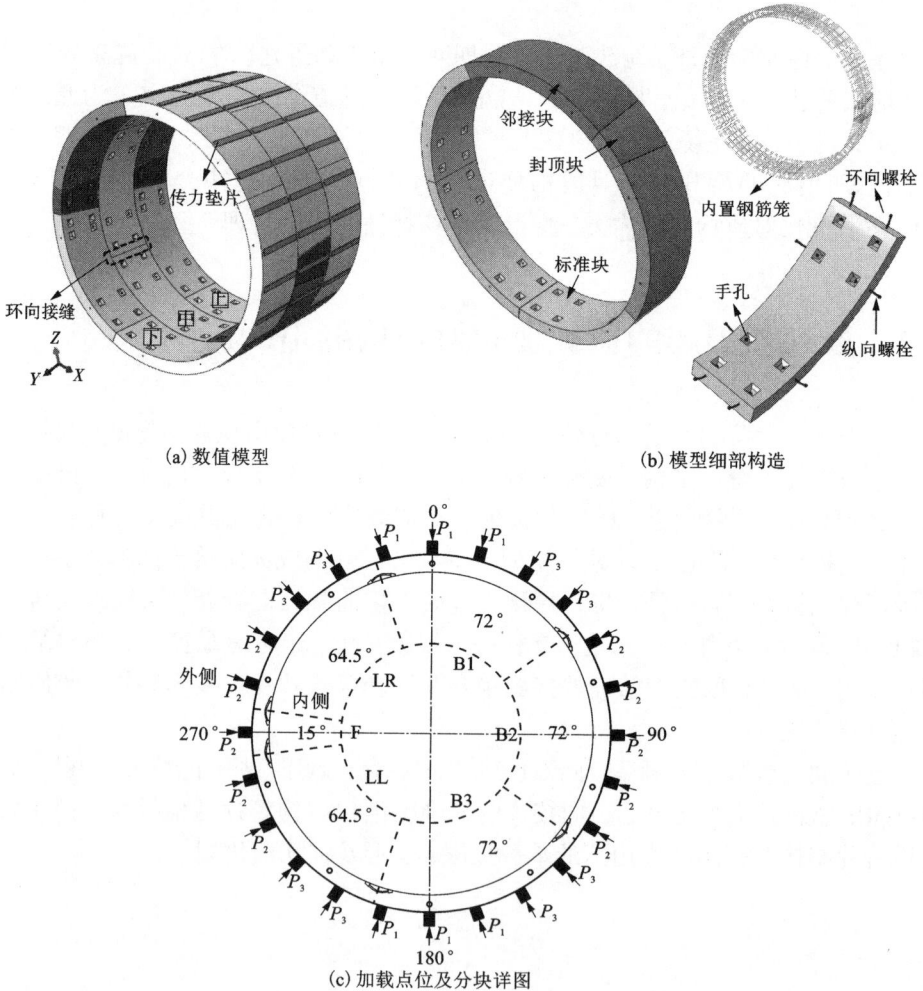

(a) 数值模型

(b) 模型细部构造

(c)加载点位及分块详图

图5-1 盾构隧道数值模型

2.模型边界条件及接触属性

管片采用三维实体单元进行模拟，单元类型为 C3D10M；亦采用三维实体单元模拟环、纵向螺栓，单元类型为 C3D8R；利用桁架单元建立管片内置钢筋笼，其单元类型为 T3D3。

相邻管片接触面的法向行为采用硬接触模拟，切向行为采用基于罚函数的 Cloumb 摩擦模拟，摩擦系数取 0.4；管片手孔与螺帽、传力垫片与管片间的接触面均视为绑定，采用"tie 约束"模拟；螺栓与螺栓孔间接触面的法向行为设置为硬接触，切向行为设置为无摩擦，并对各环、纵向螺栓按规范要求施加相应的螺栓预紧力(环向螺栓预紧力取 180 kN，纵向螺栓预紧力取 140 kN)；利用嵌入约束将钢筋笼内置于管片内部来建立材料间的相互作用。模型边界设置：仅约束模型的纵向位移(Z 向)。

3.材料本构

管片混凝土所用材料为 C50，采用塑性损伤本构计算；环、纵向螺栓均为 5.8 级高强弯螺栓，屈服强度为 400 MPa，极限强度为 500 MPa；钢筋类型为 HRB400(纵筋)和 HPB300(箍筋)；管片材料参数如表 5-1 所示。

表 5-1　管片材料参数

构件类型	材料类型	弹性模量/GPa	泊松比	抗压强度/MPa	抗拉强度
盾构管片	C50 混凝土	34.5	0.2	32.4	2.64
环向螺栓	5.8/M27 高强螺栓	210	0.3	360	360
纵向螺栓	5.8/M24 高强螺栓	210	0.3	360	360
钢筋笼	HRB400/HPB300 钢筋	210	0.3	360/270	360/270

4.计算工况

本节盾构管片结构通过沿管片环向均布的 24 个点位进行加载，如图 5-1(c)所示，荷载由传力垫片传递至结构。其加载点位共分为 3 组，分别是 P_1、P_2 和 P_3。P_1 模拟隧道顶、底部所受的竖向土压力及地基反力；P_2 模拟隧道所受的侧向土压力；P_3 为过渡压力，取值为 P_1 和 P_2 的均值。

超卸载工况主要是模拟盾构隧道正常服役时的地面荷载变化状况，如隧道上方高层建筑或其他堆载以及隧道侧方基坑开挖等。模拟加载路径如图 5-2 所示，其中超载工况：①P_1、P_2 和 P_3 均由 0 开始逐级加载，每级增量为荷载设计值（隧道达到设计埋深时所受荷载）的 10%；②至 $P_1 = 208$ kN 时，即为隧道处于设计埋深时所受荷载的 80%，将 P_1、P_2 和 P_3 的加载增量改为设计值的 5%；③加载至 $P_1 = 260$ kN 时，即为隧道达到设计埋深时所受荷载，此后维持 P_2 不变，加载 P_1 至极限状态，以此模拟隧道上方的超载。

卸载工况：①P_1、P_2 和 P_3 均由 0 开始逐级加载，每级增量为荷载设计值的 10%；②至 $P_1 = 256$ kN 时，即为隧道处于设计埋深时所受荷载的 80%，将 P_1、P_2 和 P_3 的加载增量改为设计值的 5%；③加载至 $P_1 = 320$ kN 时，即为隧道设计埋深时所受荷载，此后维持 P_1 不变，卸载 P_2 至极限状态，以此模拟隧道侧方的卸载。加卸载全过程始终保持 $P_3 = (P_1 + P_2)/2$ 不变。

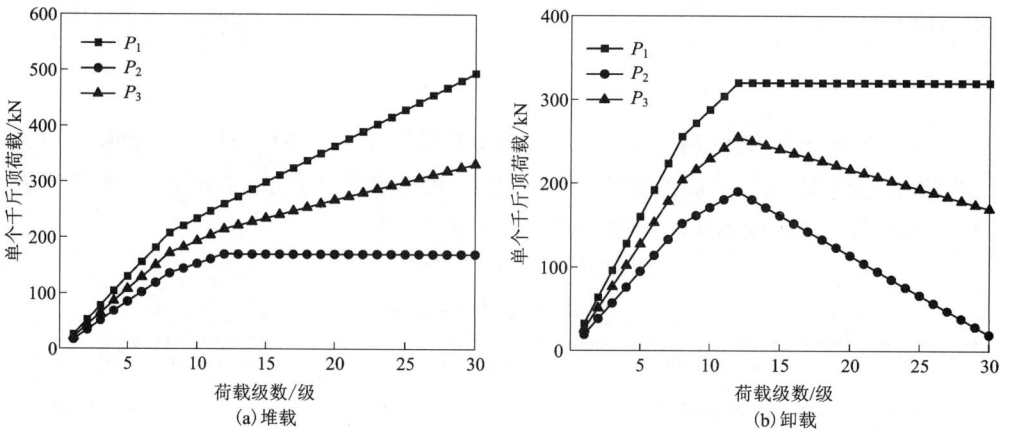

图 5-2 模型工况加载路径图

5. 模型计算精度分析

以本节数值建模方法建立与模型试验相对应、仅考虑环向接头的数值模型，管片环与环之间采用刚接，同时建立等尺寸、考虑环纵向接头及无接头的数值模型，其数值模型如图 5-3 所示，其弯矩分布如图 5-4 所示。由图可知，考虑环、纵向接头时，结构拱底最大弯矩较仅考虑环向接头和未考虑接头（均质圆环）时分别增大了 6.7%、28.4%，拱顶弯矩分别减小了 5.8%、29.9%，这是由于仅考虑环向接头或不考虑接头时，管片环之间采用刚接，增大了隧道结构的自身刚度。本节数值模型考虑了环、纵向接头对结构受力的影响，其精度较仅考虑环向接头影响时提升 6% 左右，较不考虑接头影响时提高了 30% 左右。

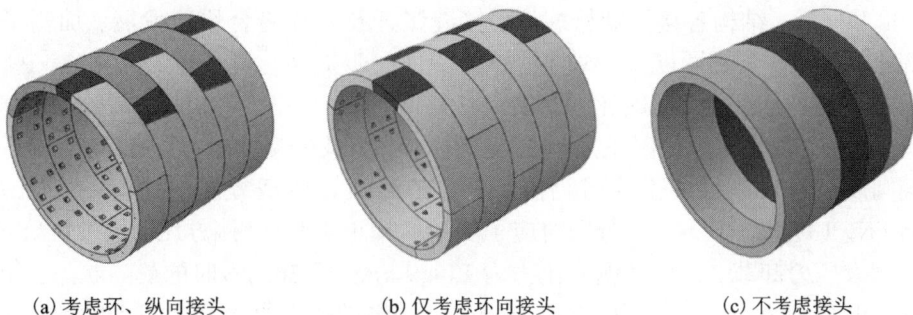

(a) 考虑环、纵向接头　　　　(b) 仅考虑环向接头　　　　(c) 不考虑接头

图 5-3　数值模型图

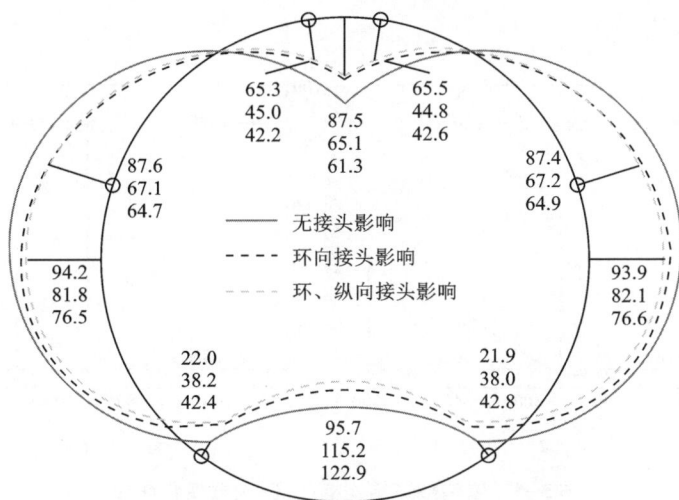

图 5-4　试验与数值弯矩分布对比

5.1.2　数值计算结果分析

1. 管片椭圆度变形

图 5-5(a) 为超载工况下盾构隧道椭圆度-荷载的变化曲线。由图可知，超载工况下，$P_1 = 260$ kN 以及 $P_1 = 390$ kN 为曲线的两个关键转折点，分别对应隧道达到设计埋深及顶部超载 138 kPa 时的受力状态，相应的隧道椭圆度为 4.5‰。隧道达到设计埋深前，其椭圆度与 P_1 呈线性增长，小于规范限值 6‰，是偏安全的。

当隧道上方开始堆载时，其椭圆度-荷载曲线斜率发生变化，当隧道顶部堆载达到 138 kPa 后，结构各接头螺栓屈服、接缝张开及管片错台快速发展，加剧了隧道椭变的发展，其椭圆度-荷载曲线的斜率进一步提高。堆载上升至 193 kPa 后 (P_1 = 440 kN)，隧道失稳破坏，承载力丧失。

图 5-5(b)为卸载工况下盾构隧道椭圆度-荷载的变化曲线。卸载工况下隧道椭圆度-荷载曲线变化趋势与超载工况类似。荷载差 $P_1 - (P_2 + P_3)/2$ 为 97.5 kN、135 kN 和 150 kN 分别对应了隧道结构正常服役(侧方压力为 202 kPa)、隧道侧方压力卸载 26.3‰(侧方压力为 148.9 kPa)及 36.8‰时的受力状态，相应的椭圆度分别为 10.5‰、22.1‰、35.5‰，并将椭圆度曲线分为四个区域，其斜率也对应增长。在横向变形上，隧道侧方卸载亦是变相的超载(相当于隧道埋深减小，顶部超载)，但由于其卸(超)载路径的差异，较超载工况的椭圆度曲线多了一个变化区段。

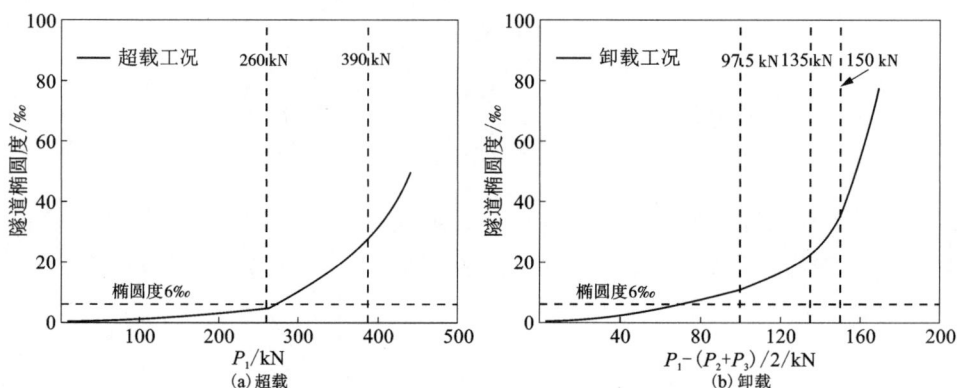

图 5-5　盾构隧道结构椭圆度-荷载变化曲线

2. 接缝张开及管片错台

图 5-6(a)、(b)分别为超载工况下各环向接缝外、内侧张开量随隧道结构椭圆度的变化曲线，张开量数值为正表示接缝张开，数值为负表示接缝闭合。由图可知，大部分环向接缝的张开量均与管片结构的椭圆度呈线性变化。其特别之处在于，B1-B2(隧道中环 B1 与 B2 号管片间的环向接缝，如图 5-1 所示，下同)和 B2-B3 接缝外侧的张开量曲线在椭圆度为 27.4‰(对应隧道顶部超载 138 kPa)时有明显的转折，此时接缝处的张开量分别为 0.45 mm 和 0.48 mm，此后接缝逐渐闭合，这是由于隧道顶部超载达 138 kPa 后，隧道椭圆度变形急速增长，B2 块管片两侧发生大幅度向隧道圆心的错动滑移(错台)，反而使得管片两侧接缝开始闭合。

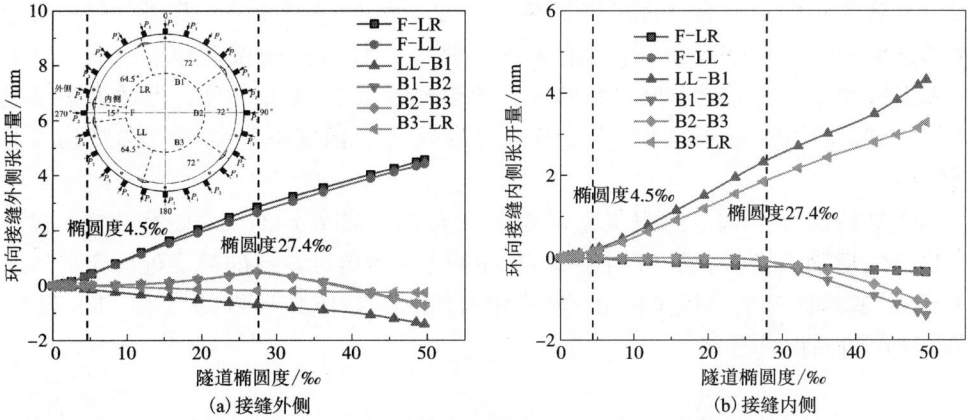

图 5-6　超载工况下接缝张开-椭圆度变形曲线

图 5-7(a)、(b)为卸载工况下中环管片各环向接缝张开随隧道椭圆度的变化曲线，由图可知，卸载工况下接缝张开的变化规律与超载工况大体一致，B1-B2 和 B2-B3 接缝外侧张开曲线于椭圆度 22.1‰处突变。不同之处在于，隧道椭圆度达 22.1‰(侧方压力卸载 26.3‰)后，其张开曲线不再光滑，存在一定的波动，且在椭圆度达 35.5‰后张开曲线的波动更为明显。

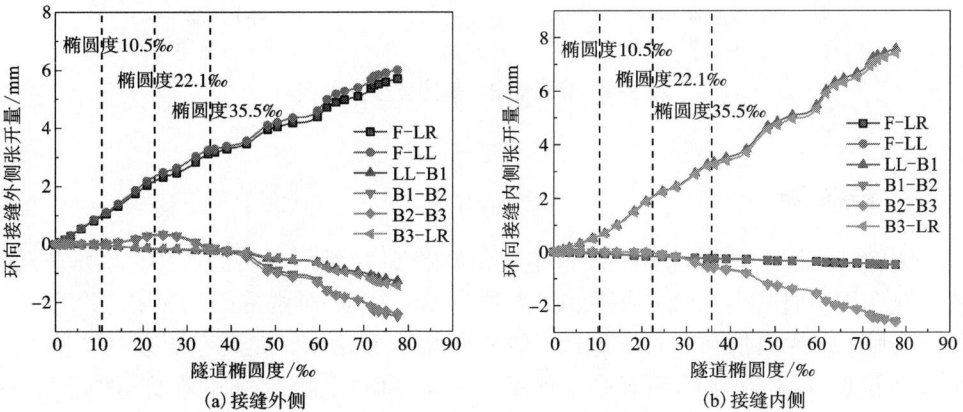

图 5-7　卸载工况下接缝张开-椭圆度变形曲线

超卸载工况下各管片间相对错台随管片结构椭圆度变形的变化曲线如图 5-8 所示，由图 5-8(a)可知，超载工况下 F-LR、F-LL、LR-B3 和 LL-B1 管片的相对错台与椭圆度呈线性增长，其最大错台量均小于 5 mm。而对于 B1-B2 和 B2-B3 管片的相对错台在隧道椭圆度达到 27.4‰后急速上升，其错台极值分别为 42.08 mm 和 29.08 mm，这可能是由于中环管片右侧的接缝较左侧少，其右侧刚度较大故受力较大，而管片接头作为隧道结构的薄弱之处，当隧道顶部超载 138 kPa 后结构右侧的 B2 管片两侧开始发生大幅度向隧道圆心的错动滑移（错台）。

由图 5-8(b)可知，卸载工况下 B1-B2 和 B2-B3 管片的相对错台在椭圆度增至 22.1‰后加速增长，而 LL-B1 和 LR-B3 管片的相对错台的突变处位于椭圆度 35.5‰，其原因可能是该阶段 B2 管片相对错台的持续发展带动了 LL-B1 和 LR-B3 管片间的相对滑移。

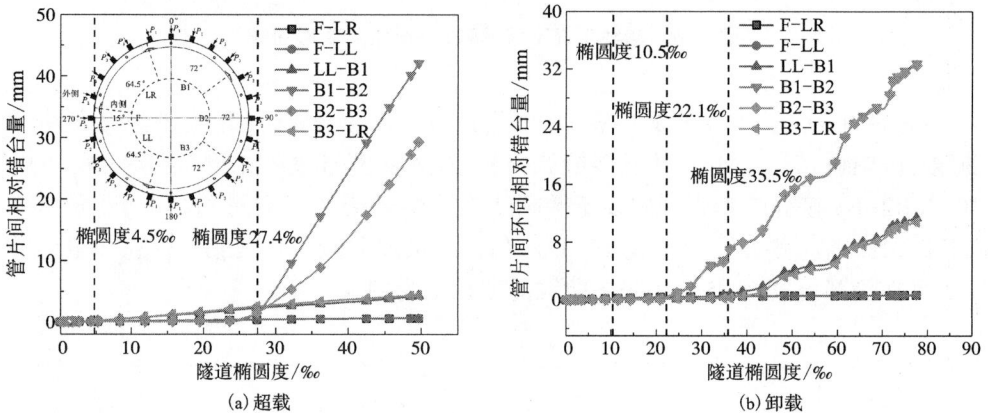

图 5-8　管片错台-椭圆度变形曲线

3.管片弯矩

超卸载工况中环管片各截面弯矩演化如图 5-9 所示。由图 5-9(a)可知，超载工况作用下管片各截面弯矩大致在椭圆度为 27.4‰时基本已到极限，此后由于螺栓屈服、管片损伤和错台等原因，结构弯矩基本稳定，此后弯矩逐渐下降，这也侧面说明了隧道顶部超载达 138 kPa 时结构的弯矩承载基本到达极限。由图 5-9(b)可知，卸载工况作用下管片各截面弯矩大致在椭圆度为 22.1‰时基本已到极限，此后由于螺栓屈服、管片损伤和错台等原因，结构弯矩基本稳定，此后弯矩逐渐下降，这也侧面说明了隧道顶部侧方压力卸载 26.3‰时结构的弯矩承载基本到达极限。

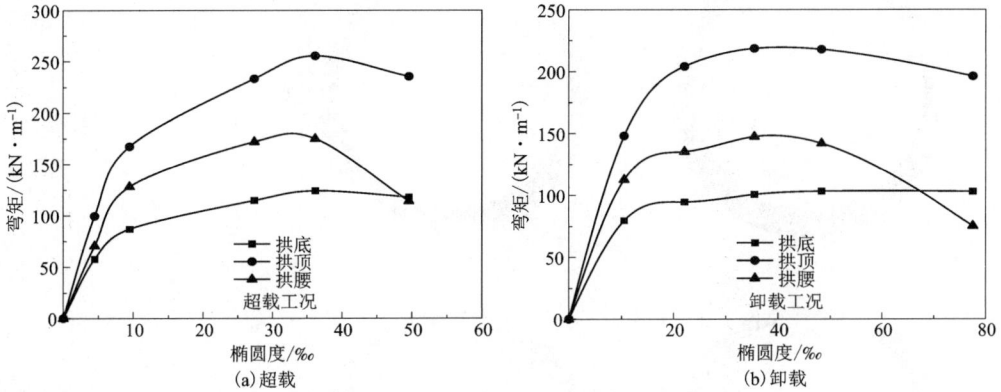

图 5-9　管片弯矩-椭圆度变化曲线

4. 管片损伤

超载工况下中环管片的损伤演化云图如图 5-10 所示，由图 5-10 可知，管片手孔与螺栓间的相互作用对其受力有相当大的影响，管片手孔周围存在既受拉也受压的应力集中现象，手孔周围混凝土损伤严重。隧道加载至椭圆度 4.5‰，管片结构出现了明显的受拉损伤，主要集中于结构拱顶、底内侧及拱腰外侧，而受压损伤发展缓慢，仅在手孔处及接缝闭合处（张开量为负值，如 F-LL 及 F-LR 接缝内侧）开始小范围发展，由《混凝土结构设计规范》（GB 50010—2010）可知，混凝土极限压应变和极限拉应变一般为 0.0033 和 0.0001，其对应的损伤因子分别为 0.695 和 0.682，由此，上述的受拉及受压损伤区域并未失效。

隧道椭圆度为 4.5‰~27.4‰时，管片拉伸损伤区域不断扩大，当隧道椭圆度为 27.4‰后，结构拱顶、底内侧及拱腰外侧的小部分区域已然失效（拉伸损伤因子大于 0.682），且此时结构拱顶、底外侧及拱腰内侧的部分区域受压并屈服，接缝受压损伤区域进一步发展并开始与手孔贯通，接头塑性铰已具雏形。当结构失效时，拉伸及压缩失效区域进一步扩大，且其受压区发展至部分受拉区域，管片接头处应力集中效应显著，各接头均损伤严重，此时接头已然压（拉）溃，形成接头塑性铰，导致结构失效破坏。

卸载工况下中环管片的损伤演化云图如图 5-11 所示，由图 5-11 可知，卸载工况下中环管片的损伤演化规律与超载工况类似。隧道椭圆度处于椭圆度 10.5‰~22.1‰时，管片拉伸损伤区域不断扩大，当隧道椭圆度超出 22.1‰后，管片拉伸损伤区域进一步扩大，结构逐步失效。

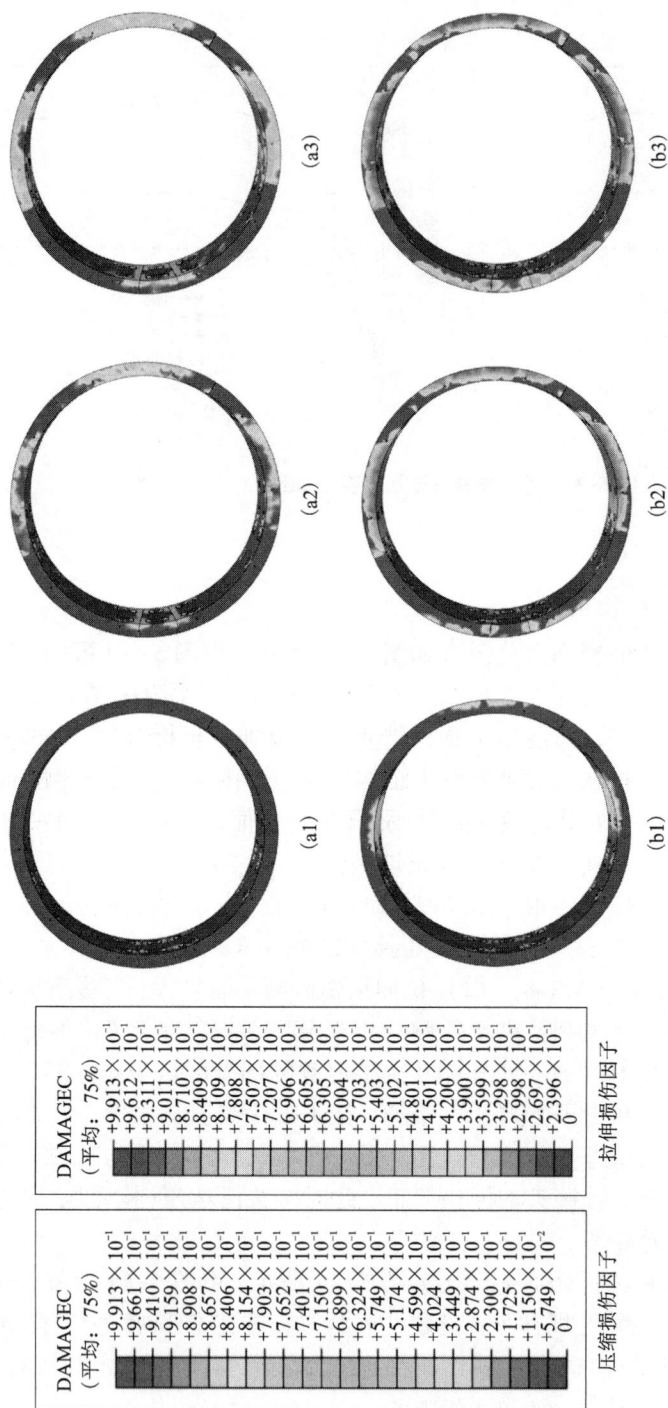

图5-10 超载工况混凝土管片损伤演化规律

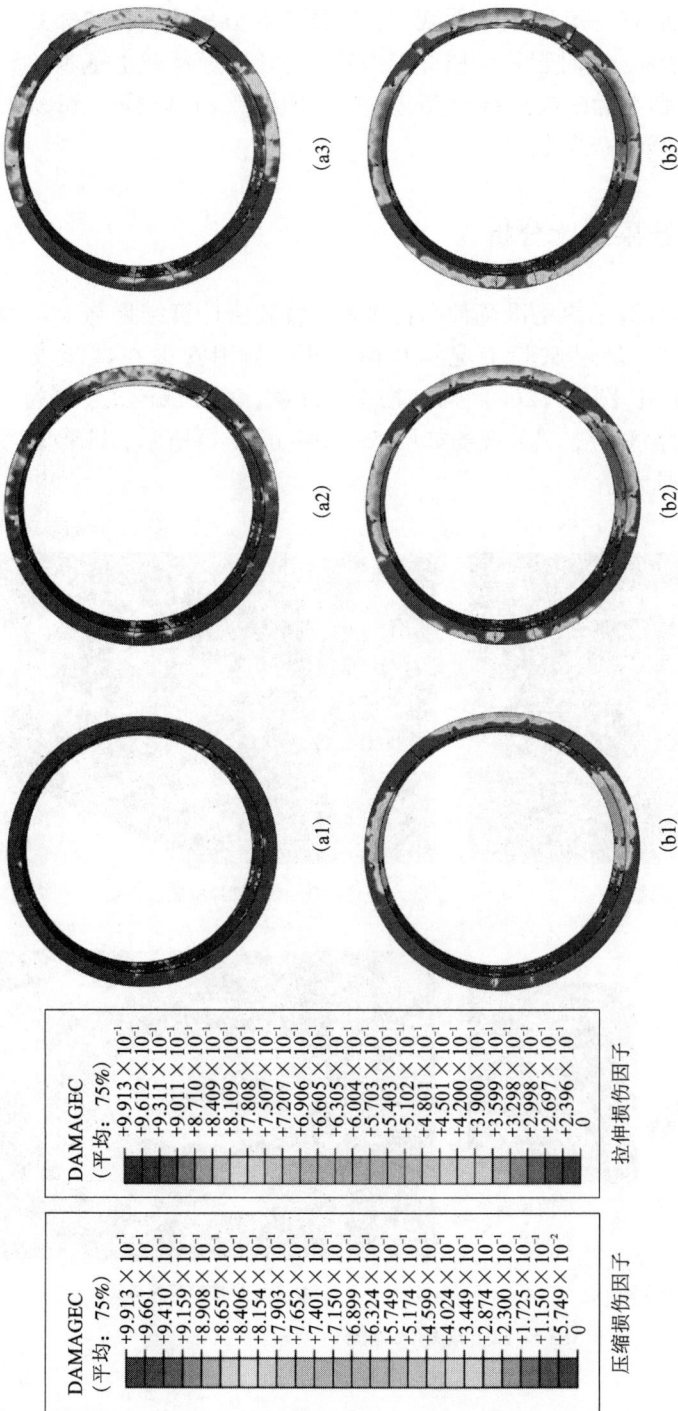

a—压缩损伤；b—拉伸损伤；1—椭圆度 10.5‰；2—椭圆度 22.1‰；3—椭圆度 35.5‰。

图 5-11　卸载工况混凝土管片损伤演化规律

由此可知,盾构隧道有一定的富余承载力,当隧道侧方压力卸载 26.3‰时,其相应的椭圆度为 22.1‰,此时管片结构并未失效,管片弯矩承载也基本达到极限,接缝张开及管片错台与椭圆度呈线性变化,接头塑性铰初具雏形,可认为此时隧道结构处于正常服役的极限状态。

5.1.3　试验与数值结果对比分析

为进一步验证数值计算结果的准确性和合理性,将数值计算结果与上阶段的足尺试验进行对比验证。足尺试验工况同数值分析,利用安设在试验反力架[图 5-12(a)]上的千斤顶[图 5-12(c)]对结构进行卸载,其卸载模式、试验工况及点位分布与数值模型相对应,试验现场如图 5-12(b)和(d)所示,试验管片破坏图(部分)如图 5-13 所示。

(a) 试验反力架　　　　　　　　　　(b) 中环管片拼装过程图

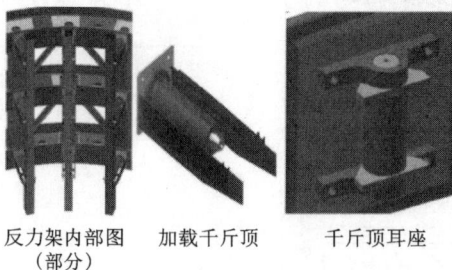

反力架内部图　　加载千斤顶　　千斤顶耳座
(部分)

(c) 反力架细部图　　　　　　　　　(d) 中环管片拼装完成图

图 5-12　现场试验图

图 5-13　管片现场试验破坏图

1. 隧道椭圆度变形对比

图 5-14 为超载工况下数值与试验的椭圆度-荷载曲线对比图。由图 5-14 可知，超载工况下试验的椭圆度-荷载曲线转折点分别为 4.9‰和 29.2‰，其结果与数值模拟的差异小于 10%。在隧道达到正常埋深前，数值和试验的椭圆度-荷载曲线吻合较好，当隧道顶部开始超载，二者曲线的吻合度一般，这可能是试验前的管片拼装误差和螺栓预紧力施加不一致等，使结构各接头的刚度差异增大，承载能力降低，而数值模型难以量化该差异，导致二者的椭圆度-荷载曲线存在一定的差异。

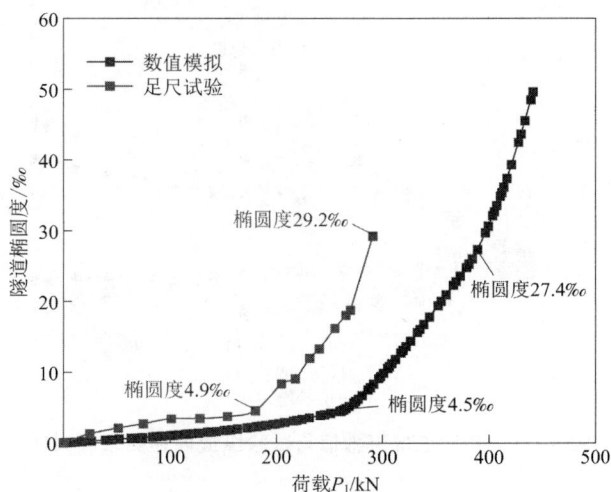

图 5-14　超载工况数值与试验椭圆度曲线对比

2. 接缝张开对比

图 5-15 为超载工况下数值与试验各接缝张开-椭圆度曲线对比图。可知,试验各接缝的张开(闭合)略大于数值,但曲线的整体变化趋势基本一致。试验加载至椭圆度为 17.7‰时,各接缝张开量均发生程度不一的突变,其主要原因是加载后期因荷载过大致使管片整体发生切向转动,进而导致隧道管片整体失稳,这也是数值与试验张开量存在差异的原因之一。

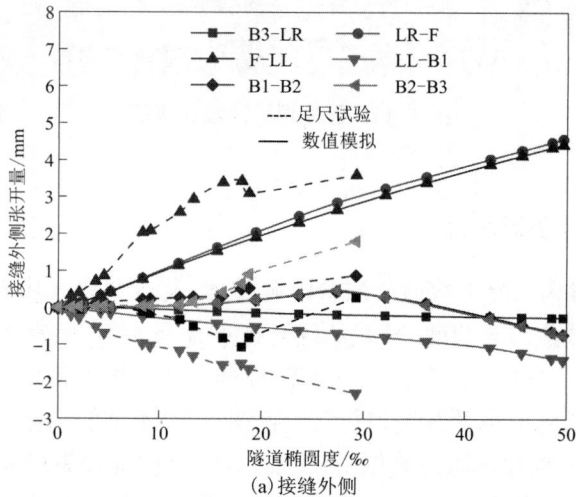

(a) 接缝外侧

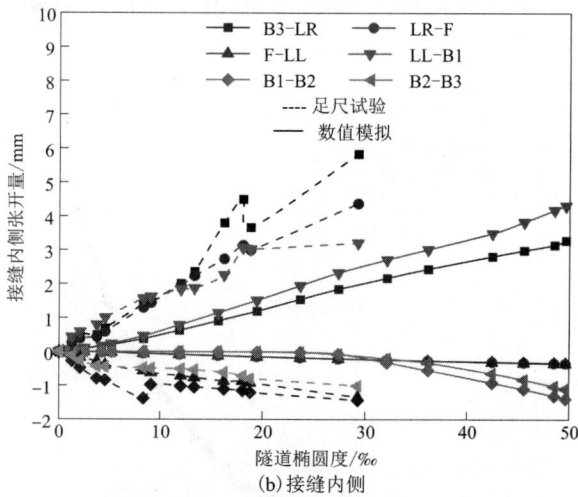

(b) 接缝内侧

图 5-15 超载工况下数值与试验纵缝内外侧张开对比

综上所述,盾构管片结构及其荷载模式均对称于隧道水平中心线[90°～270°,图5-1(c)],其受力变形理应对称于水平中心线,而试验时隧道中环管片各接头的变形并不协调(对称),其主要是由管片初始拼装误差及各接缝螺栓预紧力不一致导致的,且加载时管片间发生的切向转动、试验反力架对结构的环箍效应、千斤顶的伸缩性及动态加载效应等因素加剧了这一影响,从而导致试验的盾构管片结构变形与数值分析结果有所差异,但其椭圆度变形差异小于10%,且其接缝张开量的总体发展趋势较为一致,这也进一步验证了本节数值模型的可行性及合理性。

5.2　上穿掘进引起的荷载变化对盾构隧道的影响

为进一步探究新建隧道上穿掘进对既有盾构隧道结构受力的影响,以南昌某地铁出入线上穿既有盾构隧道工程为依托,结合小曲线半径隧道、盾构机超载等特殊工况,采用有限元进行模拟分析,以探明新建隧道上穿掘进引起的荷载变化对既有盾构隧道结构受力变形特性的影响规律。

5.2.1　模型建立

新建隧道采用拼装式混凝土衬砌管片,衬砌采用C55高标号混凝土,外径6.0 m,内径5.4 m,环宽1.2 m,管片厚300 mm,左右线轴线最小间距为9.29 m,平面线形为小曲线半径隧道,最小曲线半径为270 m,隧道竖向埋深8.5 m,与下部既有正线隧道最小竖向净距为2.8 m,如图5-16所示。区间场地处于赣抚冲积平原区的二级阶地,地形相对较为平坦,区域地质构造较稳定。

根据两隧道之间的空间位置关系,采用MIDAS/GTS有限元软件对穿越段施工过程进行三维弹塑性数值模拟,研究上部盾构机超载及施工卸载对既有隧道结构的影响,模拟实际工况盾构机开挖的实际环号:左线L54～L76及右线R80～R98。考虑到上部隧道盾构掘进施工对土体的扰动及其影响范围,为了消除尺寸效应,模型尺寸取142 m×113 m×36 m(长×宽×高)。新建隧道仅上穿下部既有隧道左线,为了简化计算,故只考虑新建隧道施工对既有隧道左线的影响,既有隧道右线暂不考虑。模型顶部设置自由边界,对底部施加法向及切向约束,对侧面施加法向约束,不考虑地下水渗流影响,三维数值计算模型如图5-17所示。

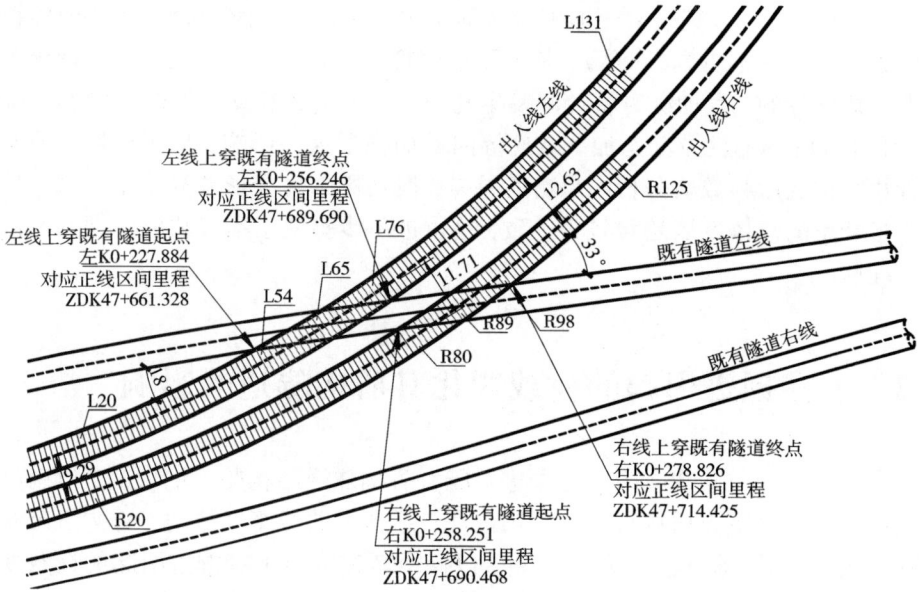

(a) 平面位置关系图

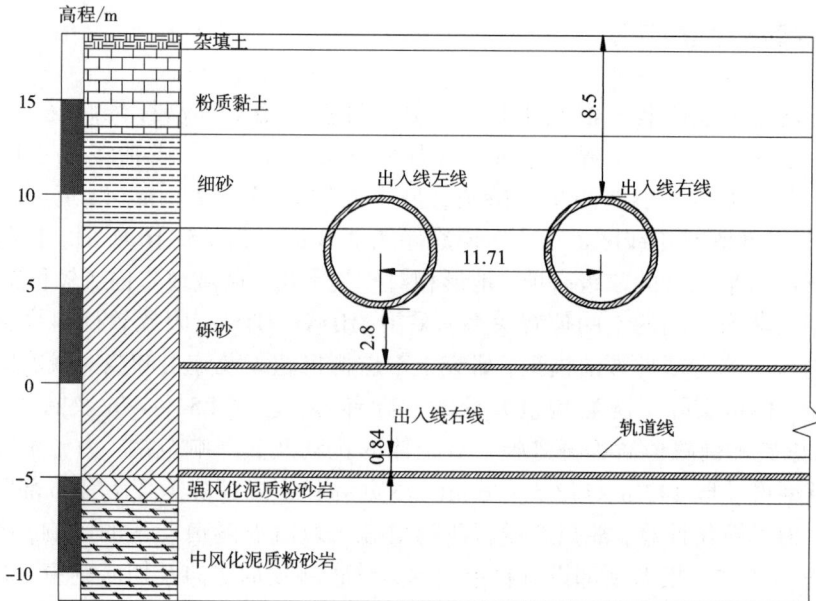

(b) 剖面位置关系图

图 5-16 新建隧道与既有隧道位置关系图

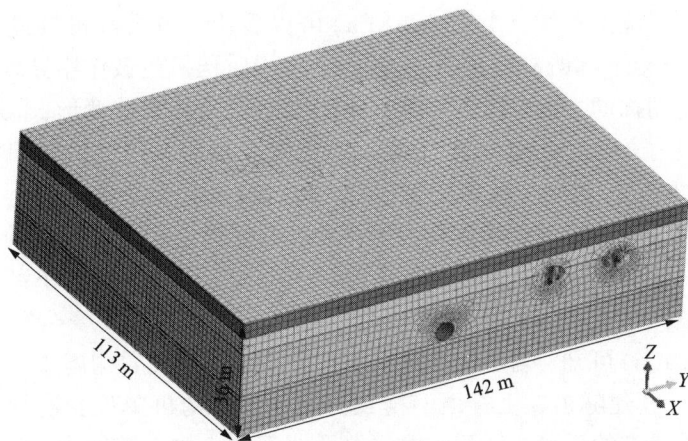

(a) 模型整体图

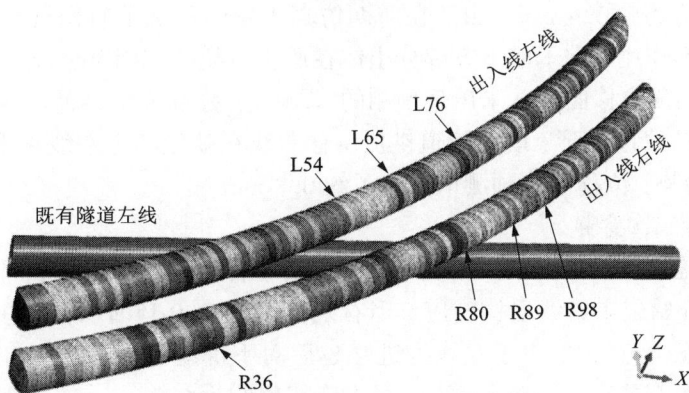

(b) 两隧道位置关系图

图 5-17　盾构穿越有限元模型图

5.2.2　计算结果分析

1. 穿越施工模拟结果分析

为了分析上部隧道穿越施工对下部隧道的影响，提取既有隧道拱顶及拱底竖向变形值进行分析。根据隧道拱顶及拱底竖向变形值与隧道纵向位置可以得到不同施工阶段下既有隧道的竖向变形曲线，如图 5-18 所示。

（1）左线穿越

盾构机先行施工左线，由图5-18（a）可以看出，当盾构机推进至L65环时（即盾构机推进至下部既有隧道正上方时），由于盾构机超载作用导致开挖面下方土体及隧道受到扰动，既有隧道上方土体产生向下的弹塑性变形，既有隧道受到向下的附加应力，隧道纵向呈现"凹槽型"沉降变形，拱顶最大竖向沉降值约为-9.7 mm，拱底最大竖向位移值约为-4.1 mm，且最大沉降值均位于新建隧道正下方。由于附加应力随深度增加而逐渐减小，故距离上部隧道较近的拱顶处沉降值普遍较拱底处更大。因此，针对隧道上穿工况时，应密切关注下部既有隧道拱顶处竖向变形，对隧道拱顶位移值进行实时监测，以确保施工安全顺利推进。

由图5-18（b）可知，当盾构推进至L91环时（即左线盾构施工已经远离隧道穿越段），由于新建隧道在上穿既有隧道过程中，盾构机单位长度挖出土体的重量远大于隧道衬砌的质量，且开挖导致掌子面下方土体卸载回弹，引起土体应力释放，既有隧道呈现与前期不同的向上隆起变形，拱顶最大隆起值达5.6 mm，拱底最大隆起值约为3.4 mm。由于在前期仿真步序中考虑了盾构机超载对下方土体的压缩变形作用，掌子面下方部分土体在盾构机超载作用下已经产生塑性不可回弹变形，拱顶位移曲线并未出现预测的"单峰式"隆起变形，而整体曲线趋势大致为"双峰式"隆起变形，既有隧道拱顶位移曲线在新建隧道左线正下方出现"凹槽型"递减趋势，位移值较预测值减小了约0.8 mm。

（2）右线二次穿越

当左线施工至L91环时，此时可忽略左线与右线同时施工对下部隧道的耦合作用，继而开始施工右线盾构隧道。当右线推进至R89环时（即盾构机推进至下部既有隧道正上方时），由于左线推进穿越后对下部既有隧道产生卸载作用，位于左线下方既有隧道呈现隆起变形，最大隆起值约为6.5 mm，较左线开挖完成后最大隆起值5.6 mm增加了0.9 mm。受上部盾构机超载影响，既有隧道最大沉降值出现在右线正下方，最大沉降值约为-7.3 mm。既有隧道受左线隧道卸载及右线隧道盾构机开挖超载耦合作用影响，既有隧道纵向竖向变形曲线呈倒置"S"形曲线，最大隆起值与沉降值之差高达13.8 mm。可以看到，受开挖卸载及盾构机超载作用双重影响下，既有隧道纵向变形差值较大，其纵向平顺度不佳，故对于运营中的既有隧道应采取相应防治措施，以免危及行车安全。

当右线推进至R115环时，此时左右两线盾构施工均已穿越下部隧道，受左右两线卸载作用，既有隧道整体呈现上浮式隆起变形，拱顶最大变形值约为8.7 mm，拱底最大变形值为5.8 mm，拱顶最大隆起值较拱底处超出2.9 mm，且最大隆起变形点均出现在左右两线中间处。受上部盾构机超载影响，拱顶位移曲线分别在左线及右线正下方处出现凹槽，两者计算值较预测值均偏小约0.6 mm。

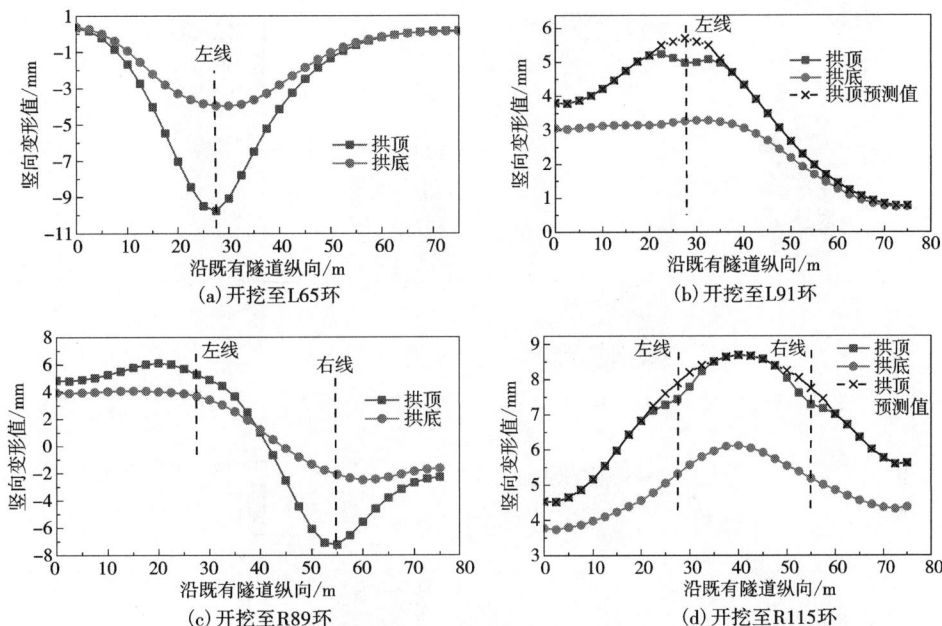

图 5-18　盾构推进不同位置时既有隧道竖向变形值

2. 既有隧道横断面管片受力分析

为探究上部新建隧道施工对既有隧道衬砌管片受力的影响，选取新建隧道左线施工过程中既有隧道衬砌最大变形位移处管片弯矩进行分析。

当上部隧道未开挖时，下部既有隧道在土压、水压及自身重力作用下达到受力平衡状态，其中弯矩如图 5-19(a) 所示，既有隧道拱顶及拱底处受正弯矩，最大正弯矩为 454.04 kN·m，隧道拱腰处受负弯矩，最大负弯矩为 -445.54 kN·m，隧道整体受力良好，荷载分布较均匀。

如图 5-19(b) 所示，当上部盾构掘进至 L65 环时，既有隧道受上部开挖扰动影响，管片拱底处出现最大正弯矩，其弯矩值较未开挖时增长 34.3%，增至 609.80 kN·m；拱腰处出现最大负弯矩，其弯矩值较未开挖时增长 38.3%，增至 -616.05 kN·m。可以看出，管片弯矩值受开挖扰动影响较大，而弯矩整体分布模式较未开挖时并未发生明显变化。由此可知，受上部盾构超载作用，位于盾构机正下方的既有隧道弯矩值较未开挖时均有所增长，且增长幅度明显，管片横断面呈"横鸭蛋"式变形(为更好地理解管片变形趋势，图中管片变形均进行一定比例放大)。

(a)

(b)

(c)

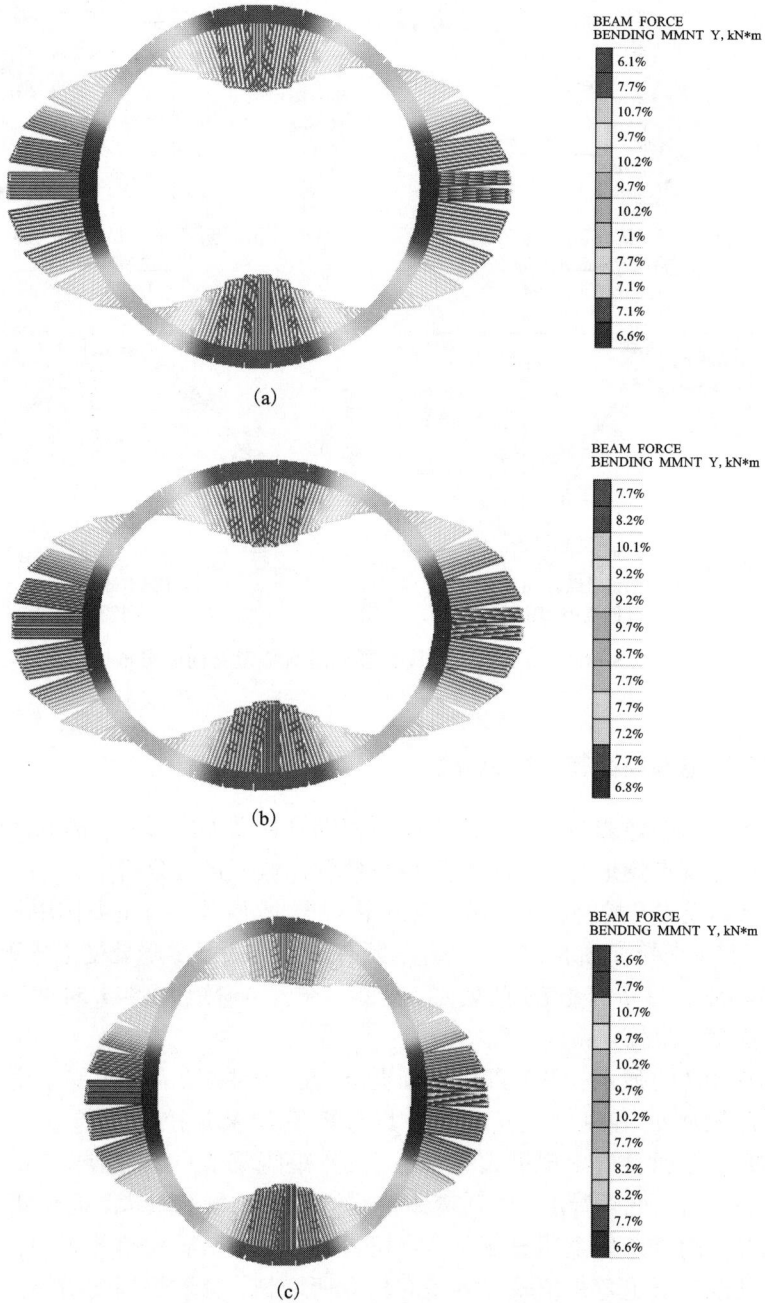

图 5-19　下部隧道管片受力图

如图 5-19(c)所示，当盾构推进至 L91 环时，左线隧道已经完成上穿，受上部卸载作用，此时管片最大正弯矩值减至 339.43 kN·m，较未开挖时减少 114.61 kN·m，减小率为 25.24%，较开挖至 L65 环时减少 270.37 kN·m，减小率为 44.33%；管片最大负弯矩出现在拱腰处，弯矩值减至-321.28 kN·m，较未开挖时减少 124.26 kN·m，减小率为 27.89%，较开挖至 L65 环时减少 294.77 kN·m，减小率为 47.85%；盾构开挖至 L91 环时，管片整体弯矩值较未开挖及开挖至 L65 环时均出现较大的降低。综上可知，当盾构推进过后，下部隧道管片弯矩较未开挖时均有所减小，管片横断面整体呈"竖鸭蛋"式变形。

3. 监测值与模拟值对比

在盾构隧道开挖期间，为了实时监测下部既有隧道位移变形情况，保证下部隧道结构安全，在既有隧道穿越段纵向每隔 4 m 设置一个监测断面，采用全站仪监测隧道内管片变形，其中监测断面及监测点布置如图 5-20 所示。

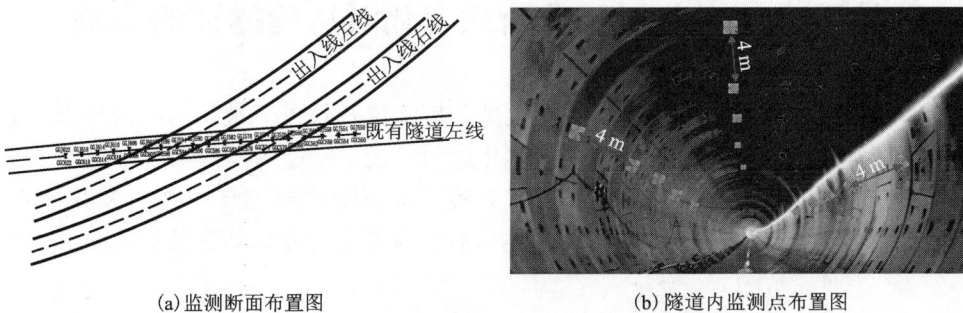

(a)监测断面布置图　　　　　　(b)隧道内监测点布置图

图 5-20　既有隧道监测点布置图

为验证数值模型的可行性及准确性，在既有模型中添加钢支撑环构件及注浆加固区后进行计算，将隧道变形监测值与未加固及加固后数值模拟值进行对比分析，考虑到隧道管片拱顶变形值最大，故选取特征性较强的隧道沿纵向拱顶变形值与监测值进行对比。

新建隧道右线施工完成后既有隧道沿纵向竖向变形模拟值与监测值如图 5-21 所示，从图 5-21 中可以看出，监测值整体较未加固时数值模拟值要小，其中最大竖向变形模拟值约为 8.7 mm，最大监测值约为 4.8 mm，最大监测值较模拟值减小 44.8%。由此可知，对既有隧道上部进行注浆加固及内部施做钢支撑环能够有效抑制隧道变形过大现象，隧道整体变形处于可控范围内，该控制措施可供类似工程参考借鉴。通过对比监测值与加固后模拟值发现，监测值与模拟值变形趋势基本一致，且数据拟合较好，由此可知数值模型中参数选取较为合理，且数值模型是准确可行的。

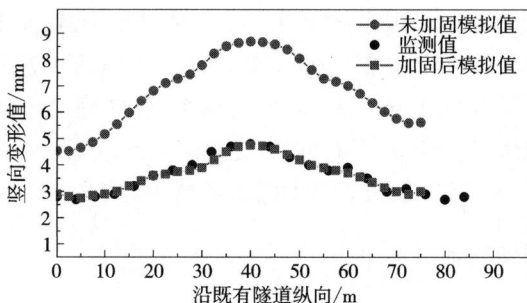

图 5-21 监测值与模拟值对比

5.3 地下水位变化引起的荷载变化对盾构隧道的影响 >>>

本节利用 Plaxis 软件建立有限元模型分析水位升降速率对区间盾构隧道衬砌内力的影响。结合南昌水位升降规律拟定若干工况，通过将模拟结果与监测数据进行对比分析，验证模型的正确性，并对各工况下隧道衬砌结构内力展开分析，进而探究地下水位变化引起的荷载变化对盾构隧道受力变形特性的影响机理。

5.3.1 模型建立与可行性验证

1.计算模型

以南昌地铁某区间隧道为工程依托，如图 5-22 所示，该地区邻近赣江和碟子湖，雨水充足，地下水流动速率较大，地铁隧道常年受地下水影响。隧道外径为 6.2 m，衬砌材料为 C50 钢筋混凝土，厚度为 30 cm，环宽为 1.2 m，隧道埋深为 15.4~21.4 m，位于砂层。

采用 Plaxis 软件建立有限元模型对隧道某一截面进行流固耦合分析。取模型尺寸 X 方向为隧道直径的 15 倍(即 92 m)，Y 方向为隧道直径 8 倍(即 50 m)，隧道外径为 6.2 m，衬砌厚度为 0.3 m，如图 5-23 所示。土层从上往下依次为素填土、粉质黏土、细砂、中砂、强风化泥质粉砂岩、中风化泥质粉砂岩，共 6 层。隧道周边土体及衬砌采用网格加密处理，约束模型底部及侧面位移。在各工况中对

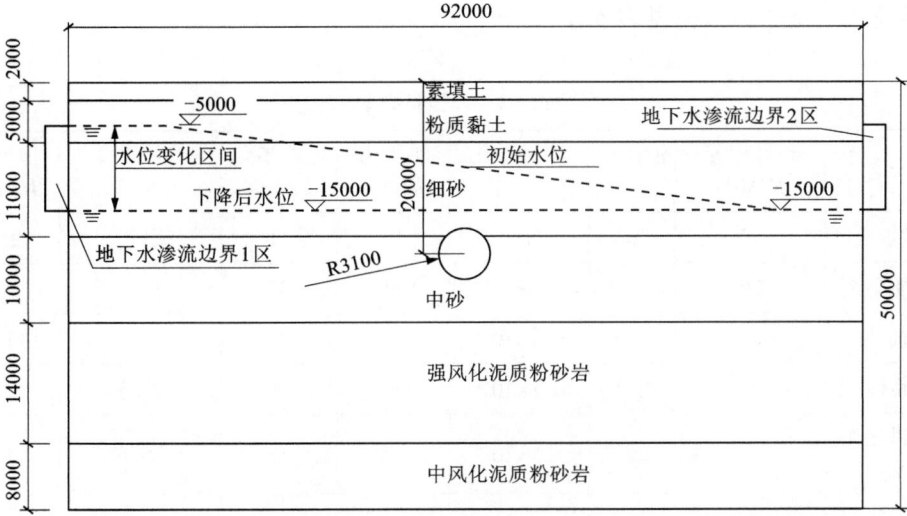

图 5-22　地质剖面图(单位: 10^{-3} m)

地下水渗流边界 1、2 区设置相应渗流边界条件。模型水位标高邻近碟子湖为 -5 m, 邻近赣江水位标高为-15 m, 盾构隧道始终处于地下水位以下。

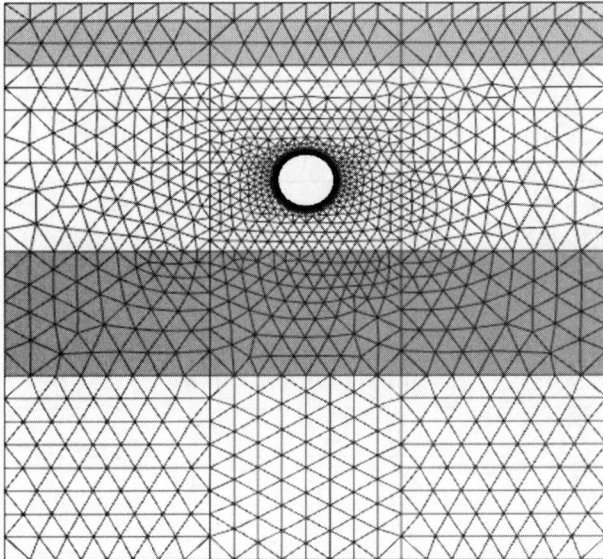

图 5-23　有限元模型图

计算模型各土层采用 HS-small 材料模型,隧道衬砌采用实体单元模拟,各土层及隧道衬砌参数取值见表 5-2。

表 5-2　模型参数表

土层名称	弹性模量 E/MPa	泊松比 υ	渗透系数 $k(\mathrm{cm \cdot s^{-1}})$	黏聚力 c/kPa	内摩擦角 φ/(°)	饱和重度 γ/(kN·m^{-3})	厚度 H/m
素填土	10	0.3	5.0×10^{-3}	10	11	19	2
粉质黏土	20	0.35	4.3×10^{-6}	15	22	19.5	5
细砂	25	0.3	6.4×10^{-3}	23	29	19.6	11
粗砂	35	0.3	6.1×10^{-2}	21	36	20.3	12
强风化泥质粉砂岩	490	0.2	1.5×10^{-4}	120	45	20.8	14
中风化泥质粉砂岩	1200	0.25	2.2×10^{-6}	210	38	23.4	20
衬砌	38000	0.17	——	——	30	2500	0.3

2.计算工况

由于碟子湖水位升降幅度达 2~14 m,速率最高可达 1.8 m/d,且砂层渗透系数较大。鉴于以上因素建立如表 5-3 所示工况。

表 5-3　计算工况

工况	地下水变化状态	变化时间/d	地下水变化速率 /(m·d^{-1})	地下水变化深度 /m
工况一		10	2	
工况二	上升	15	0.67	10
工况三		30	0.33	
工况四		10	2	
工况五	下降	15	0.67	10
工况六		30	0.33	

工况中上升 10 m 是指模型左侧地下水位由−15 m 上升至−5 m，下降 10 m 是指模型左侧地下水位由−5 m 下降至−15 m。当地下水上升时，渗流边界 1 区为流入边界，渗流边界 2 区为流出边界；下降时，渗流边界 1 区为不透水边界，渗流边界 2 区为流出边界，如图 5-22 所示。

为方便后期分析衬砌受力情况，将衬砌网格划分为 6 层，并选取拱顶、右拱肩、左拱脚、左拱肩四个位置进行分析，分别标号为 a、b、c、d，如图 5-24 所示。

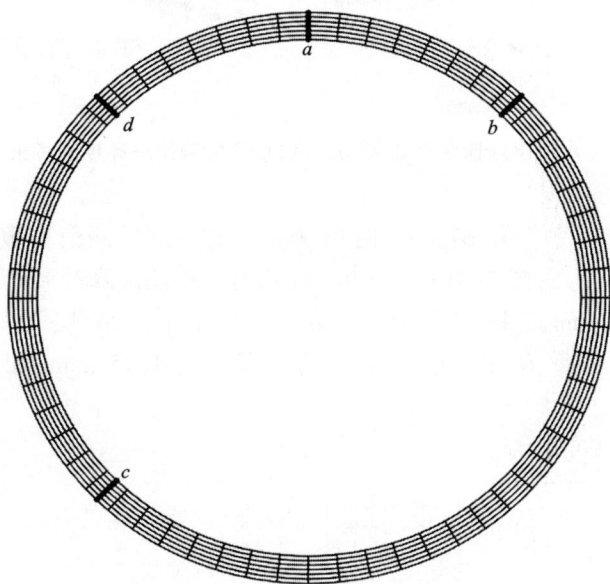

图 5-24　模型监测点位分布示意图

3. 模型正确性验证

分别选取该断面隧道衬砌在地下水影响下拱顶的沉降和水平腰线收敛监测数据与有限元模拟地下水下降速率为 0.33 m/d 及上升速率为 0.67 m/d 时计算结果进行对比分析，以验证数值模型的正确性。

地下水下降速率为 0.33 m/d 时拱顶 a 点处沉降监测值与数值模拟值曲线图如图 5-25 所示。由图 5-25(a)可知，计算值中拱顶沉降最大值约为 1.42 mm，监测值约为 1.45 mm，相对监测值小 0.03 mm；由图 5-25(b)可知，计算值中隧道水平腰线最大收敛值约为 0.94 mm，监测值约为 0.92 mm，相对监测值大 0.03 mm。

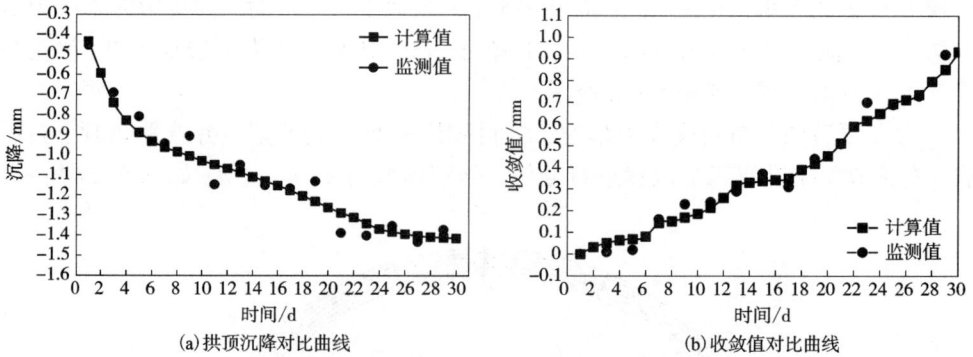

(a)拱顶沉降对比曲线 (b)收敛值对比曲线

图 5-25 水位下降速率为 0.33 m/d 时拱顶监测值与计算值对比曲线图

地下水上升速率为 0.67 m/d 时拱顶 a 点处沉降监测值与数值模拟值曲线图如图 5-26 所示。由图 5-26(a)可知，计算值中拱顶沉降最大值约为 1.56 mm，监测值约为 1.58 mm，相对监测值小 0.02 mm；由图 5-26(b)可知，计算值中隧道水平腰线最大收敛值约为 1.21 mm，监测值约为 1.15 mm，相对监测值大 0.06 mm。

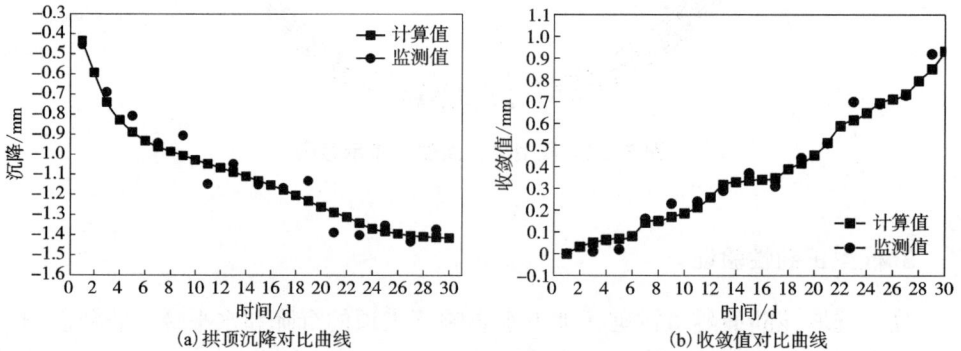

(a)拱顶沉降对比曲线 (b)收敛值对比曲线

图 5-26 水位上升速率为 0.67 m/d 时拱顶监测值与计算值对比曲线图

综上考虑到监测的可允许误差，拱顶的沉降监测值及水平位移值与模型计算值总体吻合，且变化趋势一致，表明该数值模拟基本合理。

5.3.2　计算结果分析

高水位、低水位情况下隧道衬砌的弯矩及轴力分布图分别如图 5-27、图 5-28 所示。由图可知，地下水位于不同位置时衬砌最大弯矩及轴力均位于拱腰，衬砌左侧弯矩及轴力相对较大。高水位时，衬砌的轴力相比低水位时较大，但弯矩较小。

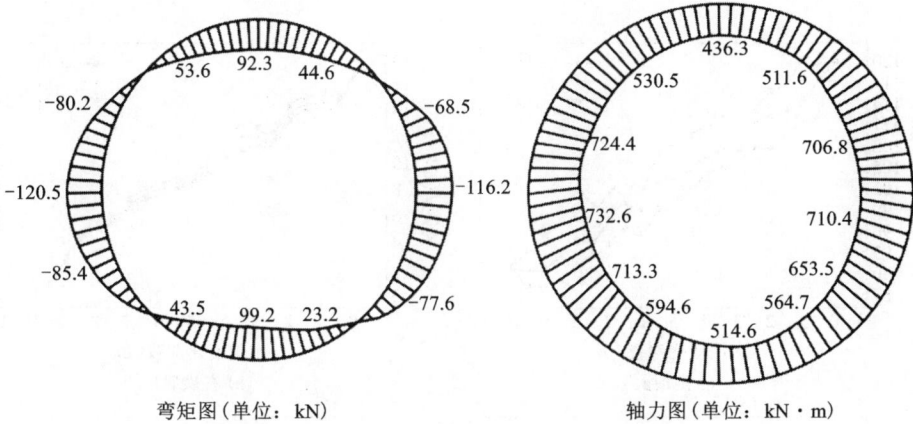

弯矩图（单位：kN）　　　　　轴力图（单位：kN·m）

图 5-27　高水位时衬砌弯矩、轴力分布图

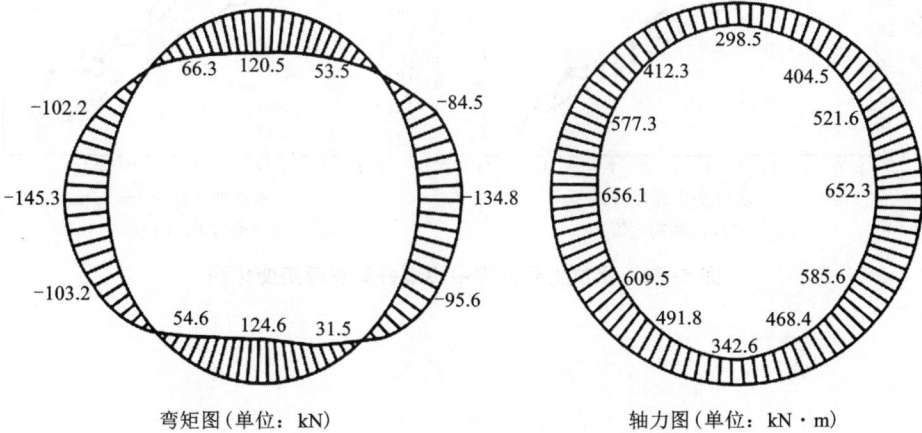

弯矩图（单位：kN）　　　　　轴力图（单位：kN·m）

图 5-28　低水位时衬砌弯矩、轴力分布图

153

　　不同水位情况下的隧道拱顶、拱肩和拱脚处的弯矩变化曲线分别如图 5-29、图 5-30。从图中可以观察到，在水位上升过程中，弯矩均随地下水位的上升不断减小，当水位下降时，弯矩随着地下水位的下降不断增加，且各工况弯矩变化曲线存在差异。

　　当地下水位于-15 m 时，由水位下降所得顺时弯矩相比水位上升在拱顶处（a 点）增大 30.5%、右拱肩处（b 点）增大 36.7%、左拱肩处（d 点）增大 34.2%、左拱脚处（c 点）增大 35.7%。平衡后，各点弯矩增量近似为 0。地下水位于-5 m 时，各点弯矩在不同工况中近似相等。

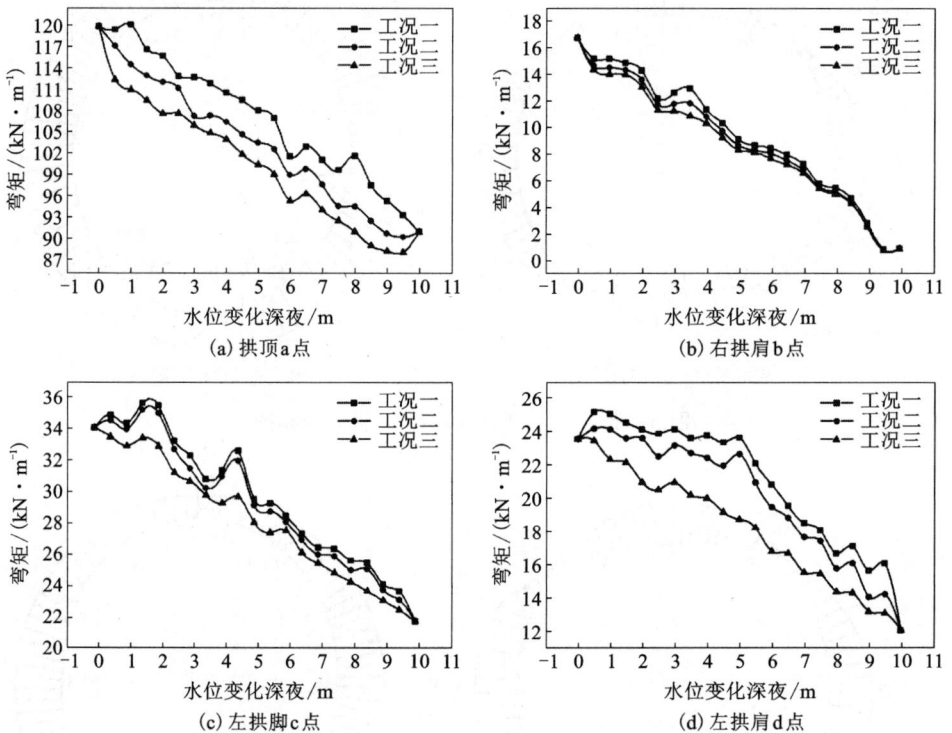

(a) 拱顶a点

(b) 右拱肩b点

(c) 左拱脚c点

(d) 左拱肩d点

图 5-29　水位上升过程中隧道各测点弯矩变化图

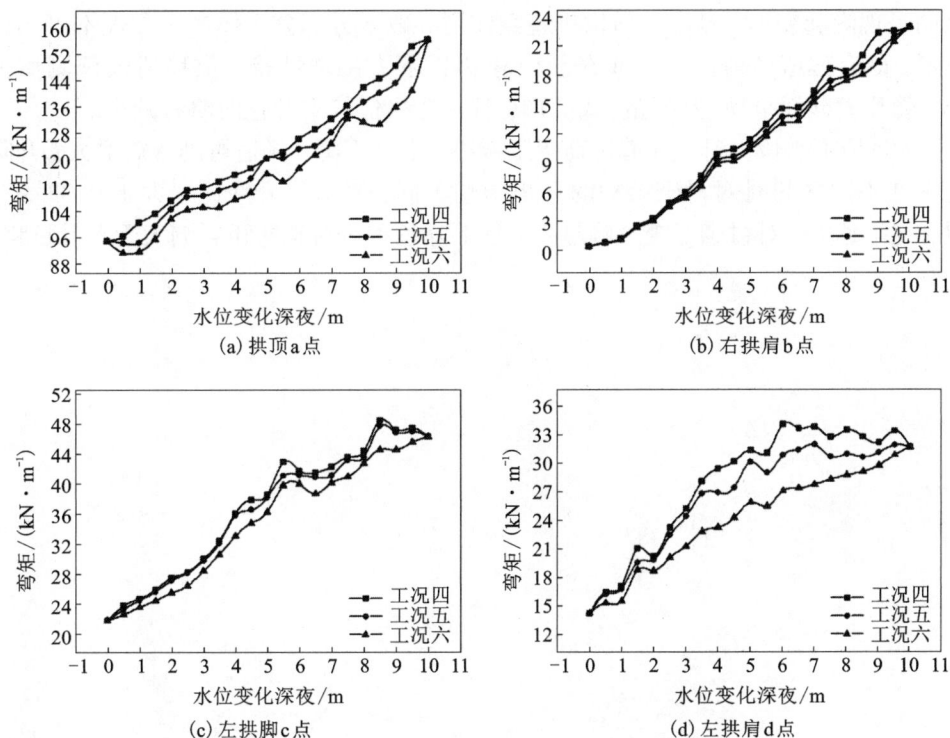

(a) 拱顶 a 点

(b) 右拱肩 b 点

(c) 左拱脚 c 点

(d) 左拱肩 d 点

图 5-30　水位下降过程中隧道各测点弯矩变化图

5.4　本章小结

　　本章采用数值仿真、现场监测等方法开展了不同因素引起的荷载变化对盾构隧道受力特性的影响研究,得到以下 3 点主要结论:

　　(1)盾构隧道有一定的富余承载力,当隧道上方超载达到 138 kPa 或侧方压力卸载 26.3% 时,其相应的椭圆度分别为 27.4‰和 22.1‰,此时管片结构并未失效,管片弯矩承载也基本到达极限,接缝张开及管片错台与椭圆度呈线性增长,接头塑性铰初具雏形,可认为此时隧道结构达到正常服役的极限状态。当隧道超出正常服役极限状态后,损伤区域与手孔进一步贯通,接头塑性铰逐步成型,结构软化并逐渐失效,其接缝张开及管片错台也急剧上升,此时应按规范要求对结构进行加固处理。

（2）盾构上穿完成后，开挖卸荷引起下部隧道上方土体应力释放，下部隧道纵向呈现隆起变形，且由于盾构机超载作用导致下方部分土体产生塑性不可回弹变形，既有隧道拱顶位移曲线在新建隧道正下方出现凹槽，位移值较预测值偏小，管片横截面呈现"竖鸭蛋"式变形，管片弯矩值较未开挖时略有减小。

（3）地下水位上升，隧道衬砌弯矩减小，水位下降，隧道衬砌弯矩增大；升降速率在不同区间时对衬砌结构的弯矩影响不同，当水位升降速率大于 0.33 m/d 时，速率越大，对衬砌弯矩影响越大，且下降过程对衬砌弯矩影响大于上升过程。

第 6 章
壁后空洞下盾构隧道荷载分布
及受力特性分析

受盾构机掘进姿态不佳、盾构超挖、注浆不密实以及浆液收缩等因素影响，部分盾构隧道结构背后存在空洞，致使隧道外荷载发生变化引起管片裂损。为此，本章拟采用模型试验及数值仿真方法展开不同尺寸、不同位置空洞影响下盾构隧道外荷载分布及其受力变形机理分析，以探明壁后空洞对盾构隧道荷载分布及受力特性的影响机理。

6.1 壁后空洞对盾构隧道荷载分布的影响

>>>

本节将通过开展几何相似比为1∶10的相似模型试验，分别探究无空洞、拱顶空洞、拱腰空洞、拱底空洞四种工况下的盾构隧道管片结构背后接触压力值的变化规律。

6.1.1 模型试验方案设计

本次试验以南昌地铁盾构隧道为依托，选取典型盾构隧道断面，原型隧道外径6.2 m，内径5.6 m，环宽1.2 m，隧道每环由6块管片组成，分别为封顶块（F）、邻接块（L1、L2）、标准块（B1、B2、B3），如图6-1所示。

1.试验台架

模型试验台架用于放置模型隧道、试验土体及监测仪器等，考虑到边界效应对试验结果的影响，最终确定试验台架整体尺寸为3000 mm×600 mm×2000 mm（长×宽×高），台架框架由镀锌方钢管、工字钢焊接而成，如图6-2所示。

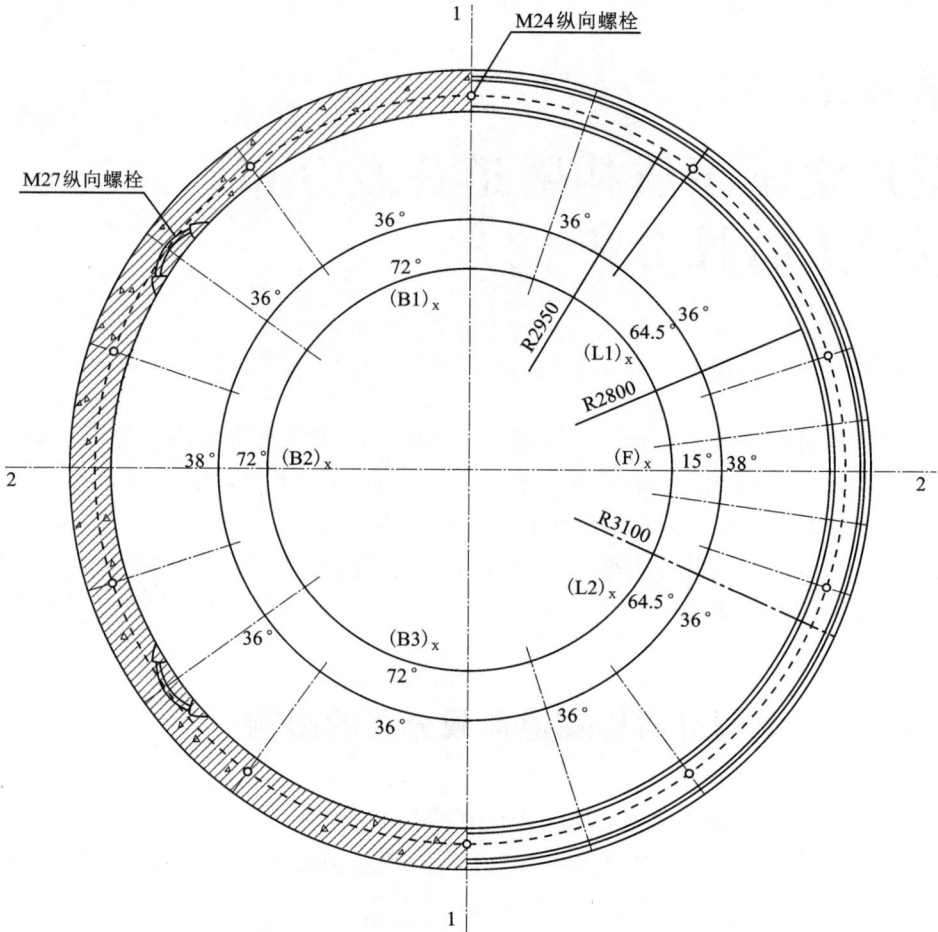

图 6-1　南昌地铁盾构隧道标准横断面图

　　为清晰地观察试验动态及把握试验进展，框架四周采用 12 mm 厚透明加固钢化玻璃，底板采用 8 mm 厚钢板以承担上部荷载；由于尺寸过大会急剧增加钢化玻璃中部弯矩，故在前后面板对称加装两道方钢管竖梁，竖梁间距为 1400 mm，并在台架中部加装一道横梁；因试验台架高宽比较大，为防止试验过程中发生倾倒、倾覆等问题，于中间及两侧分别对称布置四道斜撑，斜撑分别长 2500 mm、1280 mm；考虑到试验过程中隧道放置、位移计安装、管线布置等问题，对前后面板钢化玻璃进行挖孔操作，挖孔半径为 350 mm。

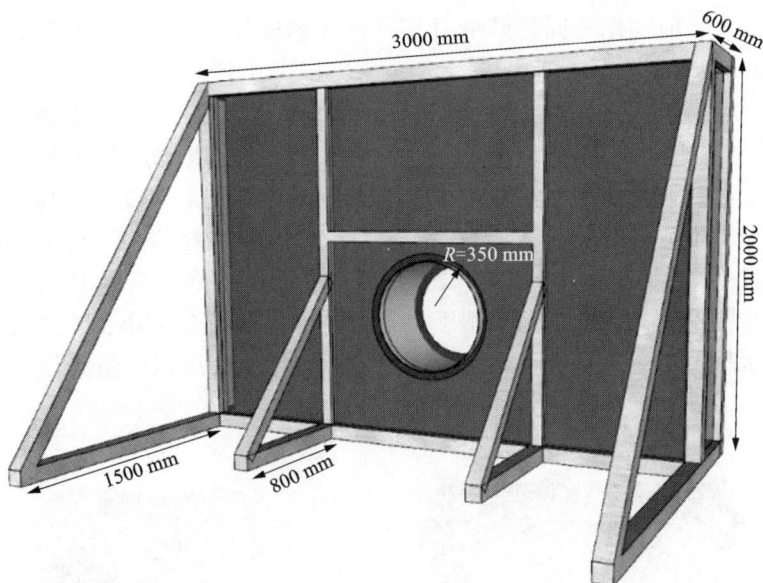

图 6-2　模型试验台架示意图(单位: mm)

2.试验材料

模型试验所用材料主要包括试验土体、模型隧道、水囊(用以模拟空洞的存在)及各类测试元器件。

(1)试验土体

本节以南昌地铁盾构隧道为依托,其中隧道主要穿越地层为富水砂砾层,土层黏聚力较低,故采用过 5 mm 筛的赣江河砂模拟土体,其物理力学参数如表 6-1 所示。

表 6-1　试验土体基本物理力学参数

名称	土体重度 $\gamma(kN \cdot m^{-3})$	比重 G_s	孔隙比 e	含水率 $\omega/\%$	内摩擦角 $\varphi/(°)$
河沙	18.6	2.72	0.583	4.38	31.2

(2)盾构隧道及空洞模拟

考虑到试验的简便性及可行性,盾构隧道管片采用壁厚 8 mm 的钢圆环进行模拟,圆环外径 620 mm,单环宽 120 mm,模型盾构隧道横断面不考虑管片环向连接，纵向通过螺栓进行连接，将管片环向抗剪刚度视为无穷大；采用 4 环管片进行试验，试验前期用不同目砂纸对其进行除锈操作，并刷漆进行防锈处理，如图 6-3(a)所示。

模型试验空洞是通过前期在相应空洞位置处埋置注满水的水囊，如图 6-3(b)，后期通过对水囊进行逐级放水泄压来模拟空洞的形成，为更明显地观察试验现象及动态，更有效地把握空洞影响下隧道管片的变形及受力响应，本次试验水囊尺寸取 250 mm×250 mm×150 mm（长×宽×高），对应原型角度 40°、深度 1.5 m 空洞，水囊上表面通过开孔设置注水口，前后面底部开孔并通过软管分别连接至止水阀及压力表，止水阀用于控制水流开关及流速大小，压力表用于监测水囊内部水压及水囊上部土层压力，试验中通过压力表读数可精确做到逐级泄压放水。

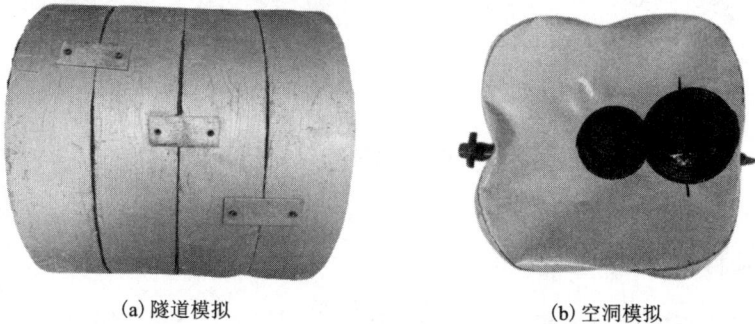

(a) 隧道模拟   (b) 空洞模拟

图 6-3　模型试验盾构隧道及空洞模拟

试验时，将隧道放置于模型台架中并填筑土体，为有效减小模型试验边界效应，使用医用凡士林涂抹于试验台架钢化玻璃内侧以减小内壁对土体产生的摩擦力。隧道拱底距底部距离 0.3 m，拱顶距地表距离为 1.08 m，对应原型隧道上覆土厚度为 10.8 m，隧道拱腰处分别距台架外边缘 1.19 m，大于 3 倍隧道半径。

3. 试验方案设计

试验共使用四环管片，前后两环管片作为边界条件不参与分析，仅对中间两环管片进行测点布置、数据采集及分析。根据盾构隧道背后可能出现空洞的位置及相关文献调研[97,145]，共设置四组试验工况，分别为无空洞、拱顶空洞、拱腰空洞以及拱底空洞工况，如表 6-2 所示，通过改变水囊位置来实现不同试验工况。

表 6-2　模型试验工况

试验工况	隧道类型	有/无空洞	空洞位置
1	地铁盾构隧道	无空洞	—
2		有空洞	拱顶空洞
3		有空洞	拱腰空洞
4		有空洞	拱底空洞

　　本次试验分别对中间两环管片布置应变片、位移计、土压力盒来对模型隧道进行监控量测,通过在衬砌内外表面粘贴应变片测量衬砌环向应变变化,应变片每隔 45°布置一对,共布置 16 对(32 个),每环管片布置 8 对(16 个);为测定隧道衬砌背后接触压力值,在隧道衬砌表面与周边土体接触面上共布置 16 个应变式土压力盒,每环管片布置 8 个,每隔 45°布置一个;在隧道典型位置处(拱顶、拱腰、拱底)布置位移百分表以测定试验过程中隧道绝对位移值,各测点布置如图 6-4 所示。

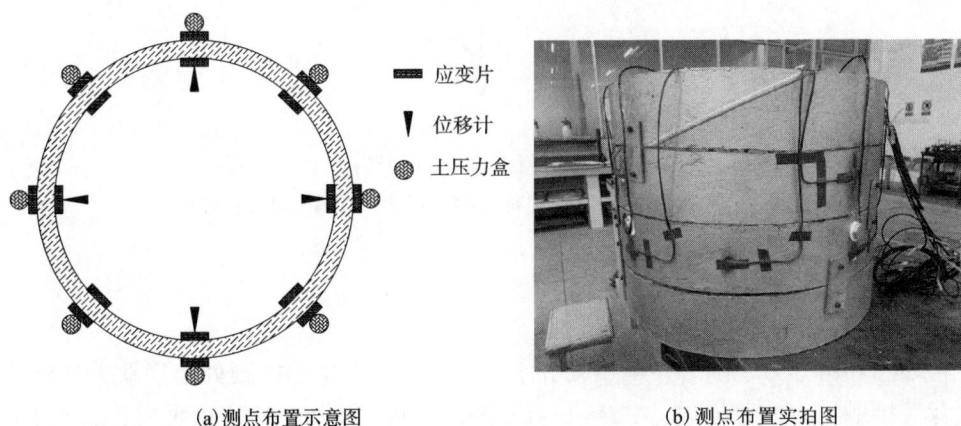

(a)测点布置示意图　　　　　　　　(b)测点布置实拍图

图 6-4　模型隧道测点布置图

6.1.2　空洞位置对荷载分布的影响

1. 拱顶空洞对外荷载分布的影响

如图 6-5 所示,随着试验过程中对水囊进行逐级放水,水囊内压力值逐渐减小，管片拱顶受卸载作用导致接触压力逐渐减小。$P=12$ kPa 时，接触压力值为 12.5 kPa；$P=6$ kPa 时，接触压力值为 4.9 kPa；当 $P=0$ kPa 时，最终拱顶处空洞形成，因水囊本身具有一定质量，受重力作用掉落在拱顶处，管片拱顶背后接触压力值最终为 1.5 kPa。拱顶空洞处接触压力值变化幅度较大，压力值过渡较为迅速，空洞两侧边缘处管片易受到应力集中效应。因管片拱顶处存在卸载作用，故管片其他截面位置处接触压力也均随着试验进行而有所减小，但整体减小幅度较小。

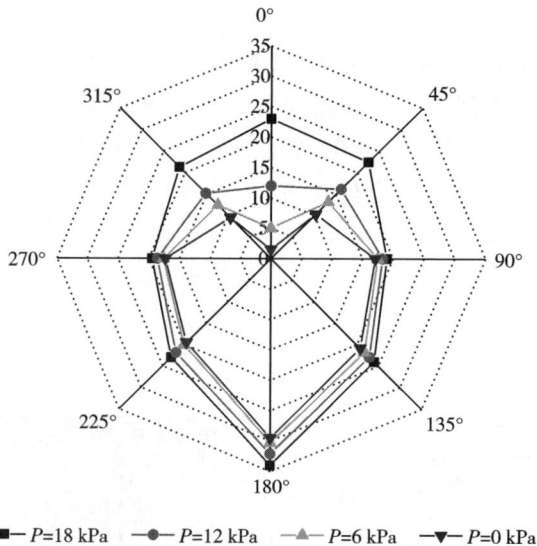

图 6-5　拱顶空洞工况管片背后接触压力对比图（单位：kPa）

2. 拱腰空洞对荷载分布的影响

如图 6-6 所示，随着左侧拱腰处水囊泄压放水，左侧拱腰处地层缺失导致管片背后接触压力值急剧减小，$P=0$ kPa 时，左侧拱腰处（270°截面）接触压力为 0.5 kPa，这也进一步验证了左侧拱腰处空洞的形成。由于左侧拱腰处未能提供充足的地层反力，管片右侧拱腰处（90°截面）接触压力值也随之减小，但减小幅度较左侧拱腰处稍小，$P=0$ kPa 时，右侧拱腰接触压力为 10 kPa。

3. 拱底空洞对荷载分布的影响

如图 6-7 所示，无空洞时，管片背后最大接触压力值出现在拱底处，压力值为 34.8 kPa。拱底处地层缺失，导致管片拱底处未能受到地层压力作用，拱底处背后接触压力值随试验进行而逐渐减小，$P=20$ kPa 时，接触压力值为 19.2 kPa；

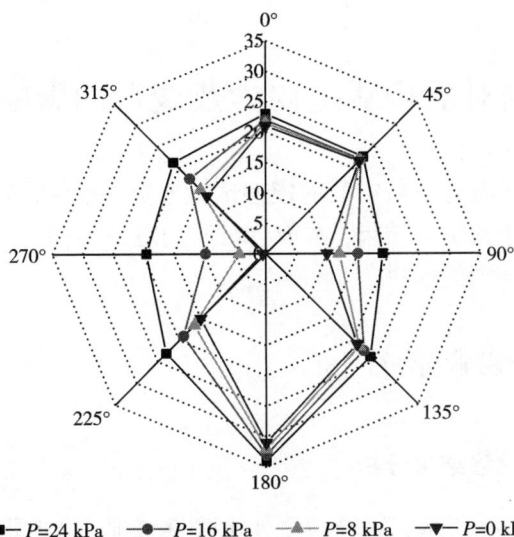

图 6-6　拱腰空洞工况管片背后接触压力对比图(单位：kPa)

$P=10$ kPa 时, 接触压力值为 7.3 kPa; $P=0$ kPa 时, 管片拱底处最终形成空洞, 此时接触压力值为 0 kPa; 管片拱底处接触压力值过渡较为迅速, 易产生应力集中效应。受管片拱底处空洞影响, 拱底附近 135°、225°截面位置处接触压力值也均有一定的减小, 两位置处分别减小 7.9 kPa(135°截面)与 6.7 kPa(225°截面)。

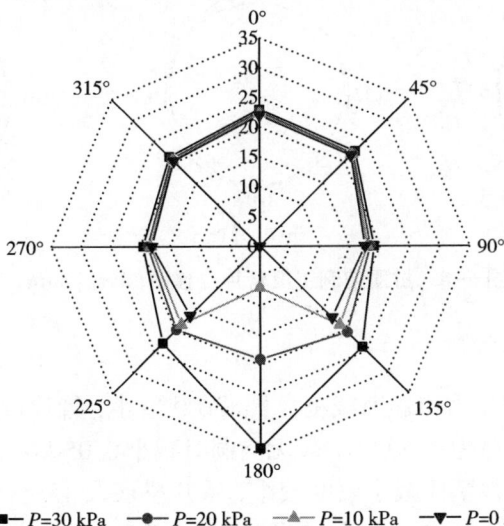

图 6-7　拱底空洞工况管片背后接触压力图(单位：kPa)

6.2　壁后空洞对盾构隧道内力及变形的影响 >>>

　　上节主要介绍了考虑壁后空洞的模型试验方法，并简要分析了空洞对隧道荷载的分布影响。基于此试验结果，本节将对盾构隧道结构弯矩、轴力及横断面位移等变化规律进行详细的探讨。

6.2.1　拱顶空洞影响分析

1. 管片横断面位移结果分析

　　如图6-8、图6-9所示，随着拱顶处水囊逐级泄压，空洞逐渐出现，拱顶处发生卸载作用，隧道管片拱顶处发生向上的变形位移，且随着压力值减小逐渐增大，压力值为0时拱顶最大位移值达到了2.24 mm。受两侧水平地层压力作用，两侧拱腰处均发生向圆心处变形位移，拱腰处最大位移值达到了0.61 mm，拱底位移变化较小，为0.11 mm，隧道管片整体呈现"竖鸡蛋"式变形。

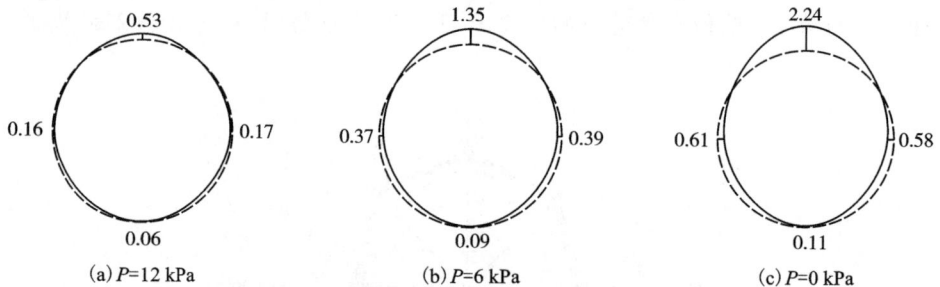

(a) P=12 kPa　　　　　(b) P=6 kPa　　　　　(c) P=0 kPa

图6-8　拱顶空洞工况管片位移图(单位：mm)

2. 管片轴力结果分析

　　随着拱顶水囊内压力值逐渐减小，上部荷载减小，管片拱顶处轴力值也随之逐渐减小，最终轴力值为0.60 kN，较无空洞时减小0.05 kN。且管片全周截面轴力值均有减小趋势，但整体减小幅度较小，管片拱底及135°、225°截面处轴力受空洞影响最小，轴力值变化不明显，如图6-10、图6-11所示。总的来说，拱顶处空洞的存在对管片轴力影响效果较小。

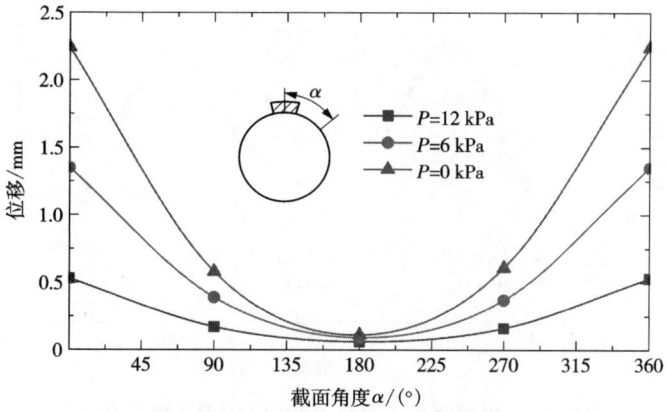

图 6-9　拱顶空洞工况管片位移对比图（单位：mm）

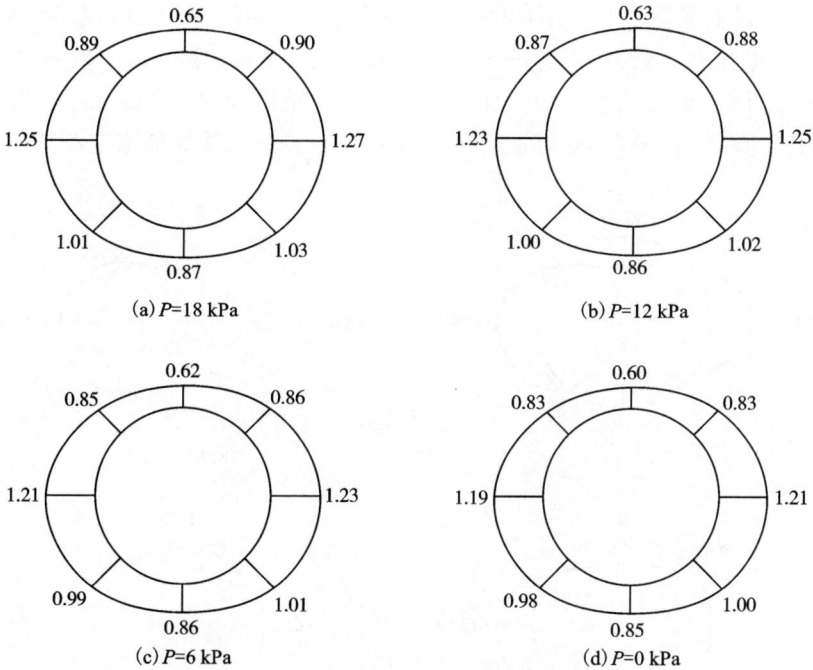

(a) P=18 kPa

(b) P=12 kPa

(c) P=6 kPa

(d) P=0 kPa

图 6-10　拱顶空洞工况管片轴力图（单位：kN）

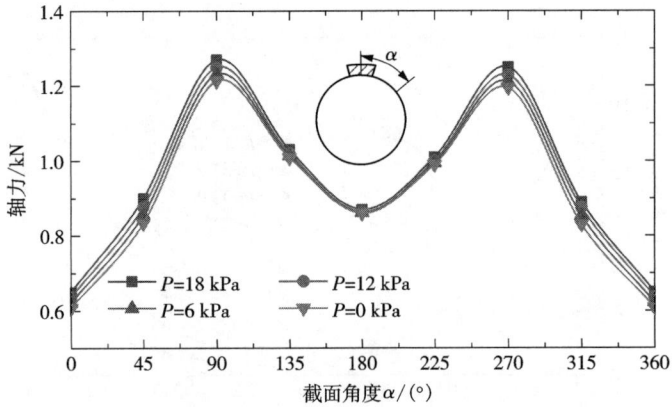

图 6-11　拱顶空洞工况管片轴力对比图（单位：kN）

3.管片弯矩结果分析

拱顶空洞工况管片弯矩图如图 6-12 所示，由图可知，随着水囊逐渐泄压排水，空洞逐渐出现，管片拱顶处弯矩值逐渐减小，$P=6$ kPa 时，拱顶弯矩值为 2.99N·m；试验最终状态时（$P=0$ kPa），拱顶弯矩值为 -6.53N·m；管片拱顶弯矩值在压力值 $P=6$ kPa 至 0 kPa 之间时出现反向。因拱顶处地层空洞导致管片未

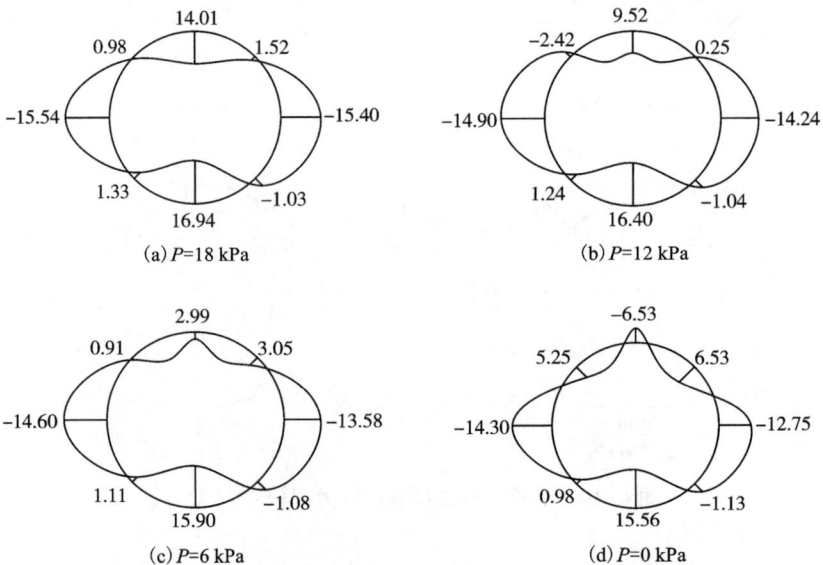

图 6-12　拱顶空洞工况管片弯矩图（单位：N·m）

能受到充足的地层反力，在地层水平压力作用下，拱顶处出现向上的位移趋势，原拱顶处由受正弯变为受负弯状态，管片外侧由受压变为受拉状态，拱顶两侧均出现反弯点，空洞处截面弯矩值变化较为迅速，衬砌外表面易发生开裂等病害。随着水囊内压力值逐渐减小，拱顶两侧临近截面位置处弯矩值均有所增加，原拱顶处弯矩值被两侧截面所承担。

管片 45°、135° 截面位置处弯矩出现减小继而增大的变化趋势，原拱顶处弯矩最终有 45°、135° 管片截面处分担，$P = 0$ kPa 时，45° 截面处弯矩增长为 5.01 N·m，315° 截面处弯矩增长为 4.27 N·m，如图 6-13 所示。且受拱顶上部卸载作用，管片其他截面处弯矩绝对值均略有减小，但整体变化幅度不大，而两侧拱腰处弯矩整体有下移趋势。

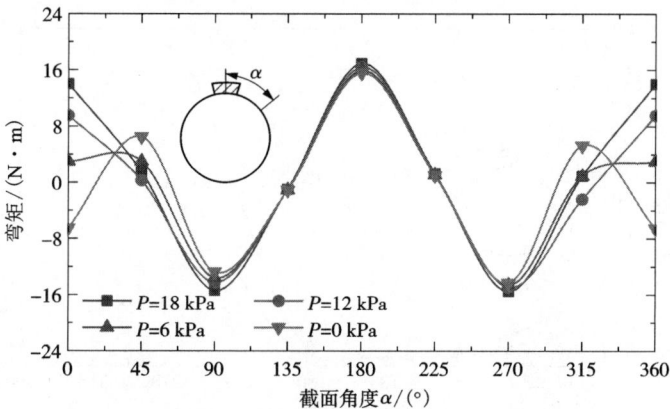

图 6-13　拱顶空洞工况管片弯矩对比图（单位：N·m）

6.2.2　拱腰空洞影响分析

1. 管片横断面位移结果分析

拱腰空洞工况管片位移图如图 6-14 所示，由图可知，由于管片左侧拱腰处水囊泄压作用，地层缺失产生空洞导致管片未能受到地层反力作用，左侧拱腰发生向空洞位置处的水平变形位移，且随着压力值减小而逐渐增大，最大位移值达 3.78 mm。受拱腰处变形影响，拱顶处管片发生向下的协同变形位移，最大位移值为 0.95 mm，拱底处几乎处于固定状态，仅产生 0.23 mm 的向上变形位移，右侧拱腰处也发生朝空洞处位移，位移值为 0.19 mm，管片整体呈现"横鸡蛋"式变形。

管片最大位移值出现在左侧拱腰处（270° 截面），各级压力值下位移增长值分别为 0.76 mm、1.34 mm、2.44 mm,且位移增长速率随逐级压力值减小而逐渐增大,位移增长趋势十分显著,如图 6-15 所示。

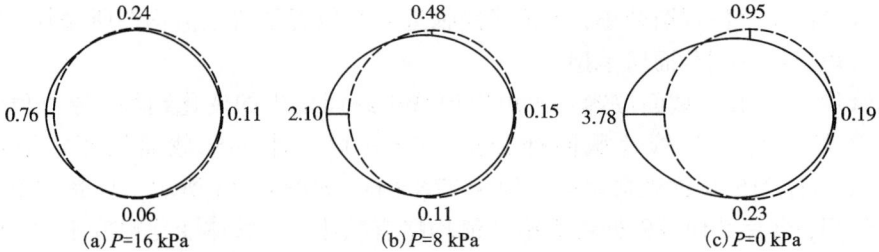

(a) $P=16$ kPa   (b) $P=8$ kPa   (c) $P=0$ kPa

图 6-14   拱腰空洞工况管片位移图(单位:mm)

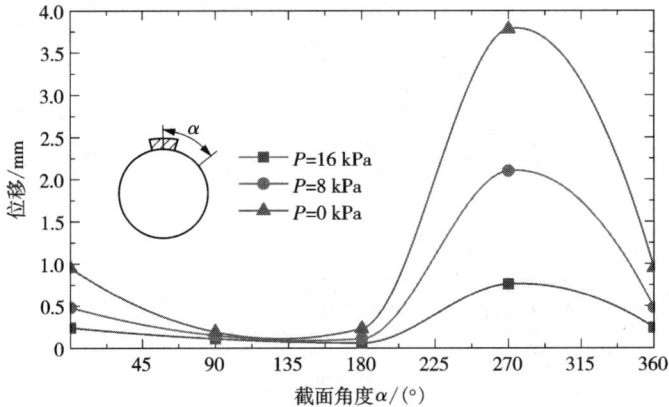

图 6-15   拱腰空洞工况管片位移对比图(单位:mm)

2. 管片轴力结果分析

受左侧拱腰处水囊泄压作用,左侧拱腰处(270°截面)轴力值随水囊压力值减小而逐渐增大,$P=0$ kPa 时,轴力值增长为 1.51 kPa,较无空洞状态时($P=24$ kPa)增长 0.28 kPa,增长率为 22.76%。管片最小轴力值出现在拱顶处,管片整体轴力分布倾斜于左侧拱腰位置处,轴力分布不均匀,如图 6-16 所示。

拱腰空洞工况管片轴力对比图如图 6-17 所示,当管片背后出现空洞时,管片轴力主要受影响截面位于空洞位置处,即左侧拱腰处(270°截面),而对其他截面影响较小。$P=24$ kPa 时,左侧拱腰处轴力值为 1.23 kN;$P=16$ kPa 时,轴力值为 1.27 kN,增长 0.04 kN;$P=8$ kPa 时,轴力值为 1.33 kN,增长 0.06 kN;$P=0$ kPa 时,轴力值为 1.51 kN,增长 0.18 kN。逐级泄压作用下,管片左侧拱腰轴力值呈现"指数型"增长趋势,轴力增长较为迅速。

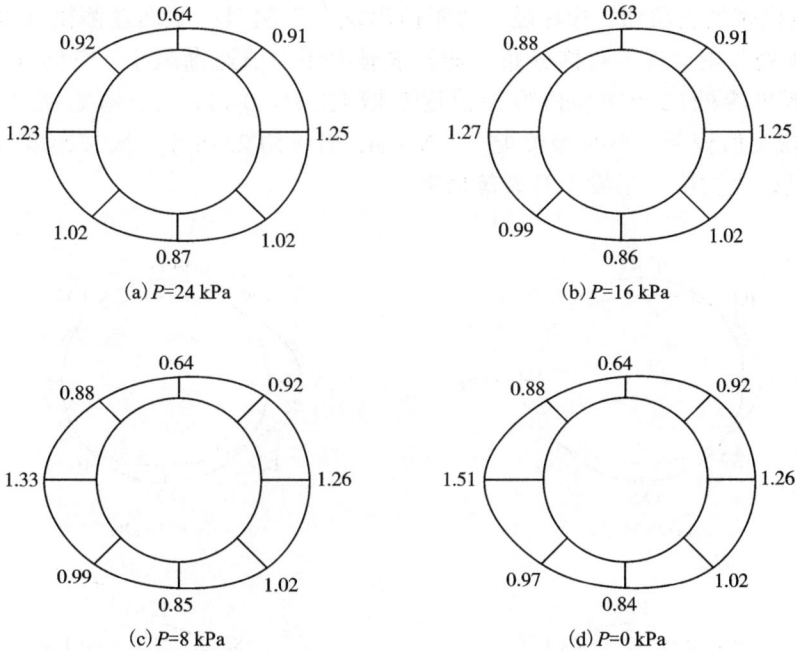

(a) P=24 kPa

(b) P=16 kPa

(c) P=8 kPa

(d) P=0 kPa

图 6-16　拱腰空洞工况管片轴力图(单位：kN)

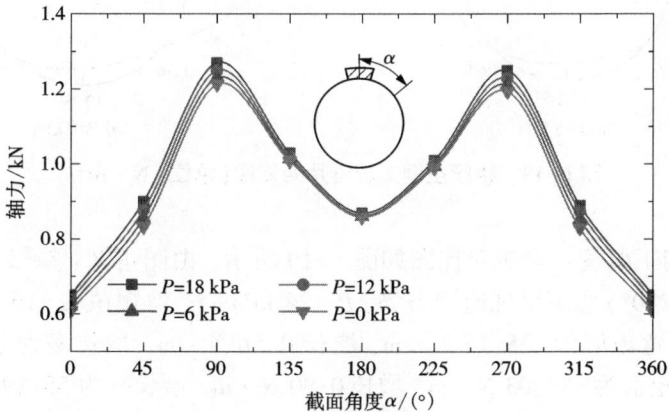

图 6-17　拱腰空洞工况管片轴力对比图(单位：kN)

3. 管片弯矩结果分析

拱腰空洞工况管片弯矩图如图 6-18 所示，当管片拱腰位置处出现空洞时，管片弯矩整体分布规律较无空洞工况时并未发生改变，依旧是拱顶、拱底处受正弯，两侧拱腰处受负弯，管片最大弯矩值出现在空洞对应截面左侧拱腰处，管片两侧拱腰处弯矩呈现不对称分布。随着水囊内压力值逐渐减小，空洞逐渐扩大，管片左侧拱腰处（270°截面）弯矩值逐渐增大，$P=0$ kPa 时，弯矩值为 -61.25 N·m，弯矩值较无空洞时增长 45.05 N·m，增长约 2.78 倍，增长幅度较大，管片外侧受较大拉应力易发生开裂等病害。

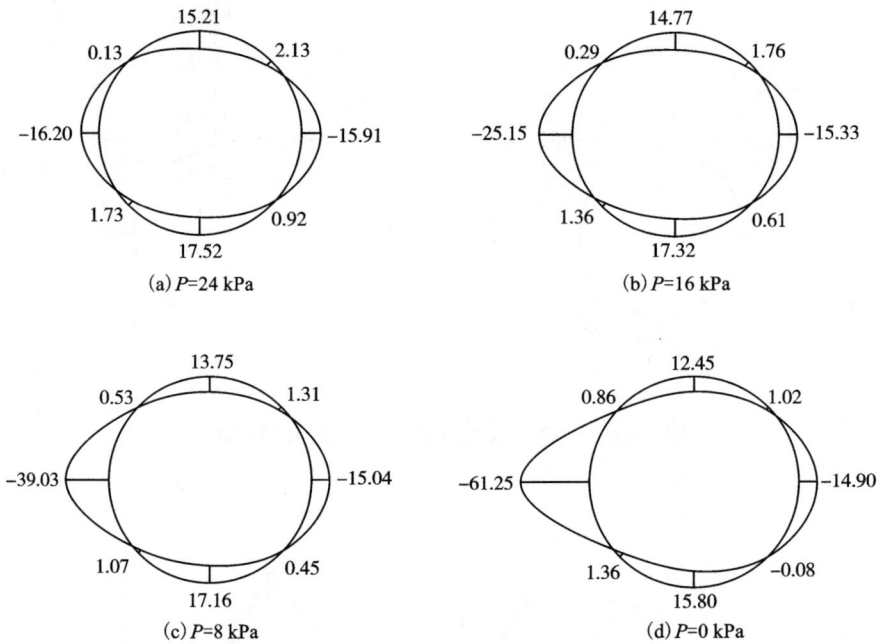

图 6-18　拱腰空洞工况管片弯矩图（单位：N·m）

拱腰空洞工况管片弯矩对比图如图 6-19 所示，由图可知，拱腰空洞工况时，左侧拱腰处（270°）弯矩呈现递增态势，$P=24$ kPa 时，弯矩值为 -16.20 N·m，$P=16$ kPa 时，弯矩值为 -25.15 N·m，增长 0.58 N·m，增长率为 55.24%；$P=8$ kPa 时，弯矩值为 -39.03 N·m，增长 0.90 N·m，增长率为 55.19%；$P=0$ kPa 时，弯矩值为 -61.25 N·m，增长 1.44 N·m，增长率为 56.93%；管片弯矩值呈现"二次抛物线"式增长趋势，弯矩增长率呈现线性增长趋势，而管片其他截面位置处弯矩变化幅度很小。

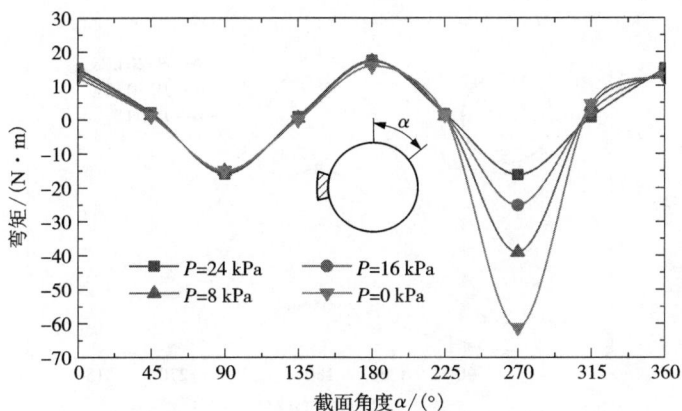

图 6-19 拱腰空洞工况管片弯矩对比图(单位:N·m)

6.2.3 拱底空洞影响分析

1. 管片横断面位移结果分析

拱底空洞工况管片位移图如图 6-20 所示,由图可知,拱底出现空洞时,管片拱底发生向下的位移变形,且随着水囊压力值的减小而逐渐增大,最终位移值为 2.69 mm;受两侧水平地层压力作用,两侧拱腰处均发生向圆心处变形位移,其位移值分别为 0.75 mm(270°截面)、0.69 mm(90°截面);拱顶处发生向下的协同位移变形,位移较小为 0.21 mm;管片整体呈现"倒置竖鸡蛋"式变形,管片变形位移与拱顶空洞工况时相反,而变化规律相似。

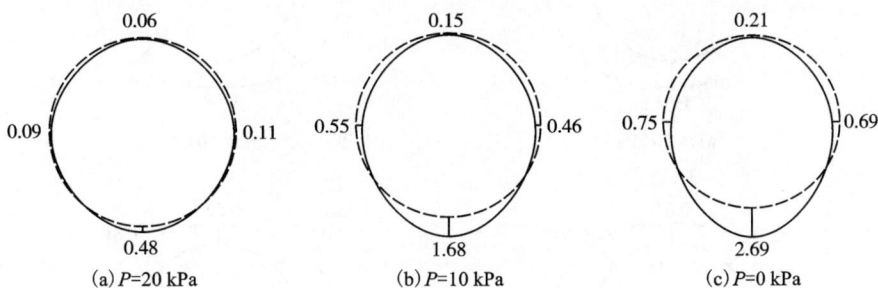

图 6-20 拱底空洞工况管片位移图(单位:mm)

拱底空洞工况管片位移对比图如图 6-21 所示,由图可知,管片整体呈现"对称式"位移变形,管片最大位移值出现在拱底处(180°截面),随着试验逐渐进行,管片各截面位移值均逐渐增大,且拱底处位移增长幅度最大。

171

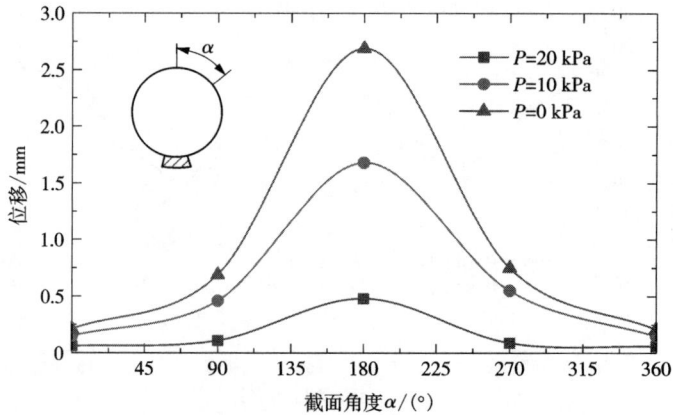

图 6-21　拱底空洞工况管片位移对比图(单位: mm)

2. 管片轴力结果分析

拱底处未受到地层反力作用, 这导致管片全周截面位置处轴力值均有所减小, 其中管片拱底位置处轴力减小幅度最大, $P=0$ kPa 时, 轴力值为 0.77 kN, 轴力值较无空洞时减小 0.14 kN, 其他截面轴力减小幅度较为相似, 在 0.06 kN 上下浮动, 如图 6-22、图 6-23 所示。

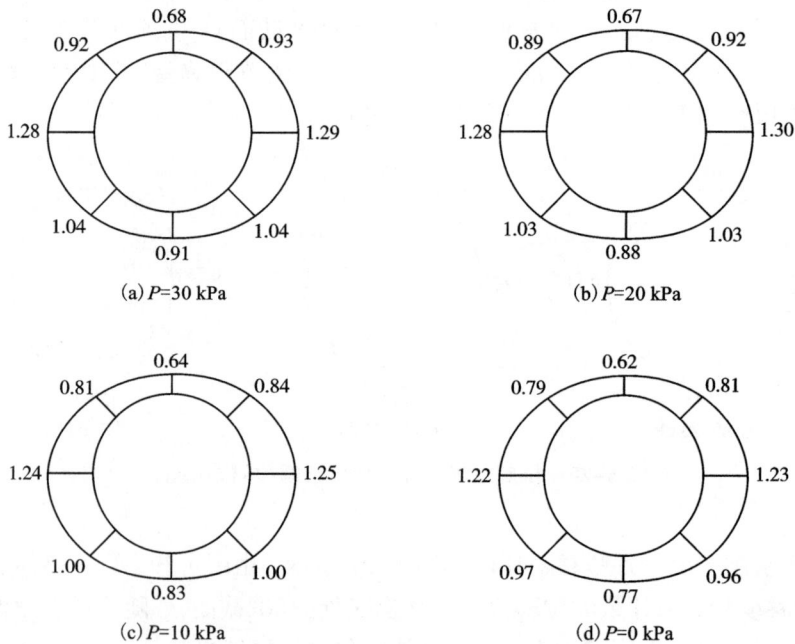

(a) $P=30$ kPa

(b) $P=20$ kPa

(c) $P=10$ kPa

(d) $P=0$ kPa

图 6-22　拱底空洞工况管片轴力图(单位: kN)

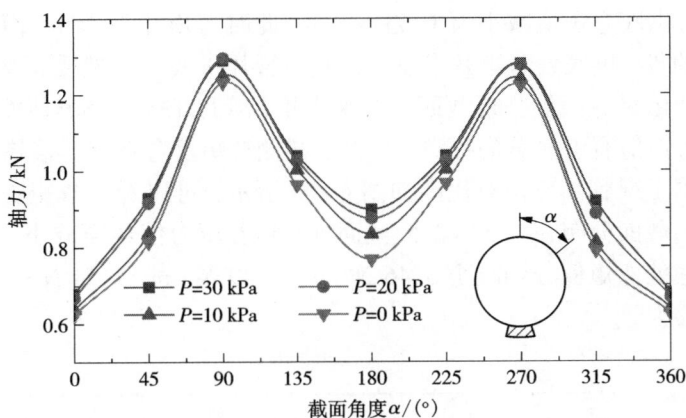

图 6-23　拱底空洞工况管片轴力对比图(单位：kN)

3. 管片弯矩结果分析

拱底空洞工况管片弯矩图如图 6-24 所示，由图可知，随着拱底处水囊分级放水泄压，管片拱底处弯矩值逐渐减小，$P = 20$ kPa 时，拱底弯矩值减小为 17.32 N·m；$P = 10$ kPa 时，拱底弯矩值减小为 9.37 N·m；试验最终状态时

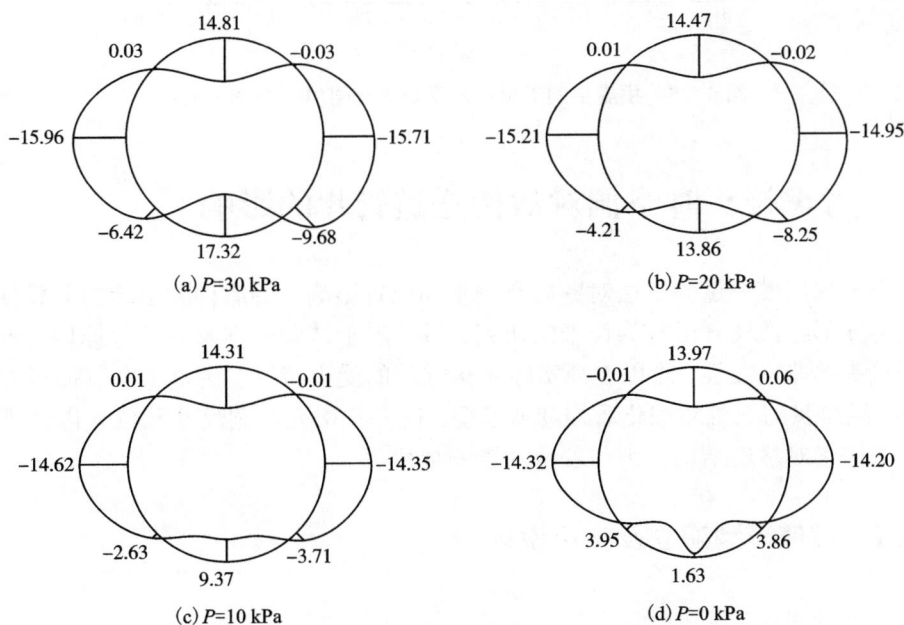

(a) P=30 kPa

(b) P=20 kPa

(c) P=10 kPa

(d) P=0 kPa

图 6-24　拱底空洞工况管片弯矩图(单位：N·m)

（$P=0$ kPa），拱底弯矩值减小为 1.63 N·m，此时弯矩几乎为 0。而较拱顶空洞工况所不同的是，拱底处弯矩并未发生反向，管片拱底处依然受正弯，此时原拱底处弯矩主要由拱底两侧临近截面位置来承担，管片 135°~180°截面以及 180°~225°截面处弯矩值有着显著的提高，且拱底两侧弯矩反弯点有上移趋势。

拱底空洞工况管片弯矩对比图如图 6-25 所示，可以看到弯矩受拱底空洞影响的主要影响截面分布在 135°~225°截面处，随着压力值逐渐减小，逐级压力卸载下管片拱底处弯矩值分别减小 3.46 N·m、4.49 N·m、7.74 N·m，弯矩减小幅度在逐渐增大。

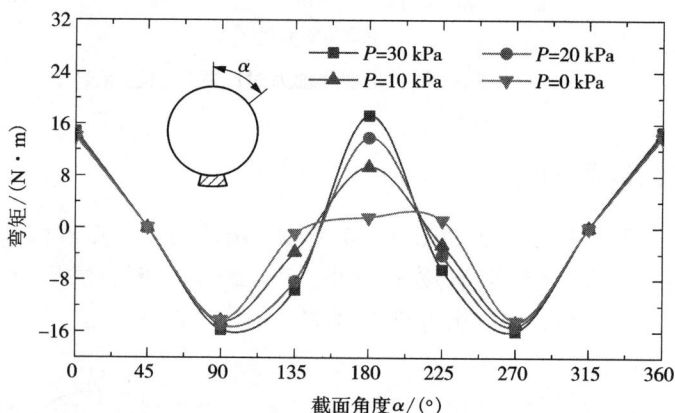

图 6-25   拱底空洞工况管片弯矩对比图（单位：N·m）

6.3   考虑接头时空洞对盾构隧道管片的影响

上节采用模型试验方法对壁后空洞不同位置影响下的盾构隧道结构荷载分布及受力变形特性展开了较为详细的研究，但受限于试验成本及条件等原因，未能考虑接头的非连续性，难以表征实际盾构隧道的受力特性。为此，本节拟建立考虑环、纵接头的三维精细化盾构隧道模型，进一步探究空洞尺寸和位置以及管片拼装等因素对隧道结构受力与安全的影响规律。

6.3.1   数值模型建立及工况设计

1.模型建立

依托南昌地铁某区间隧道工程，采用 ABAQUS 有限元软件建立考虑环、纵向接头的精细化盾构隧道数值模型。

　　盾构隧道模型(有接头)如图 6-26(a)所示,模型管片共 4 环,错缝拼装。单环管片由 1 个封顶块+2 个邻接块+3 个标准块组成,外径为 6.0 m,内径为5.4 m,采用 C3D10M 单元模拟,如图 6-26(b)所示;相邻管片环、纵向分别采用 M27 和 M24 的 6.8 级弯螺栓连接,以 C3D8R 单元模拟;管片钢筋笼采用桁架单元模拟,内、外排纵筋分别为 4φ25 mm+4φ22 mm、10φ20 mm,箍筋为 φ10 mm,单元类型为 T3D3。隧道埋深 10.8 m,土体采用 C3D8R 单元模拟,如图 6-26(c)所示。

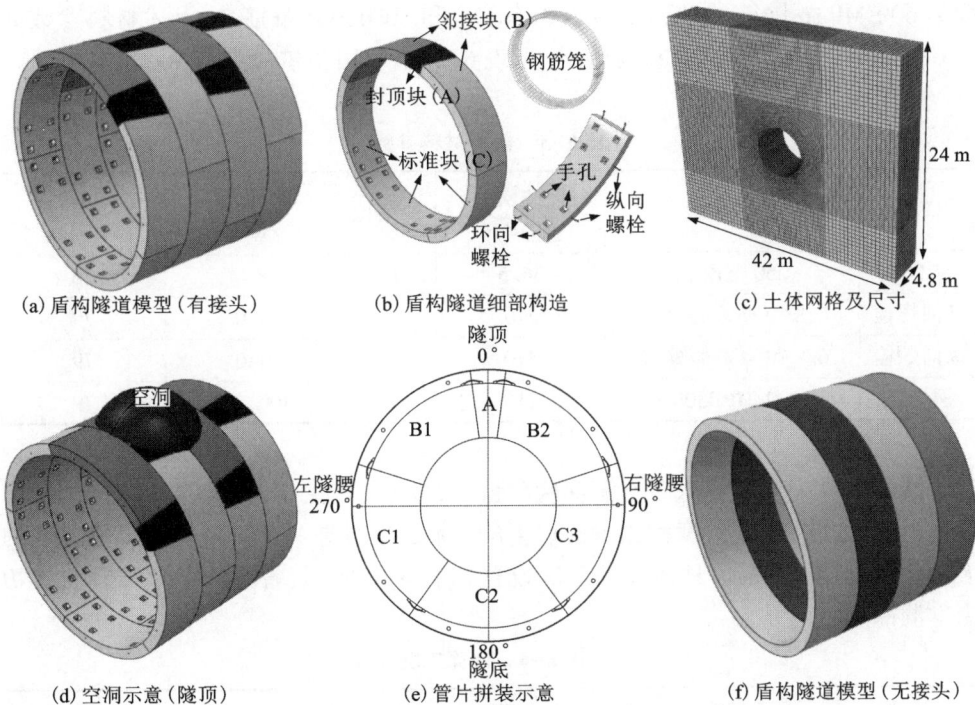

(a)盾构隧道模型(有接头)　　(b)盾构隧道细部构造　　(c)土体网格及尺寸

(d)空洞示意(隧顶)　　(e)管片拼装示意　　(f)盾构隧道模型(无接头)

图 6-26　盾构隧道数值模型

　　管片-管片及管片-土体接触面的法向行为均采用硬接触模拟,切向行为采用基于罚函数的 Cloumb 摩擦模拟,摩擦系数分别取 0.62 和 0.40;管片手孔-螺帽接触面采用"tie"约束模拟;模型共 130 余万单元,为提高数值计算的收敛性,将螺栓-螺栓孔接触面的法向行为设置为硬接触,切向行为简化为无摩擦;对各环、纵向螺栓按规范要求施加相应螺栓预紧力,环向螺栓预紧力为 180 kN,纵向螺栓预紧力为 140 kN;利用嵌入约束将钢筋笼内置于管片内部以建立材料间的相互作用。模型边界设置：约束围岩四周法向位移，底部固定，约束隧道纵向位移。

隧道壁后空洞形状及管片拼装位置如图 6-26(d)、(e)所示。地层空洞是采用 ABAQUS 自带的生死单元法，将空洞范围内的土体单元"杀死"，以此模拟空洞的形成。盾构隧道均质圆环模型(不考虑接头)内外径同有接头模型(考虑环、纵向接头)，如图 6-26(f)所示，并内置同等钢筋笼，管片环之间采用刚接。

2.材料选取及工况设计

管片混凝土所用材料均为 C50，采用弹塑性本构(定义其单轴拉伸、压缩应力-应变关系)；环、纵向螺栓均为 6.8 级高强弯螺栓，屈服强度为 480 MPa，极限强度为 600 MPa；钢筋类型为 HRB400(纵筋)和 HPB300(箍筋)，上述材料参数如表 6-3 所示。模型围岩材料为砂土(见表 6-1)，采用摩尔-库伦(M-C)本构。

表 6-3　模型材料参数

构件类型	材料类型	弹性模量/GPa	泊松比	屈服强度/MPa	重度/(kN·m^{-3})
盾构管片	C50 混凝土	34.5	0.2	—	26
环向螺栓	6.8/M27 高强螺栓	210	0.3	480	79
纵向螺栓	6.8/M24 高强螺栓	210	0.3	480	79
钢筋笼	HRB400/HPB300 钢筋	210	0.3	400/300	79

既有研究表明隧道壁后空洞深度(径向尺寸)大多在 0.3 m 以内，但极端情况下隧道壁后亦会存在深度在 2.5 m 以上的空洞，本节进一步对工程中可能出现的大尺寸空洞展开研究，具体计算工况设置如表 6-4 所示，表中 S 为空洞面积，H 为空洞深度。

表 6-4　计算工况

类型	有无接头	空洞尺寸/S(m^2)×H(m)	空洞位置
无空洞	有接头	—	—
有空洞	有接头	5.0×(0.1、0.2、0.3、0.4、0.5、1.0、1.5、2.0、2.5)	隧顶
			左隧腰
			隧底
		(1.25、2.5、3.75、5.0)×0.5	隧顶
			左隧腰
			隧底

6.3.2　计算结果分析

规定管片外表面受压时弯矩为正，反之弯矩为负；管片收敛外扩为正，内缩为负。本节隧顶、右隧腰、隧底、左隧腰分别代表隧道顶部、右侧腰部、底部、左侧腰部，分别对应 0°、90°、180°、270°截面，如图 6-26(e)所示。

1. 空洞深度对盾构隧道的影响分析

（1）隧顶空洞影响分析

隧顶不同深度空洞影响下盾构隧道内力及收敛变形图分别如图 6-27、

(a) 弯矩

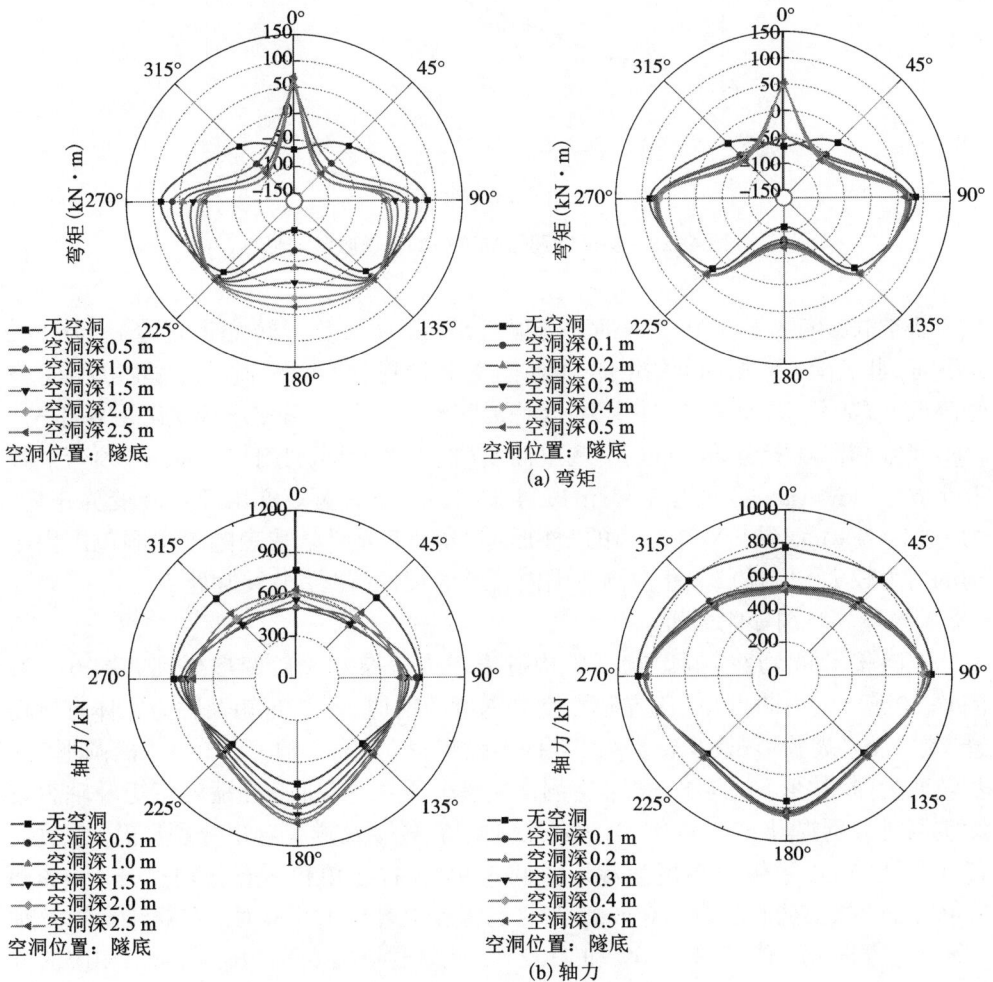

(b) 轴力

图 6-27　隧顶空洞影响下盾构隧道内力分布

177

图 6-28 所示，由图可知，空洞深度提升至 0.2 m 时，隧顶、隧底及隧腰弯矩均有不同程度的下降，隧顶弯矩降幅近 30%，隧腰和隧底分别下降 16.5% 和 22.1%，而轴力表现为隧顶及隧腰分别降低 27.2% 和 4.7%、隧底提高 9.6%。

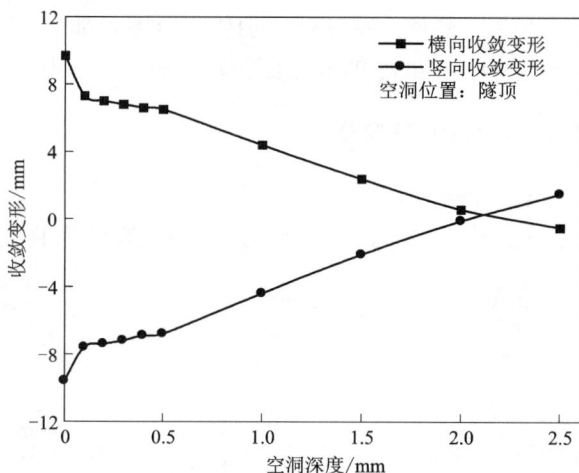

图 6-28　隧顶空洞影响下盾构隧道收敛变形

当空洞深度提升至 0.3 m 时，隧顶弯矩反向（由负弯转变为正弯），为 49.2 kN·m，此后随着空洞深度的增加，隧顶弯矩逐渐提升，但提升较缓，隧腰及隧底弯矩降低，其弯矩由"蝴蝶形"转变为"竖杆形"分布，而轴力分布形状变化并不明显。

当空洞深度增至 2.0 m 时，隧道椭变（椭圆度变形）小于 1 mm，隧顶弯矩提升至 67.7 kN·m，隧腰弯矩降至 11.4 kN·m，隧底弯矩亦由负弯转变为正弯，为 19.1 kN·m。结构弯矩分布的"杆形"尖角角度越小，代表隧顶空洞范围内结构的剪力较大，应重点关注空洞范围内管片的裂损情况，并及时处治。

（2）隧腰空洞影响分析

左隧腰不同深度空洞影响下盾构隧道内力分布和收敛变形分别如图 6-29、图 6-30 所示，由图可知，随左隧腰空洞深度的增加，结构弯矩及轴力整体有所提升，弯矩由"蝴蝶形"逐步转变为"半杆半蝴蝶形"分布，轴力分布由"椭圆形"逐步转变为"横杆形"。具体表现：空洞深度提升至 0.5 m 时，左隧腰弯矩及轴力较无空洞时分别提升 52.9% 和 11.3%，隧顶、右隧腰及隧底弯矩分别提升 15.9%、13.6% 和 15.3%，轴力表现为隧顶降低 3.9%，右隧腰和隧底分别提升 1.4% 和 8.4%，此时隧道椭变为 60.0 mm；当空洞深度上升至 1.5 m 时，左隧腰弯矩及轴力较无空洞时分别提升 128.0% 和 43.2%，此时隧道椭变为 116.4 mm，相应的椭圆度为 19.4‰。

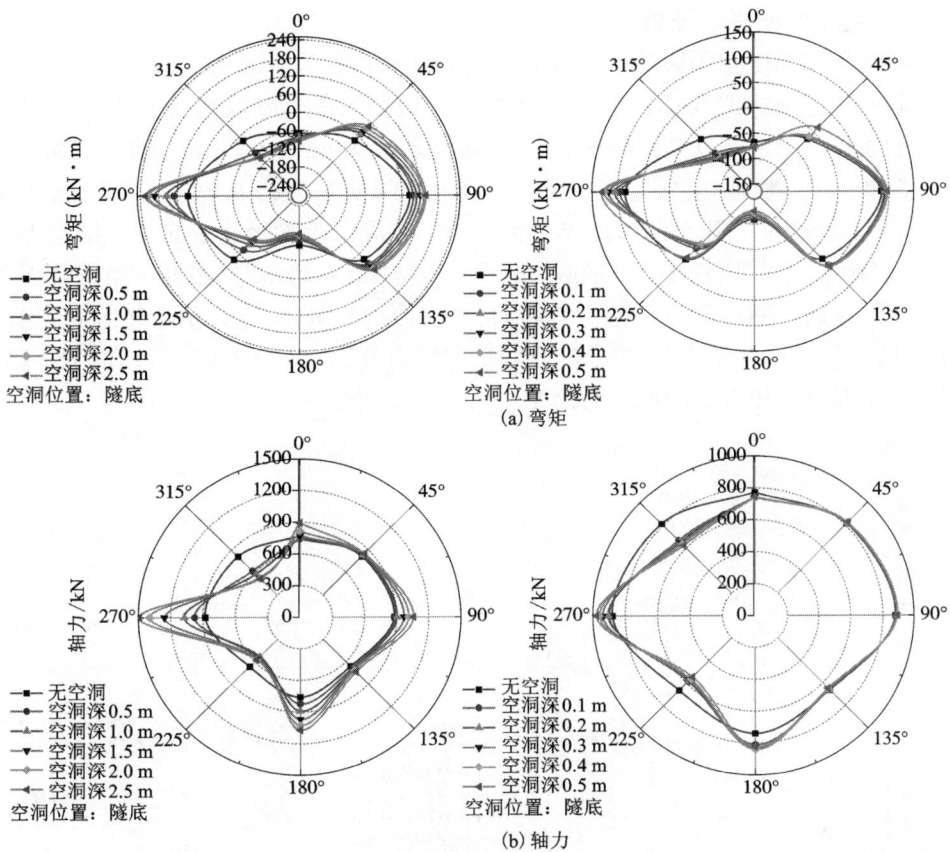

(a) 弯矩

(b) 轴力

图 6-29　隧腰空洞影响下盾构隧道内力分布

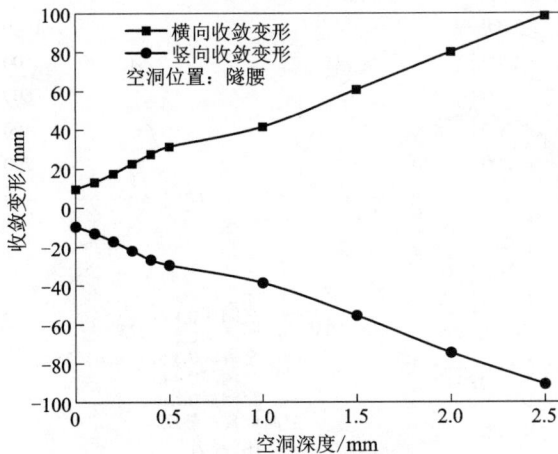

图 6-30　隧腰空洞影响下盾构隧道收敛变形

(3)隧底空洞影响分析

隧底不同深度空洞影响下盾构隧道内力分布和收敛变形图,其规律与隧顶存在空洞类似分别如图 6-31、图 6-32 所示。由图可知,隧底弯矩在空洞深度为 0.2 m 时反向,由-109.7 kN·m(无空洞时)转变为 66.2 kN·m,轴力较无空洞时降低 9.1%,隧顶、隧腰弯矩较无空洞时分别降低 5.5%、6.8%;空洞深度增至 0.5 m 后,隧底轴力随空洞深度增加而上升;空洞深度增至 1.5 m 时,隧道基本恢复至"圆形",其椭变小于 1 mm,此后结构呈"倒置鸡蛋"式变形;空洞深度提升至 2.0 m 时,隧顶和隧腰弯矩均反向,分别为 11.9 kN·m(负弯转为正弯)和 -21.7 kN·m(正弯转为负弯),隧底弯矩和轴力分别为 132.6 kN·m 和 1157 kN,较无空洞时分别提升 20.9%、52.4%。

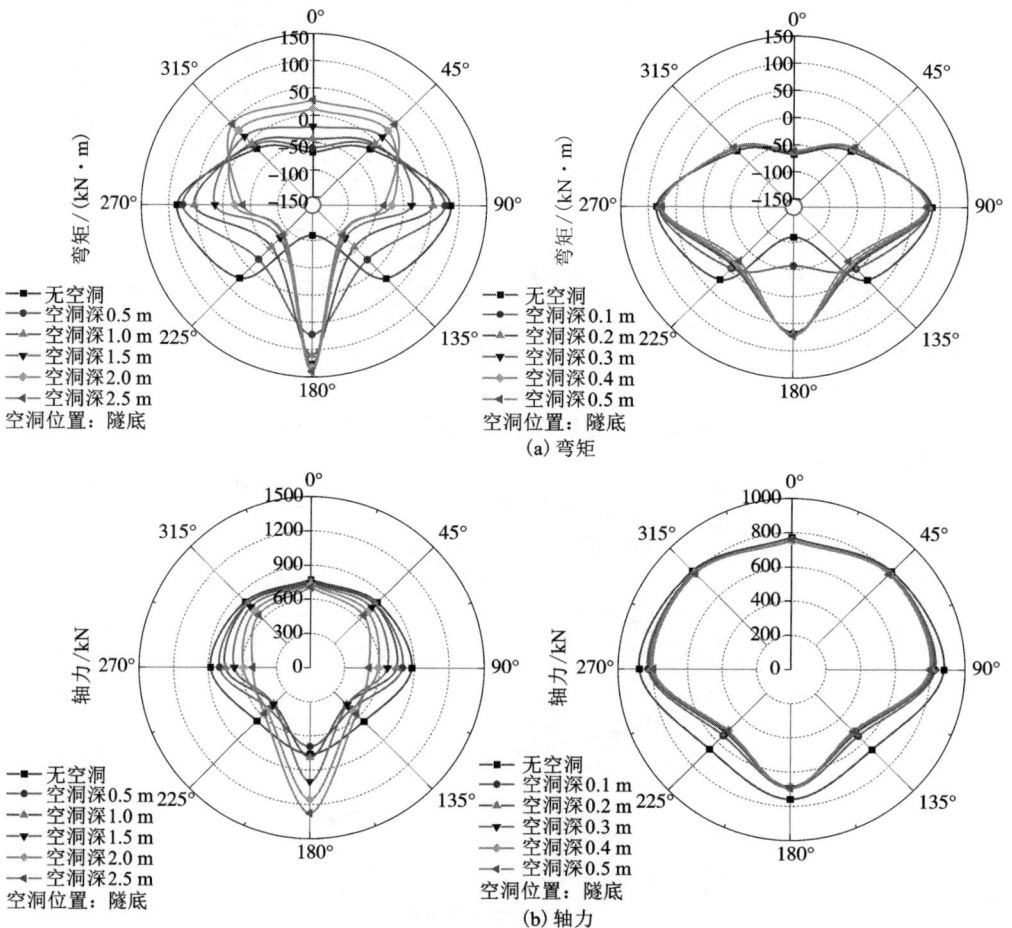

图 6-31　隧底空洞影响下盾构隧道内力分布

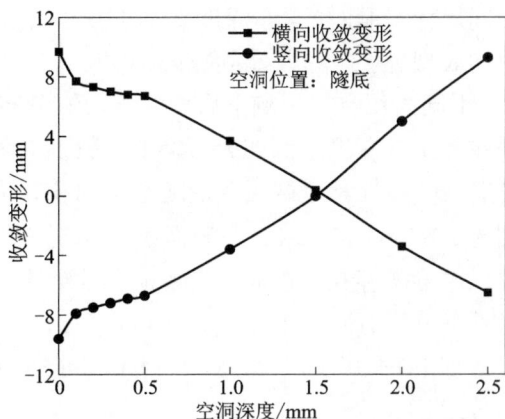

图 6-32　隧底空洞影响下盾构隧道收敛变形

2. 空洞面积对盾构隧道的影响分析

为进一步分析不同位置空洞对衬砌结构的不利影响，采用《铁路隧道设计规范》(TB 10003—2016)中钢筋混凝土矩形截面的大、小偏心受压构件截面强度计算公式，获取各空洞中心处管片截面的安全系数 K，并分析安全系数随空洞深度的变化规律。

空洞中心处隧道截面安全系数随空洞深度的变化曲线如图 6-33 所示，由图可知，隧顶、隧底存在空洞时，随空洞深度增加，空洞中心处隧道截面安全系数先增大后减小；左隧腰存在空洞时，左隧腰截面安全系数随空洞深度增大而降

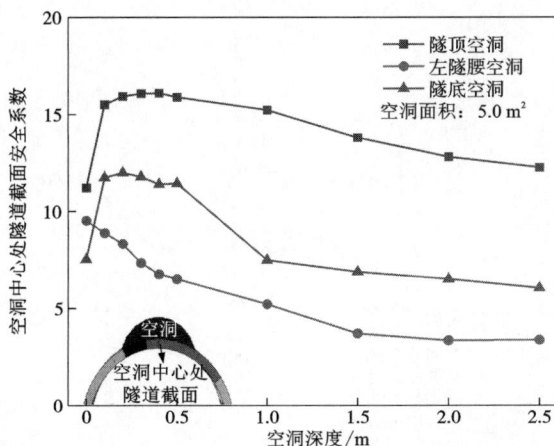

图 6-33　空洞中心处隧道截面安全系数-空洞深度变化曲线

低。当隧道壁后存在同尺寸空洞时(空洞深度不小于 0.1 m,下同),空洞中心处隧道截面的安全系数均表现为:左隧腰<隧底<隧顶。

隧顶、隧腰、隧底不同面积空洞影响下盾构隧道弯矩分布图如图 6-34 所示,其内力及变形变化规律与不同深度空洞的分析类似。隧顶或隧底空洞影响下,空洞面积在 2.50 m² 内空洞中心处隧道截面弯矩随空洞面积扩大而降低,较无空洞时弯矩最大降幅分别为 55.3%、62.2%,空洞面积增大至 3.75 m² 时,空洞中心处隧道截面弯矩反向。左隧腰存在空洞时,其隧顶、隧腰及隧底弯矩均随空洞面积扩大而提升,当空洞面积分别为 1.25 m²、2.50 m²、3.75 m² 和 5.00 m² 时,左隧腰弯矩较无空洞时分别上升 20.3%、28.4%、44.0%和 52.9%,呈非线性增长。

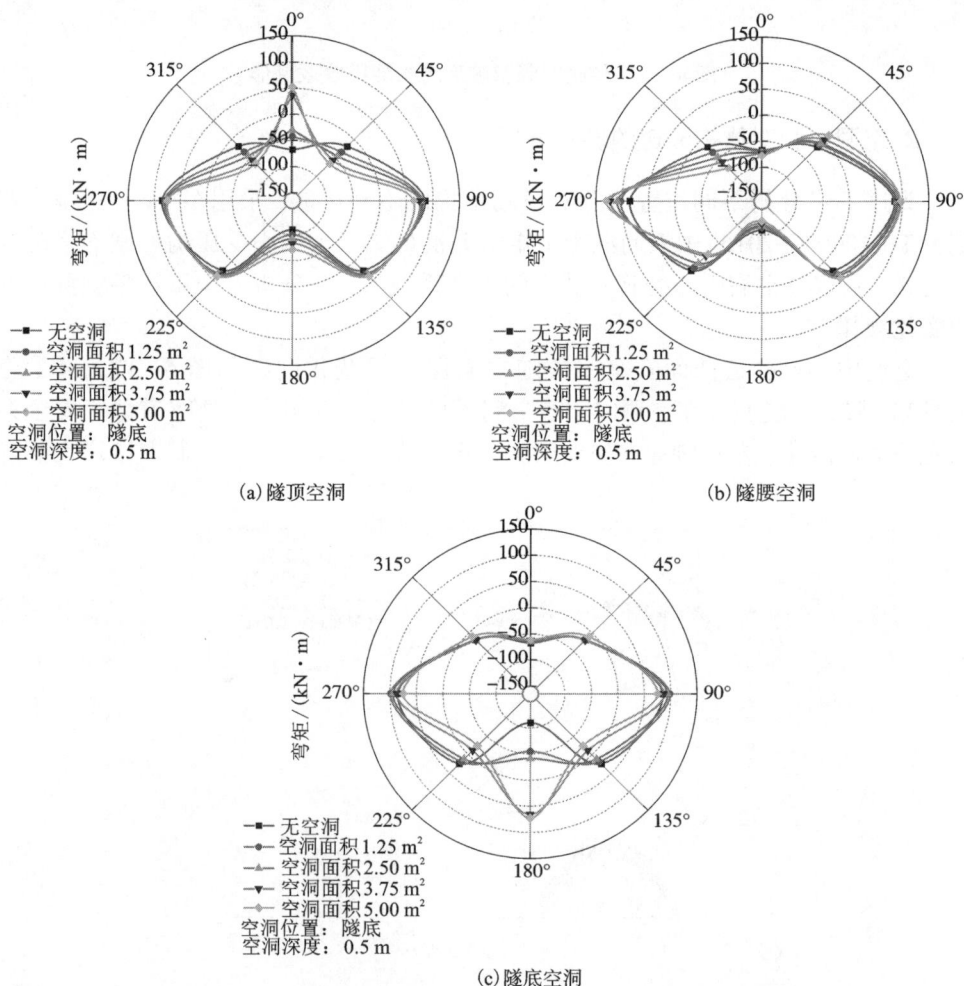

(a)隧顶空洞

(b)隧腰空洞

(c)隧底空洞

图 6-34 不同面积空洞影响下盾构隧道内力分布

3. 空洞范围内有无纵缝对盾构隧道的影响分析

空洞尺寸为 5.0 m² × 1.5 m,隧顶、隧腰、隧底空洞内有无纵缝时管片内力分布如图 6-35 所示。管片张开极值及空洞处管片截面安全系数如表 6-6 所示。拼装点位 A、B 分别对应隧顶空洞内有接缝、空洞内无接缝工况,拼装点位 A、C 分别对应隧腰空洞内有接缝和无接缝工况,拼装点位 A、D 分别对应隧底空洞内无接缝及有接缝工况,管片各拼装点位如图 6-36 所示,接缝特指管片间的纵缝[图 6-36(a)]。

(a) 隧顶

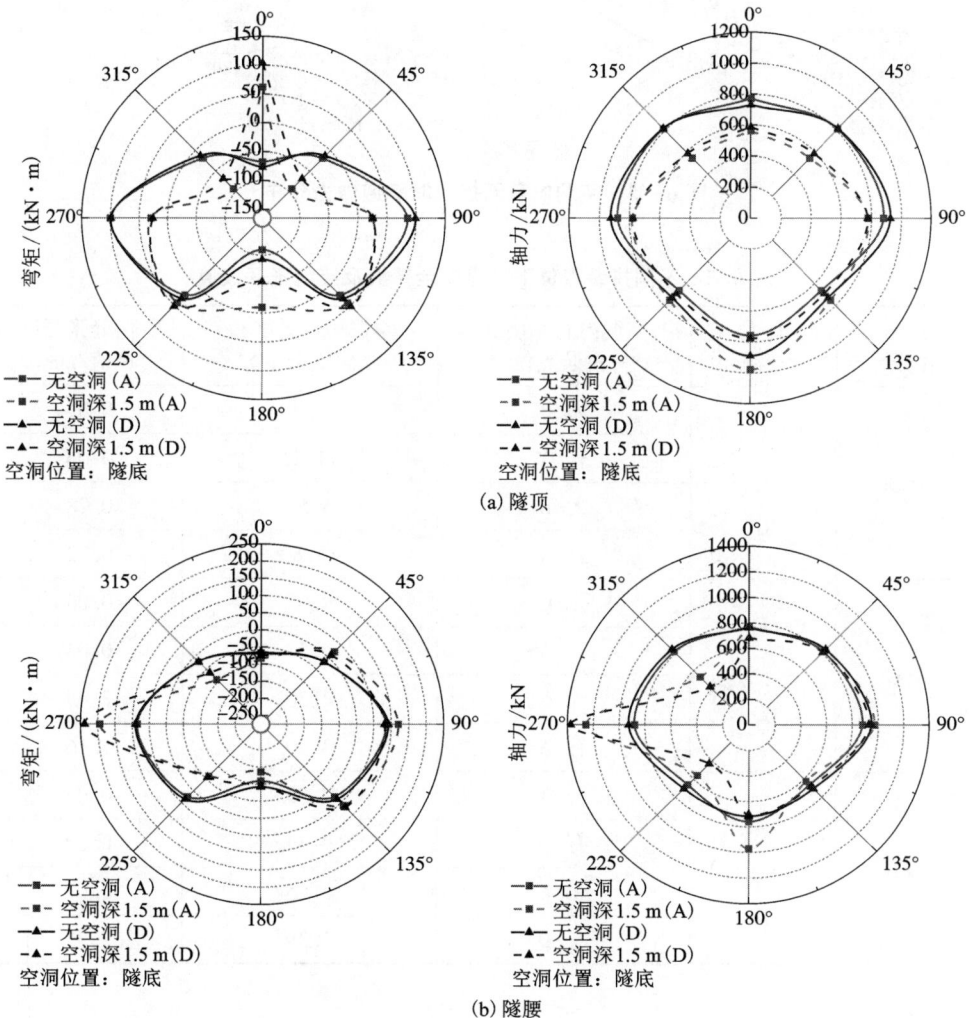

(b) 隧腰

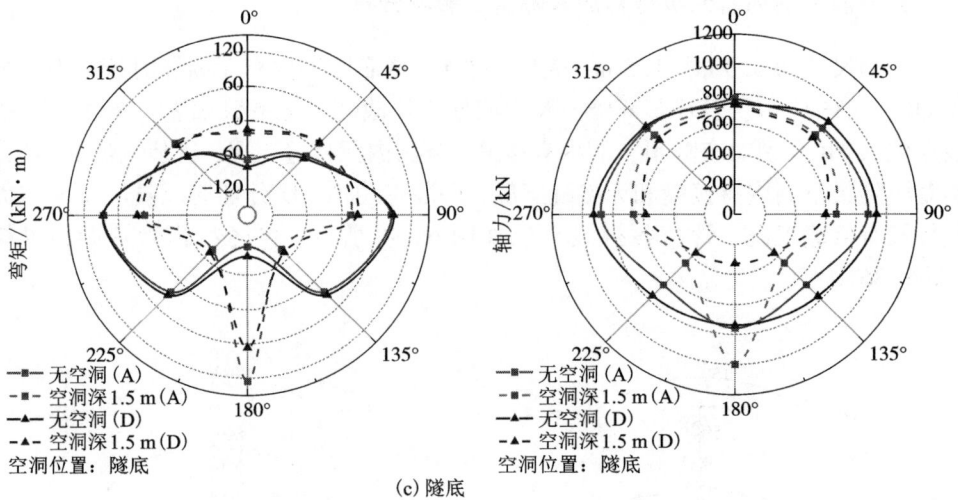

(c) 隧底

图 6-35 空洞内有无接缝时隧道内力分布

表 6-5 不同拼装点位下隧道安全系数及接缝张开极值

空洞位置	有无空洞	空洞内有无接缝/拼装点位	空洞中心处隧道截面安全系数	接缝张开极值/mm
隧顶	无	无/B	10.80	0.05
		有/A	11.21	0.06
	有	无/B	5.56	0.28
		有/A	13.80	0.52
隧腰	无	无/C	9.05	0.05
		有/A	9.52	0.04
	有	无/C	2.50	2.45
		有/A	3.70	5.16
隧底	无	无/A	7.53	0.05
		有/D	9.34	0.09
	有	无/A	6.95	0.67
		有/D	7.39	2.35

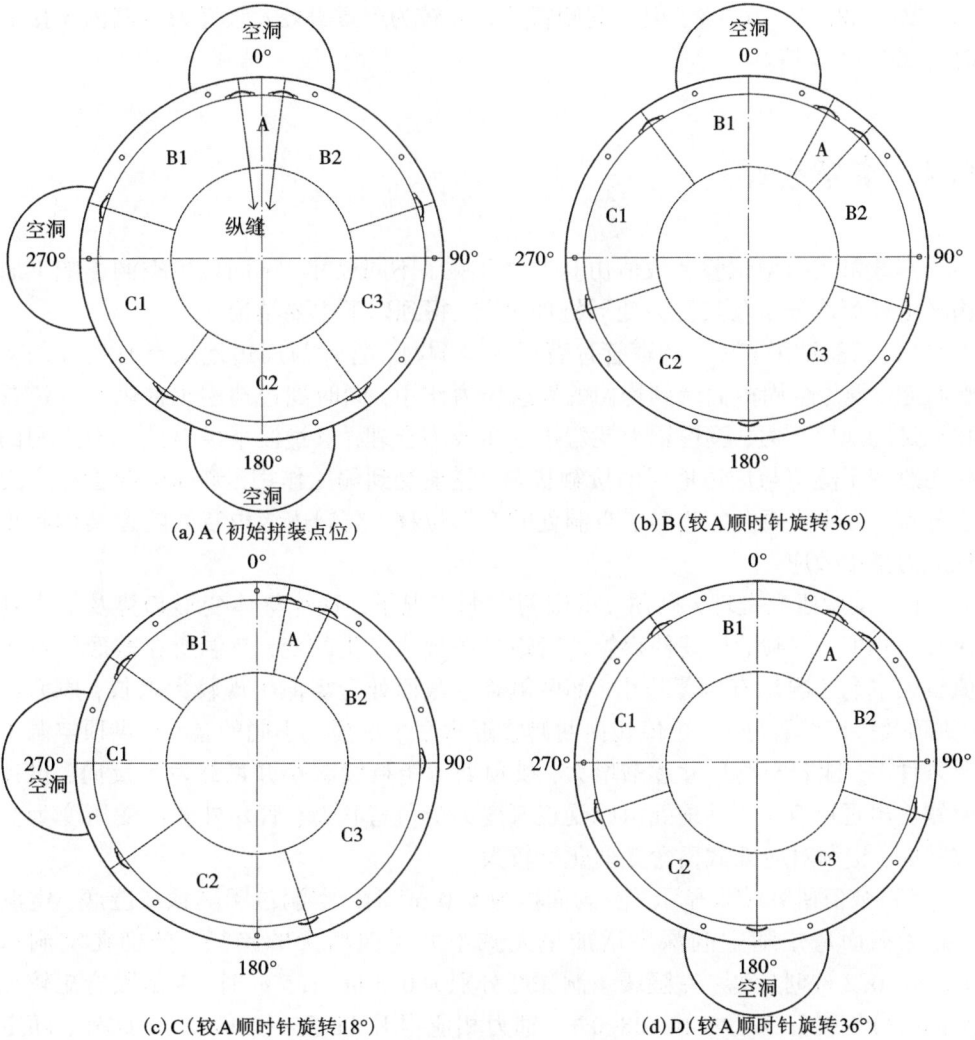

(a) A（初始拼装点位）

(b) B（较 A 顺时针旋转 36°）

(c) C（较 A 顺时针旋转 18°）

(d) D（较 A 顺时针旋转 36°）

图 6-36　盾构隧道不同拼装点位

由图 6-36 可知，无空洞时，不同拼装点位对盾构隧道结构内力分布及变形特征影响不同，表现为拼装点位 B、C、D 的弯矩极值较点位 A 分别降低 15.6%、15.9% 和 15.4%，轴力极值分别提升 5.1%、7.9% 和 6.3%。隧顶空洞内有接缝时较无接缝时，其隧顶弯矩和轴力分别降低 40.5% 和 4.2%；隧腰空洞内有接缝时较无接缝时，其隧腰弯矩和轴力分别降低 18.4% 和 8.5%；隧底空洞内有接缝时较无接缝时，其隧底弯矩和轴力分别降低 53.2% 和 67.2%。本算例中，隧顶、隧腰、隧底空洞内有接缝较无接缝时，空洞中心处隧道截面安全系数增幅分别为148.2%、48.0%、6.3%，但空洞侧管片张开较为严重，最大张开为空洞内无接缝时的2.0~3.5倍。

6.4　本章小结

>>>

本章采用模型试验及数值仿真方法开展了不同尺寸、不同位置空洞影响下盾构隧道外荷载分布及其受力变形机理研究，得到以下主要结论：

(1)试验结果表明，隧道管片背后无空洞时，管片与周边地层具有良好的接触状态，管片全周截面受到均匀的地层压力作用，同时周边地层也提供给隧道管片充足的地层反力，隧道轴力及弯矩分布较为合理，且过渡平滑自然。而空洞的存在改变了隧道与周边地层的接触状态，隧道受到偏压作用，继而引起管片应力重分布，管片截面发生趋向于空洞处的变形位移，空洞边缘位置处隧道结构易出现应力集中效应。

(2)试验研究发现，拱顶、拱底两空洞工况下，管片整体变形趋势及受力规律较为相似，空洞的出现使得管片弯矩分布规律发生改变，空洞所在截面处弯矩值较无空洞工况均有显著减小，而两侧临近截面处弯矩值出现较大增长，原截面(拱顶及拱底位置处)弯矩值转由两侧临近截面来承担。不同的是，在拱顶空洞工况条件下，随着空洞尺寸逐渐增大，拱顶处弯矩持续减小并最终发生反向，拱顶两侧均出现反弯点，拱顶处由原受正弯变为受负弯状态，管片外侧由受压变为受拉状态，空洞对应处截面弯矩变化率较大。

(3)数值研究结果显示，空洞面积为 $5.0\ m^2$ 时，空洞位于隧顶或隧底，空洞中心处截面弯矩随空洞深度增加呈先减小后反向增大的趋势，分别在空洞深0.3 m、0.2 m时反弯；左隧腰空洞深度分别为0.5 m、1.5 m时，左隧腰弯矩较无空洞时分别提升52.9%和128.0%，轴力相应提升11.3%和43.2%；此外，随空洞深度增加，隧顶、隧底空洞中心处截面安全系数先增大后减小，管片椭变先减小至0后反向增大，左隧腰空洞中心处截面安全系数不断降低，管片椭变大幅提升。

第7章

初始椭变超限与空洞耦合作用下
隧道结构响应机理分析

盾构隧道受千斤顶推力差异、盾构机掘进姿态、地层性质复杂等因素的影响，其拼装成环后可能存在一定程度的椭变超限与壁后空洞现象，椭变超限会导致隧道受力截面变形，影响其结构完整性和承载能力，而空洞则会导致隧道外荷载发生变化，二者组合影响下盾构隧道受力变形机理难以明确。为此，本章依托南昌地铁某区间隧道工程，基于5.1节已验证的数值仿真方法，开展不同初始椭变及空洞工况下的盾构隧道受力承载特性研究，研究小初始椭变量及初始椭变超限情况下盾构隧道的承载极限，并进一步探明初始椭变超限与壁后空洞等因素耦合作用下盾构隧道结构的变形响应机理。

7.1 初始椭变对盾构隧道承载性能的影响 >>>

基于上述5.1节无缺陷(无初始椭变)工况数值计算结果分析及其足尺试验对比验证分析，可知盾构隧道存在初始椭变是数值与试验存在差异的主要原因之一。本节进一步采用已验证过的数值模型(图5-1)，设计开展不同初始椭变与椭变偏角工况下盾构隧道结构承载特性的数值仿真分析，探究初始椭变与椭变偏角对盾构隧道结构承载特性的影响机理。

7.1.1 小初始椭变量对盾构隧道结构的影响

由于数值仿真中管片各接头螺栓施加了较大的初始预紧力，在螺栓预紧的作用下管片各接头在受荷前存在的张开较小，故初始椭变主要采用管片各接头的初始相对错台进行模拟，使管片结构形成不同程度的初始椭变，并将初始椭变拟合椭圆长轴偏离横轴的角度定义为椭变偏角(不大于 90°)，考虑到管片螺栓孔与螺栓间存在的间隙较小，故设置 0、1‰、2‰ 三类初始椭变，并与 0°、36°、90° 三种椭变偏角进行组合，共 7 种计算工况，如表 7-1 所示。管片初始椭变与椭变偏角如图 7-1 所示。

为使计算结果更具有可比性，本节盾构隧道受荷后椭圆度、接缝张开及管片错台计算结果均为结构受荷后较受荷前(初始状态)的变形增量，即未将初始状态的结构变形纳入结果分析，仅作为数值计算的初始状态加以考虑。

表 7-1　计算工况

分类	初始椭变/‰	椭圆偏角/(°)
无缺陷	0	—
有缺陷	1	0
		36
		90
	2	0
		36
		90

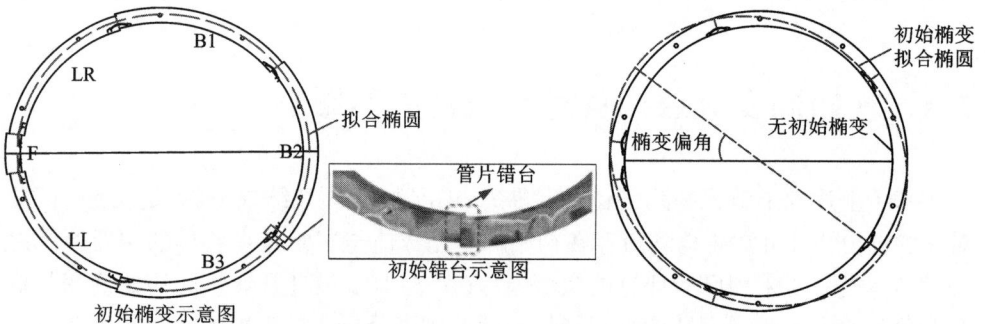

图 7-1　管片椭变示意图

1. 管片椭圆度变形

含不同初始椭变管片受荷后椭圆度随荷载的变化曲线如图 7-2 所示，其数值模型及加载方式详见 5.1 节内容。

由图 7-2(a)可知，隧道正常服役时($P_1 = 260$ kN)，管片存在初始椭变会降低其受荷后椭圆度，但由于初始椭变的偏角不同，其受荷后椭圆度的变化规律有所差异。当初始椭变为 1‰时，偏角（特指初始椭变偏角）为 0°、36°、90°对应的受荷后椭圆度分别为 3.91‰、3.90‰、3.85%，相较于无缺陷时（4.5‰）的降幅分别为 13.1%、13.3%、14.4%；当初始椭变提升至 2‰时，偏角为 0°、36°、90°对应的受荷后椭圆度分别为 3.95‰、3.90‰、3.66‰，相较于无缺陷时的降幅分别为 12.2%、13.3%、18.7%。这表明当隧道正常服役时，相较于无缺陷工况，管片存在初始椭变会降低其受荷后椭圆度，同等初始椭变条件下，偏角为 90°时结构受荷后椭圆度降幅最大，且其降幅随初始椭变增大而增大，而偏角为 0°和 36°时管片初始椭变达 1‰后其受荷后椭圆度变化会趋于稳定。

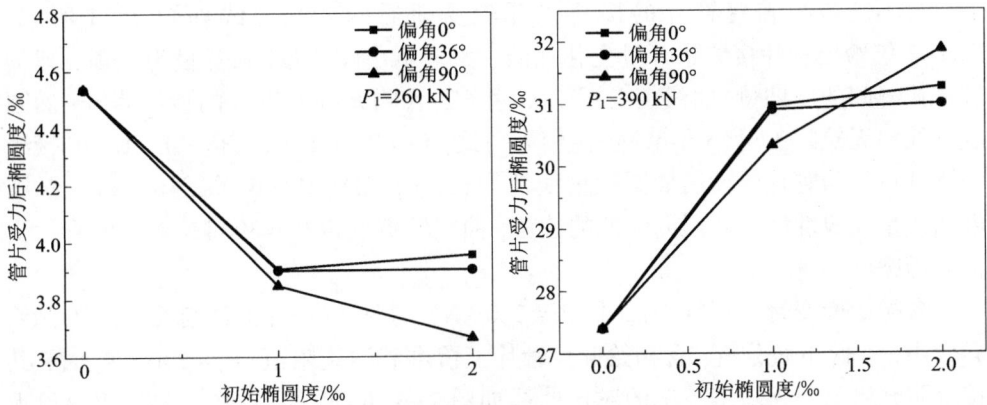

图 7-2　管片椭圆度-荷载曲线

由图 7-2(b)可知，隧道上方堆载 138 kPa（对应的荷载 P_1 为 390 kN，5.1 节研究成果表明此时为隧道上方堆载极限）时，相较于无缺陷工况，管片存在初始椭变其受荷后椭圆度均有所提升，提升幅度受初始椭变大小及偏角影响。当初始椭变为 1‰时，偏角为 0°、36°、90°对应的受荷后椭圆度分别为 30.97‰、30.90‰、30.33‰，相较于无缺陷时的增幅分别为 13.0%、12.8%、10.3%；当初始椭变为 2‰时，偏角为 0°、36°、90°对应的受荷后椭圆度分别为 31.27‰、31.00‰、31.87‰，相较于无缺陷时的增幅分别为 14.1%、13.1%、16.3%。偏角为 90°时，其受荷后椭圆度与初始椭变大致呈线性变化，而偏角为 0°、36°时，初始椭变增大至 1‰后管片受荷后椭圆度基本无变化。

综上不同初始椭变及椭变偏角盾构隧道受荷后椭圆度对比分析可知，相较于无缺陷工况，隧道正常服役时（P_1 = 260 kN），管片存在初始椭变（1‰~2‰）其受荷后椭圆度会有所降低，降幅为 12.2%~18.7%，降幅受初始椭变及偏角大小影响，且同等初始椭变大小下偏角为 90°时的降幅最大；当隧道上方开始堆载，含初始椭变管片的受荷后椭圆度会逐渐趋近于无缺陷工况，并在堆载 75 kPa（$P_1 =$ 330 kN）后开始大于无缺陷工况；当隧道上方达到堆载极限（138 kPa）时，相较于无缺陷工况，含初始椭变管片受荷后椭圆度的增幅为 10.3%～16.3%；若以受荷后椭圆度 27.4‰为隧道加固临界值时，含初始椭变管片对应的堆载限值为 122～127 kPa，相较于无缺陷工况降低 11～16 kPa，降幅为 8.0%～11.6%，这表明管片存在初始椭变会一定程度上降低其承载极限，承载极限的降幅受初始椭变大小及其偏角影响，且同等偏角下，初始椭变越大降幅越大。

2. 接缝张开

含不同初始椭变管片的接缝张开随受荷后的变化曲线如图 7-3 所示，图 7-3 仅给出管片接缝张开量变化曲线，并未给出闭合量（张开量为负值，即为管片接缝间的压缩量）曲线。由图 7-3 可知，含初始椭变管片的接缝张开-椭圆度曲线与无缺陷工况（5.1 节）规律较为一致，F-LR、LR-B1、B3-LL、LL-F 接缝的张开量均与管片受荷后椭圆度呈线性增长，B1-B2、B2-B3 接缝的张开-椭圆度曲线呈先线性增长后反向降低的趋势，曲线转折点为 $P_1 = 390$ kN 对应的管片受荷后椭圆度。

含初始椭变管片正常服役时（$P_1 = 260$ kN），其接缝张开极值与无缺陷工况差异较小，在此不做分析；含初始椭变管片上覆堆载达到限值（$P_1 = 390$ kN）时，其接缝张开极值与无缺陷工况的对比曲线如图 7-3(h)所示，由图可知，相较于无缺陷工况，管片存在初始椭变其接缝张开极值有所增大，增幅为 6.7%～14.4%。当偏角为 90°时，管片受荷后张开极值与初始椭变成正比；偏角为 0 和 36°时，管片受荷后张开极值与初始椭变成折线形变化，与图 7-2 受荷后椭圆度随初始椭变的变化规律较为类似。

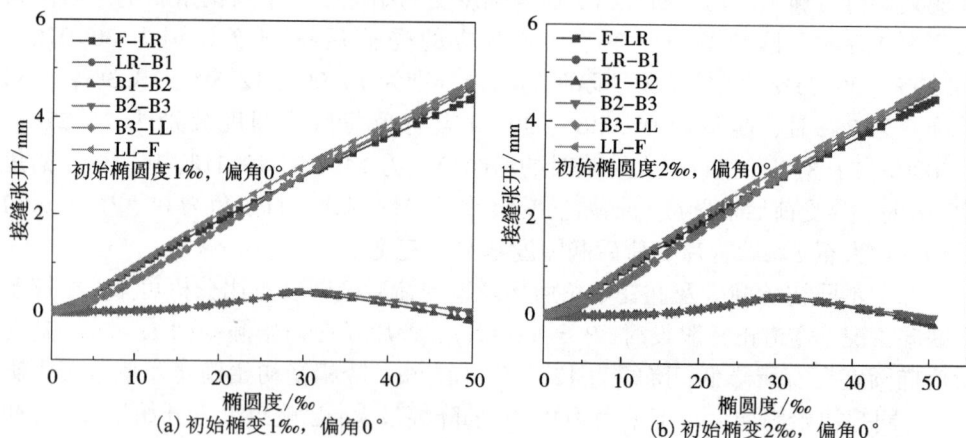

(a) 初始椭变1‰，偏角 0°　　(b) 初始椭变2‰，偏角 0°

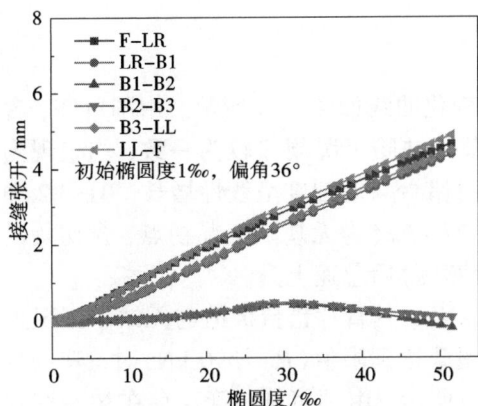

(c) 初始椭变1‰，偏角36°

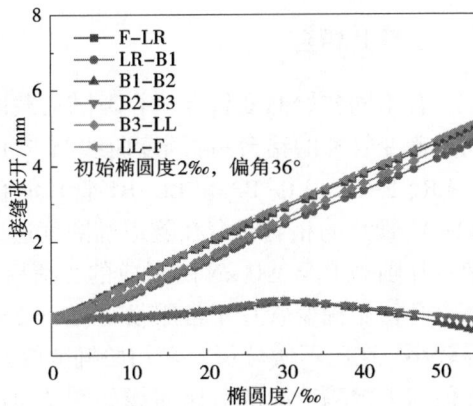

(d) 初始椭变2‰，偏角36°

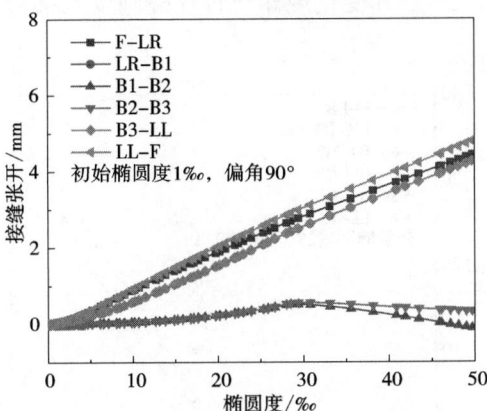

(e) 初始椭变1‰，偏角90°

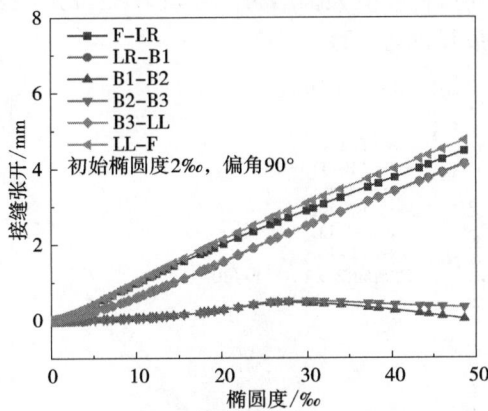

(f) 初始椭变2‰，偏角90°

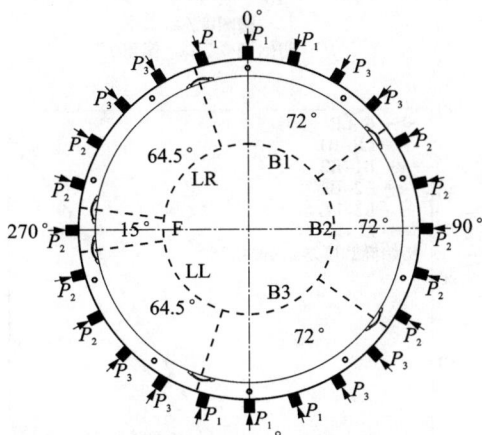

(g) 管片加载点位及分块图

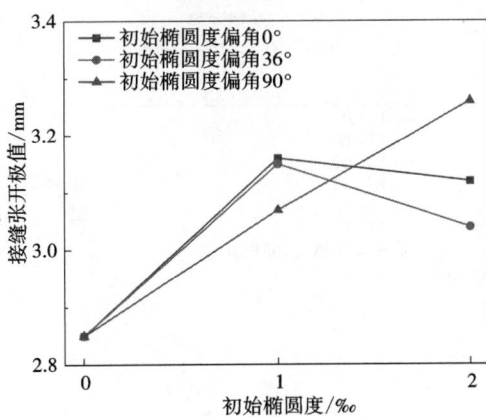

(h) P_1=390 kN时接缝张开极值对比图

图 7-3　含初始椭变隧道管片的接缝张开-椭圆度变化曲线

3. 管片错台

含不同初始椭变管片错台量随荷载的变化曲线如图 7-4 所示。由图可知，含初始椭变管片的错台-椭圆度曲线与 5.1 节无缺陷工况规律较为一致，均表现为 F-LR、F-LL、LR-B3 和 LL-B1 管片的相对错台与椭圆度呈线性增长，B1-B2 和 B2-B3 管片的相对错台在隧道椭圆度达到 27.4‰(为无缺陷工况拐点，含初始椭变管片则为 $P_1 = 390$ kN 时对应的受荷后椭圆度)后急速上升。

含初始椭变管片正常服役时($P_1 = 260$ kN)，其管片错台极值与无缺陷工况差异较小，在此不做分析。含初始椭变管片超载达到限值($P_1 = 390$ kN)时，其错台极值与无缺陷工况的对比曲线如图 7-4(h)所示，由图可知，管片存在初始椭变其错台极值大幅增长，增幅为 32.7%~241.2%，其变化规律与管片椭圆度及接缝张开较为一致。

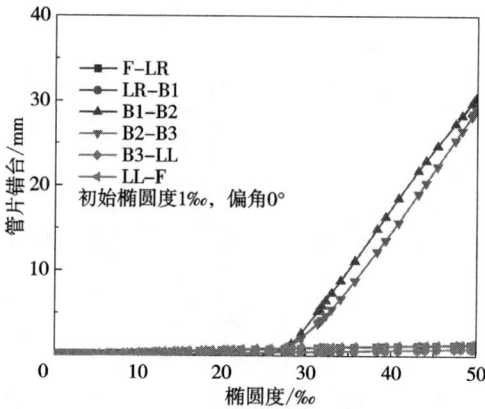

(a) 初始椭变1‰，偏角0°

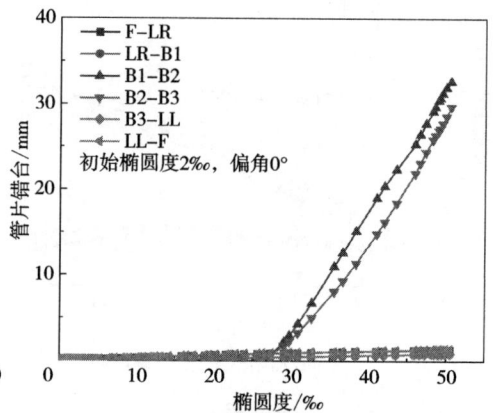

(b) 初始椭变2‰，偏角0°

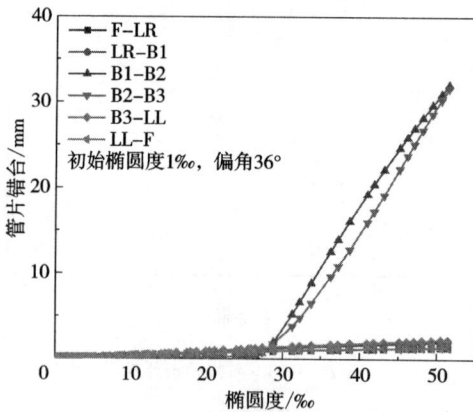

(c) 初始椭变1‰，偏角36°

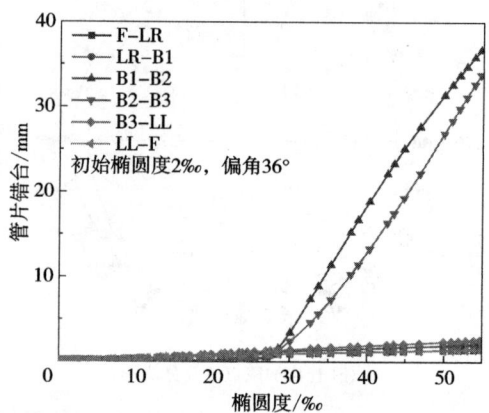

(d) 初始椭变2‰，偏角36°

(e) 初始椭变1‰，偏角90°

(f) 初始椭变2‰，偏角90°

(g) 管片加载点位及分块图

(h) P_1=390 kN时接缝张开极值对比图

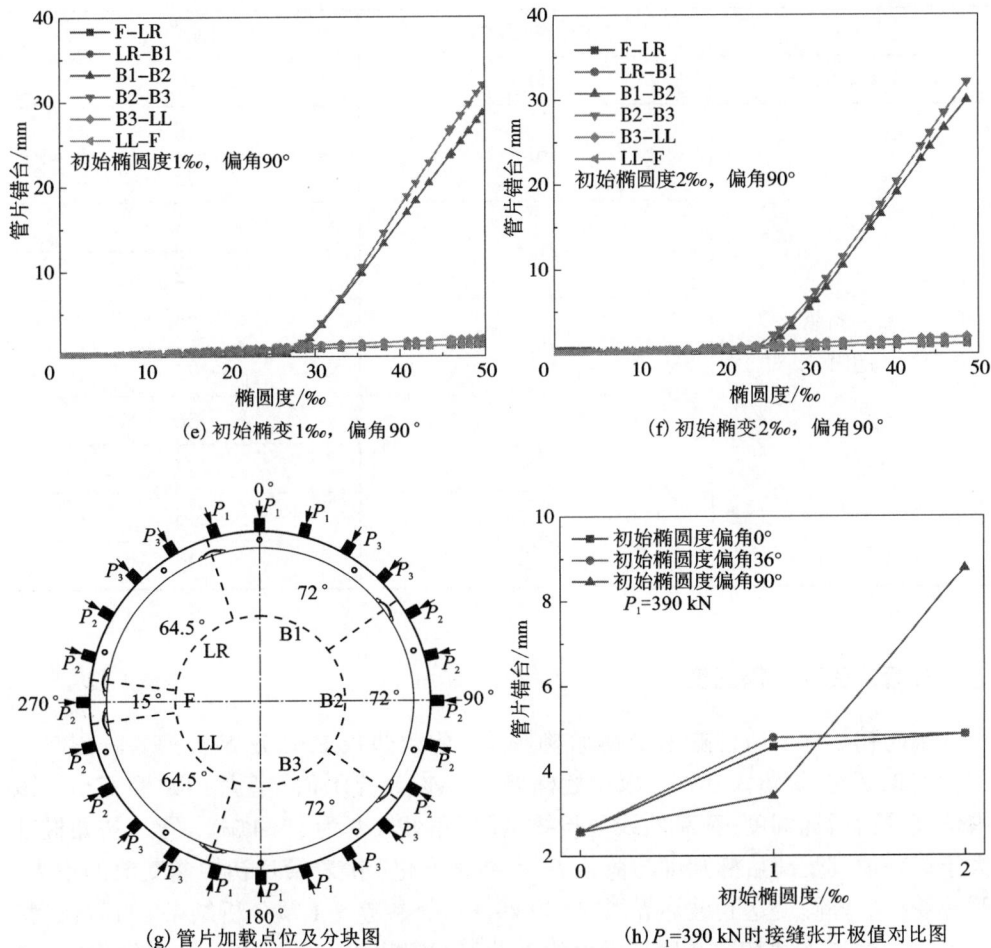

图 7-4　含初始椭变管片的错台-椭圆度变化曲线

7.1.2　初始椭变超限对盾构隧道结构的影响

基于5.1节的无缺陷隧道承载特性分析和7.1.1节的含较小初始椭变量盾构隧道承载特性分析，采用已验证过的数值模型(见图5-1)，并以5.1节无缺陷盾构隧道计算结果为对照组，展开初始椭变超限盾构隧道管片结构的服役性能分析。其具体计算工况如表7-2所示，初始椭变超限隧道表现形式同图7-1，设置不同偏角、不同初始椭变超限工况进行数值仿真，管片结构加载方式同5.1节，探究初始椭变超限隧道正常运营时(P_1=260 kN)的受力变形机理。

表 7-2 计算工况

分类	初始椭变/‰	椭圆偏角/(°)
无缺陷	0	—
初始椭变超限	16.7	36
		72
	21.6	36
		72
	25.2	36
		72
	30.4	36
		72
	35.3	36
		72

1. 管片受荷后椭圆度

不同初始椭变盾构隧道受荷后椭圆度-荷载曲线如图 7-5 所示。由图 7-5 (a)可知，椭变偏角为 0°时，以初始椭变 27.4‰为界限值，管片初始椭变小于该限值其受荷后椭圆度-荷载曲线呈折线型(折角处椭变为 27.4‰)，管片初始椭变大于该限值其受荷后椭圆度与荷载 P_1 呈线性变化；随着管片初始椭变值的增大，管片受荷后椭圆度达到破坏界限时(为 49.6‰，参考 5.1 节分析结果)的荷载(特指 P_1，即隧道上覆荷载及地基反力的等效值)不断减小，其与管片初始椭变大致呈线性下降。

由图 7-5(b)可知，椭变偏角为 36°时，管片受荷后椭圆度与荷载均呈线性上升，且其斜率随管片初始椭变增大呈非线性上升，曲线拐点大致在初始椭变 30‰处，这表明管片初始椭变越大，其受荷后椭圆度上升速率越快。

由图 7-5(c)可知，椭变偏角为 72°时，随荷载增大，管片受荷后椭圆度均呈先增大后减小的趋势，且其受荷后椭圆度提升值随初始椭变的增大而降低，大致在初始椭变为 25‰处存在曲线拐点。

当管片存在不同偏角的同等初始椭变时，其受荷后椭圆度值表现为：0°工况>36°工况>72°工况；当管片初始椭变存在偏角时，其受荷后椭圆度增长速率有所降低，且偏角越大其降幅越大。这表明管片初始椭变与竖向荷载存在偏角(0°~

90°)可以一定程度上提高结构延性、降低管片受荷后椭圆度，且偏角越大，结构延性越高、受荷后椭圆度越小。

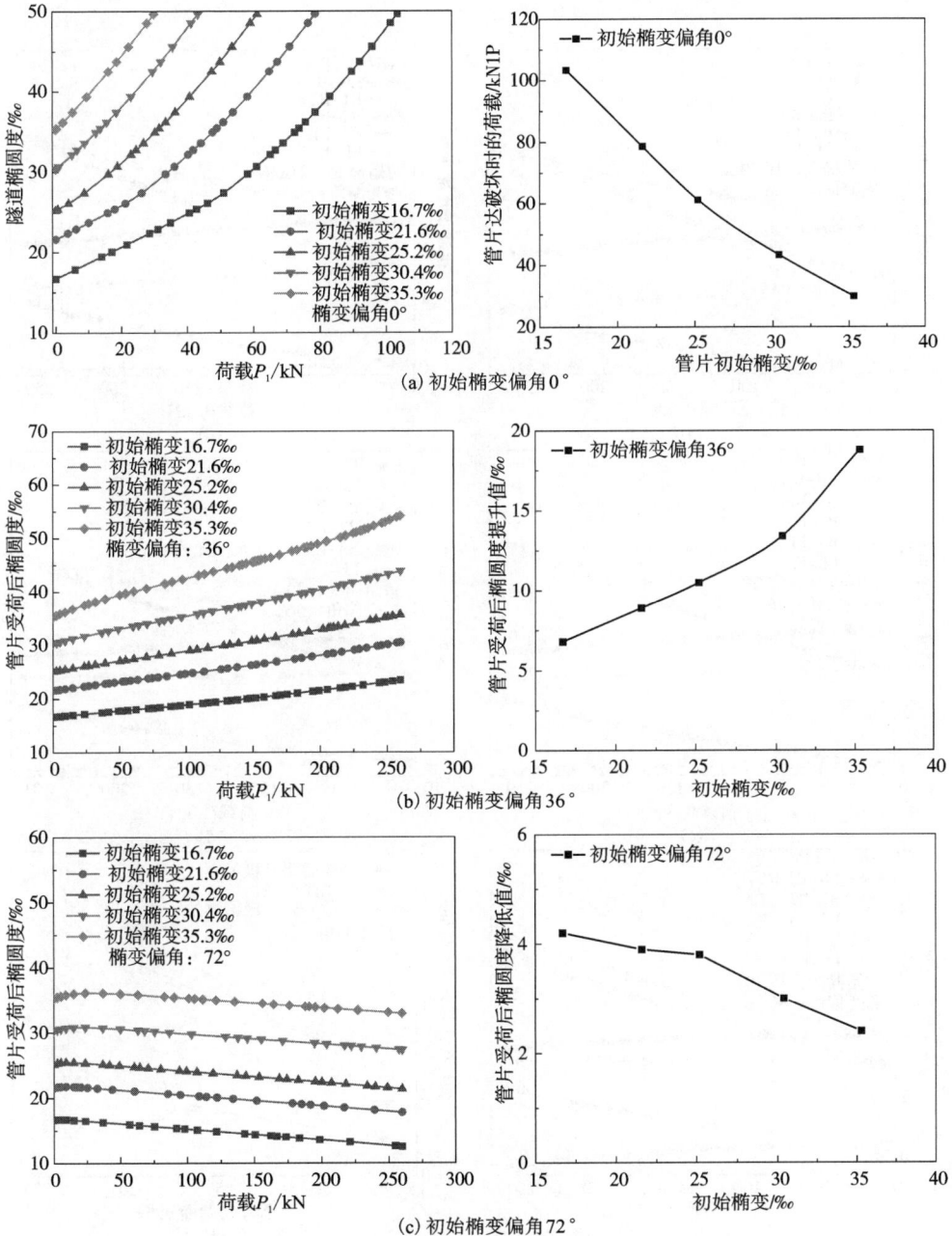

(a) 初始椭变偏角 0°

(b) 初始椭变偏角 36°

(c) 初始椭变偏角 72°

图 7-5　管片受荷后椭变-荷载曲线

2. 接缝张开

初始椭变偏角 36° 时管片接缝张开随荷载的变化曲线如图 7-6 所示。

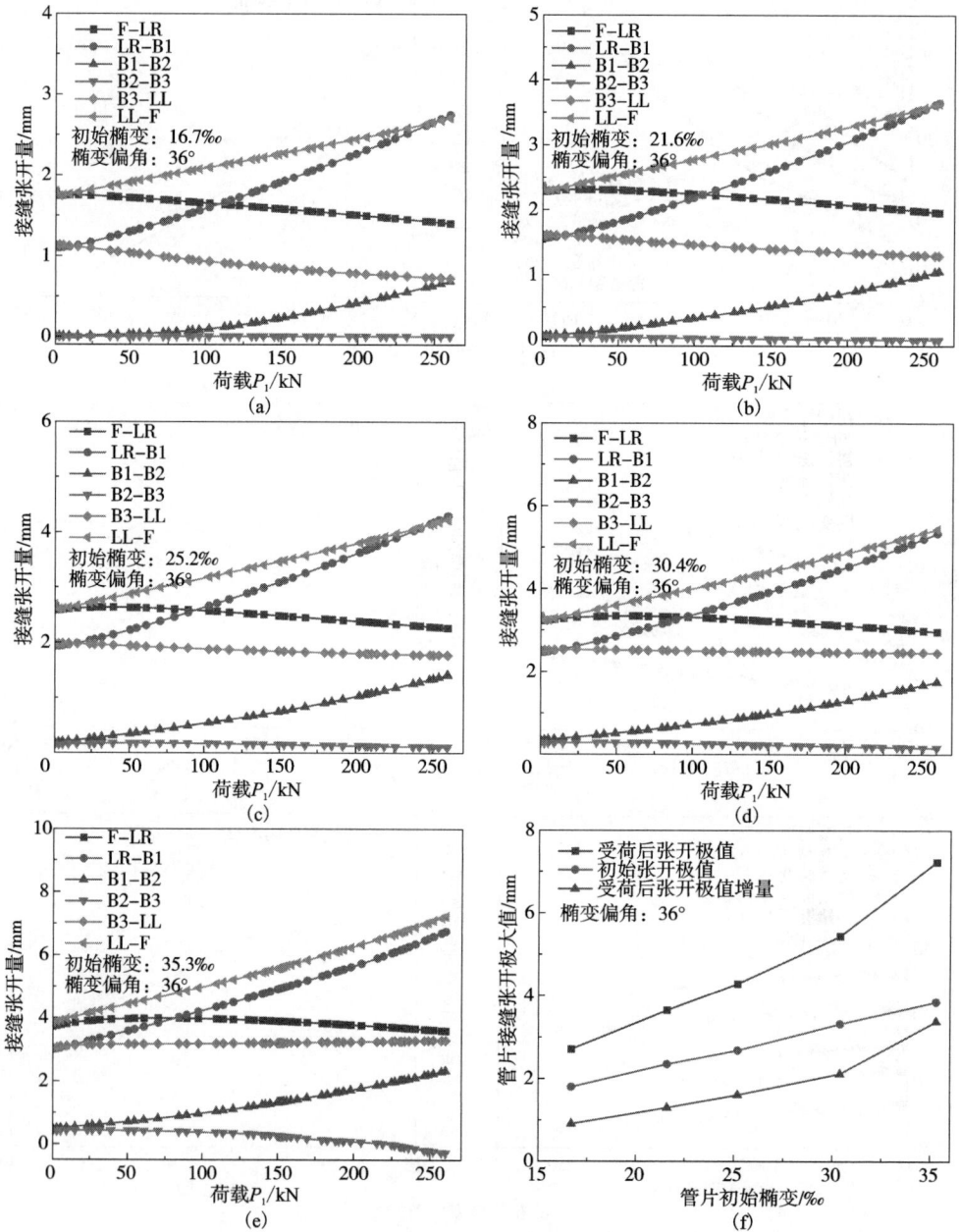

图 7-6　管片接缝张开-荷载变化曲线(初始椭变偏角 36°)

由图 7-6 可知，椭变偏角为 36°时，除初始椭变 35.3‰工况外，其余不同初始椭变工况的管片接缝张开变化规律基本一致，均表现为对称于横轴(90°~270°)接缝的张开量一侧上升而另一侧下降，具体为 LR-B1、B1-B2、LL-F 接缝的张开量与荷载呈线性增长，F-LR、B2-B3、B3-LL 接缝的张开量与荷载呈线性降低；初始椭变 35.3‰时，B3-LL 接缝张开不再随荷载增大而降低，反而与荷载呈线性上升，这可能是由于管片初始椭变越大，其结构刚度越低，受荷载分布影响，其刚度降幅达到临界值后结构变形有所异变；由管片张开极值-初始椭变图可知，管片受荷后张开极值及其增量(相较于受荷前)均随初始椭变增大而增大，呈非线性，曲线拐点大致在初始椭变 30‰处，这也从侧面说明此时结构刚度达到临界点，其结果与 5.1 节所得超载限值(27.4‰)较为相符。

初始椭变偏角 72°时管片接缝张开随荷载的变化曲线如图 7-7 所示。

由图 7-7 可知，椭变偏角为 72°时，五种不同初始椭变工况的管片接缝张开变化规律基本一致，其所有接缝张开量均与荷载呈线性降低，其受荷后接缝张开极值随初始椭变的增大而上升，但均小于受荷前的初始张开极值，且其减量随初始椭变增大而降低，呈非线性变化，曲线拐点大致在初始椭变 25‰处，这从侧面说明此时结构刚度达到临界点，其结果与 5.1 节所得超载限值亦较为相符。

由此可知，椭变偏角为 36°时，管片受荷后张开极值会有所提升(相较于受荷前)，椭变偏角为 72°时，管片受荷后张开极值会有所降低，其结果与 7.1.1 节管片受荷后椭圆度变化规律较为相符，这也从侧面反映了前述分析的合理性。

3. 管片错台

初始椭变偏角 36°时管片错台随荷载的变化曲线如图 7-8 所示，初始椭变偏角 72°时管片错台随荷载的变化曲线如图 7-9 所示。

由图 7-8 可知，初始椭变偏角为 36°时，各工况的管片错台随荷载的变化规律基本一致，均表现为 F-LR 管片错台与荷载呈线性下降，其余管片错台随荷载增大呈(非)线性上升的趋势，各工况管片受荷后错台极值(较受荷前)及其增量均随初始椭变增大呈非线性上升，且曲线拐点与张开曲线一致(30‰左右)。

由图 7-9 可知，初始椭变偏角为 72°时，初始椭变为 16.7‰、21.6‰、25.2‰工况的管片错台随荷载的变化规律基本一致，均表现为 LR-B1、B3-LL 管片错台随荷载增大呈先上升后下降的趋势，其余接缝管片错台随荷载增大而降低；初始椭变为 30.4‰、3.5‰工况的管片错台略有不同，其 B1-B2、B2-B3 管片错台随荷载增大反而有所上升。且管片受荷后错台极值减量(较受荷前)随初始椭变增大而降低，其曲线拐点(初始椭变 25‰左右)与张开分析一致。

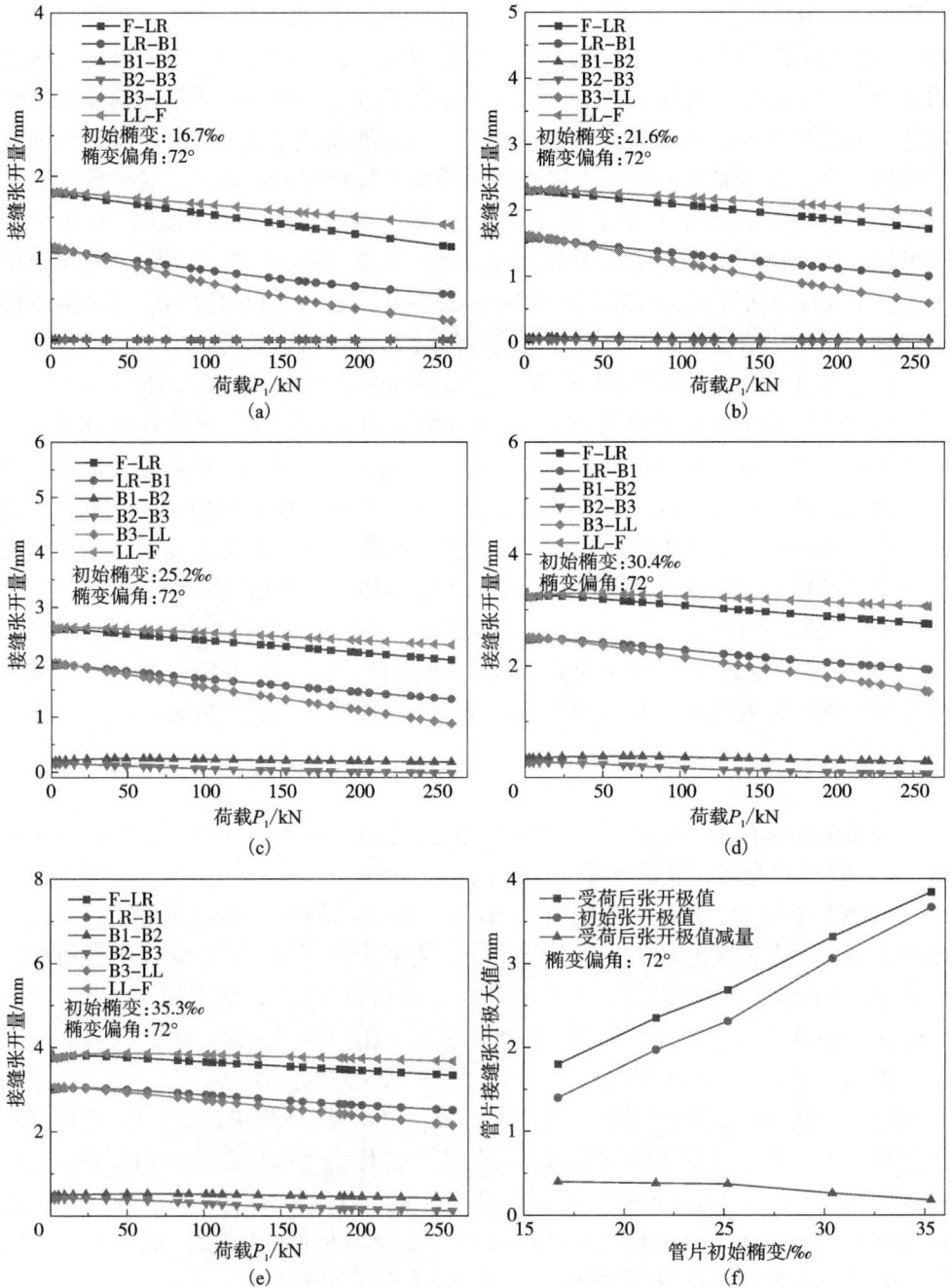

图 7-7　管片接缝张开-荷载变化曲线(初始椭变偏角 36°)

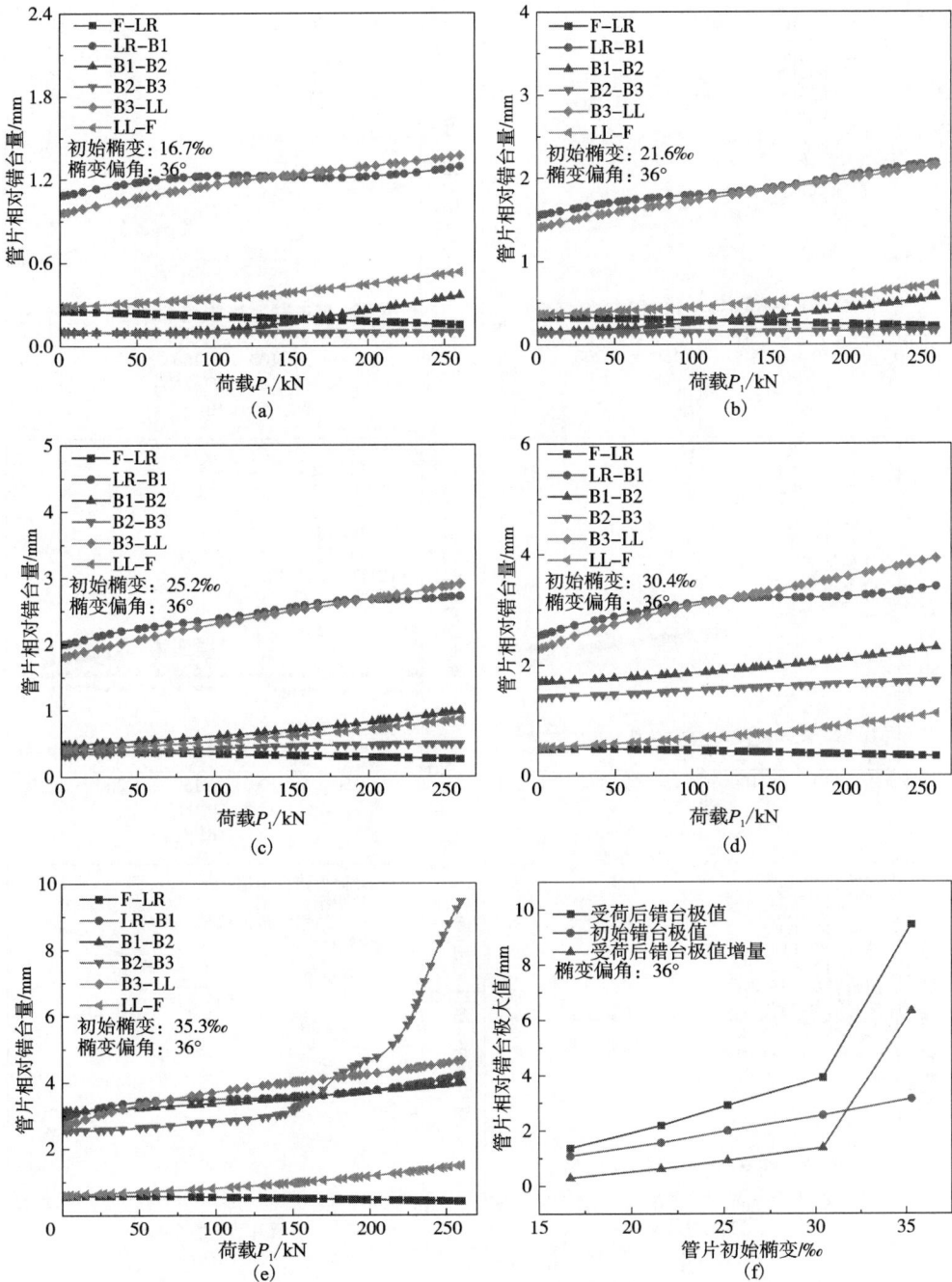

图 7-8　管片相对错台-荷载变化曲线(初始椭变偏角 36°)

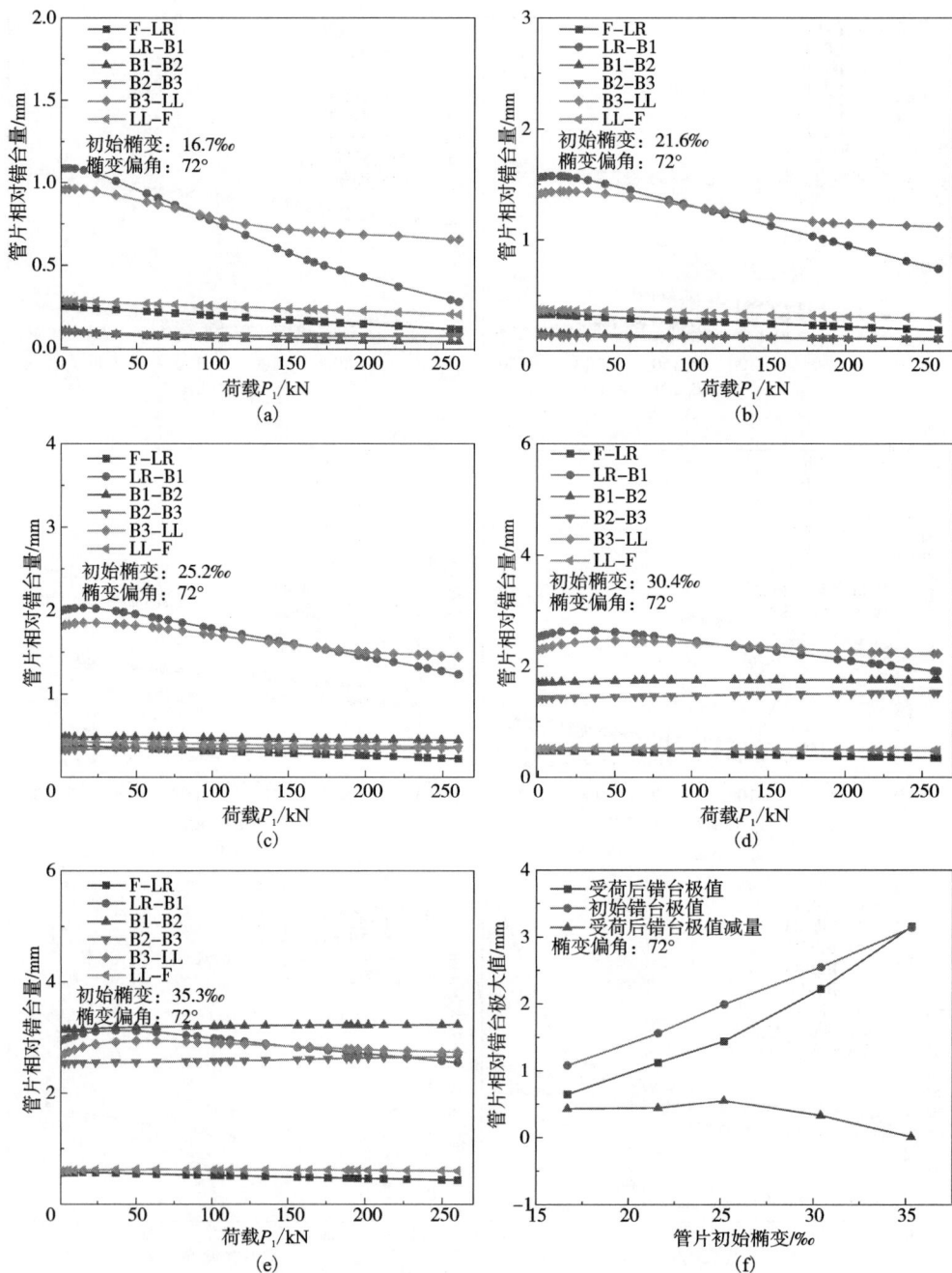

图 7-9　管片相对错台-荷载变化曲线(初始椭变偏角 72°)

7.2　初始椭变对盾构隧道受力特性的影响　　>>>

基于 7.1 节初始椭变对盾构隧道承载特性影响研究，本节进一步探究围岩类型、隧道埋深、浆液性质、管片壁后间隙及初始椭变等盾构隧道运营因素对结构受荷后椭圆度、接缝张开及管片错台的影响规律。

7.2.1　数值模型及工况设置

为探明盾构隧道运营期各因素对管片变形(包括受荷后椭圆度变形、接缝张开及管片错台变形)的影响程度，设置工况 20 组，其中以工况 S1 为对照，分别开展各单一因素对盾构隧道运营变形的敏感性研究，具体如表 7-3 所示。工况 S1~S3 考虑隧道直径分别为 6 m、11.6 m 和 14.5 m，盾构隧道模型分别如图 7-10 和图 7-11 所示。相较于 5.1 节的数值模型，加以考虑管片壁后间隙(注浆圈)对结构受力特性的影响。工况 S4~S7 为围岩类型，各类围岩参数如表 7-4 所示；工况 S8~S10 为隧道埋深；工况 S11~S12 为浆液弹性模量；工况 S13~S14 为管片壁后间隙；工况 S15~S20 为管片初始椭变及其椭变偏角。

表 7-3　计算工况

工况编号	管片外径/m	围岩类型	隧道埋深/m	管片壁后间隙/cm	浆液凝固后弹模/MPa	初始椭变/‰	椭圆偏角/(°)
S1	6.0	砂土	10.8	15	15	0	—
S2	11.6	砂土	10.8	15	15	0	—
S3	14.5	砂土	10.8	15	15	0	—
S4	6.0	粉质黏土	10.8	15	15	0	—
S5	6.0	强风化泥质粉砂岩	10.8	15	15	0	—
S6	6.0	含碎石黏土	10.8	15	15	0	—
S7	6.0	中风化泥质粉砂岩	10.8	15	15	0	—
S8	6.0	砂土	20.0	15	15	0	—
S9	6.0	砂土	30.0	15	15	0	—

续表7-3

工况编号	管片外径/m	围岩类型	隧道埋深/m	管片壁后间隙/cm	浆液凝固后弹模/MPa	初始椭变/‰	椭圆偏角/(°)
S10	6.0	砂土	40.0	15	15	0	—
S11	6.0	砂土	10.8	10	15	0	—
S12	6.0	砂土	10.8	20	15	0	—
S13	6.0	砂土	10.8	15	10	0	—
S14	6.0	砂土	10.8	15	20	0	—
S15	6.0	砂土	10.8	15	15	1	0
S16	6.0	砂土	10.8	15	15	1	36
S17	6.0	砂土	10.8	15	15	1	90
S18	6.0	砂土	10.8	15	15	2	0
S19	6.0	砂土	10.8	15	15	2	36
S20	6.0	砂土	10.8	15	15	2	90

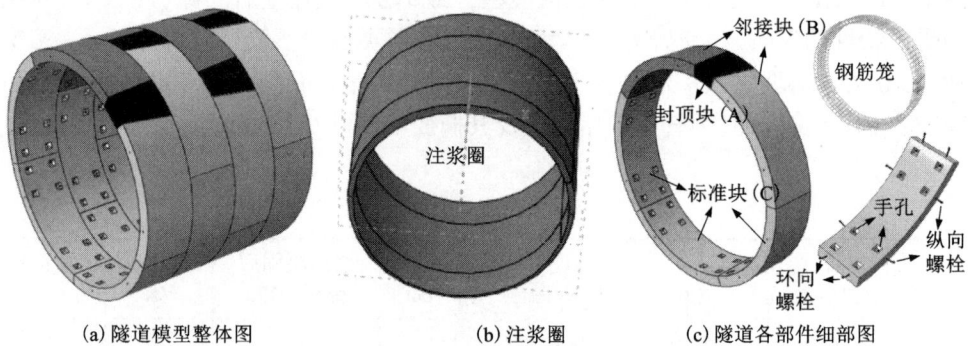

(a) 隧道模型整体图　　　　(b) 注浆圈　　　　(c) 隧道各部件细部图

图 7-10　地铁盾构隧道三维精细化数值模型(直径 6 m)

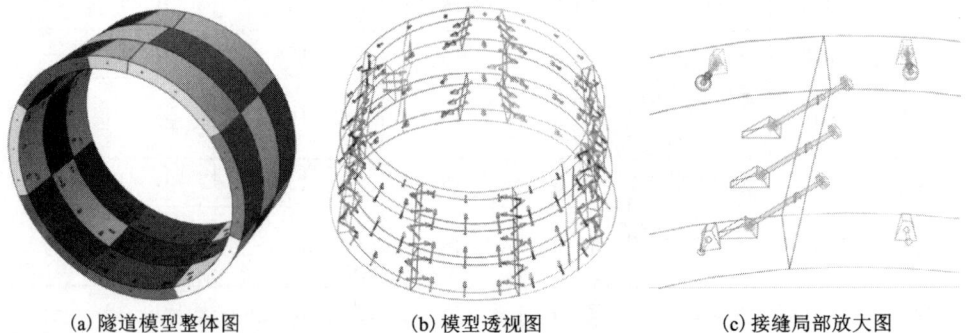

(a) 隧道模型整体图　　　　(b) 模型透视图　　　　(c) 接缝局部放大图

图 7-11　大直径斜螺栓盾构隧道三维精细化数值模型(直径 11.6 m、14.5 m)

表 7-4　围岩力学参数

围岩类型	弹性模量/GPa	泊松比	重度/(kN·m⁻³)	摩擦角/(°)	膨胀角/(°)	侧压力系数	黏聚力/kPa
砂土	0.0300	0.30	18.6	31.2	10.0	0.32	0
粉质黏土	0.0173	0.32	19.3	33.0	25.0	0.50	28.0
强风化泥质粉砂岩	0.1200	0.32	20.5	30.0	8.0	0.56	110.0
含碎石黏土	0.0125	0.37	20.3	28.0	20.0	0.45	24.0
中风化泥质粉砂岩	0.2600	0.28	21.0	35.0	10.0	0.42	160.0

7.2.2　隧道直径、埋深及地层性质影响分析

1. 隧道直径对结构变形的影响

考虑国内已有盾构隧道大多在 6~15 m 范围内,故选取直径 6 m、11.6 m 和 14.5 m 三类盾构隧道进行参数分析,对应表 5-1 中的工况 S1~S3。隧道受荷后椭圆度随隧道直径的变化曲线如图 7-12(a)所示。从图中可以看出,隧道受荷后椭圆度与直径大致呈折线形下降,表明隧道直径越大其抗弯刚度越大,若不考虑接头的弱化作用(均质圆环模型),11.6 m、14.5 m 的盾构隧道抗弯刚度分别为直径 6 m 时的 16.02 及 32.2 倍,而结构受力面积仅为直径 6 m 时的 1.93 倍及 2.42 倍,故结构受荷后椭圆度与隧道直径大致成反比。

接缝张开极大值随隧道直径的变化曲线如图 7-12(b)所示。观察图中发现,接缝张开极大值随隧道直径的变化规律与受荷后椭圆度较为一致。本节选取的隧道埋深为 10.8 m,小于 5.1 节的隧道埋深,由 5.1 节研究成果可知,地铁盾构隧道正常服役时,其接缝张开极大值与结构受荷后椭圆度成正比,这也侧面说明大直径盾构隧道数值建模方法及其计算结果具备一定可靠性。

管片错台极大值随隧道直径的变化曲线如图 7-12(c)所示。可以发现,管片错台极大值随隧道直径的变化规律与受荷后椭圆度及接缝张开的规律较为一致,本节选取的隧道埋深为 10.8 m,小于 5.1 节的隧道埋深 16.6 m,由 5.1 节研究成果可知,地铁盾构隧道正常服役时,其管片错台极大值与结构受荷后椭圆度成正比,且大直径盾构隧道(直径 11.6 m、14.5 m)接头螺栓为 M32 或 36 的 8.8 级斜

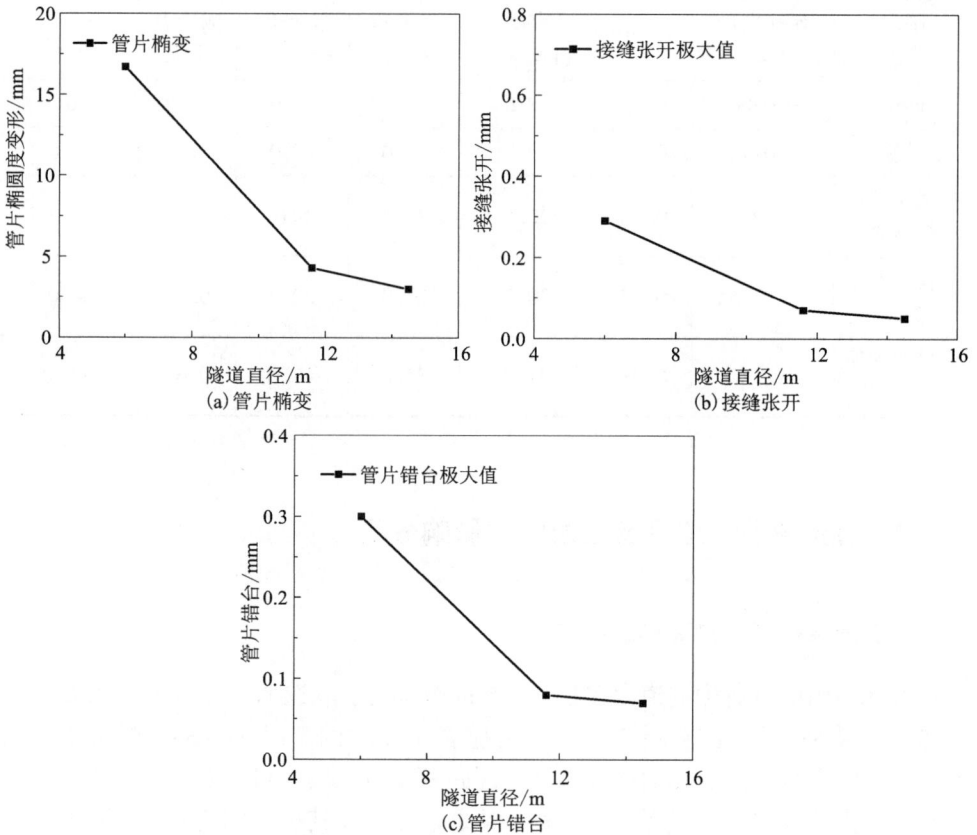

图 7-12　隧道直径对结构变形影响曲线

螺栓，其转动刚度远大于 M27 的 5.8 级弯螺栓，故管片错台与隧道直径大致成反比。

综上隧道直径对结构受荷后椭圆度、接缝张开及管片错台极大值的影响分析可知，同等地层条件下，隧道直径越大，结构变形越小，且结构变形与隧道直径呈现一种先快后慢的非线性降低态势。

2.地层性质对结构变形的影响

选取 5 种较为典型的软弱地层展开地层性质对隧道结构变形的影响分析，对应表 7-3 中的 S1、S4~S7 工况。隧道受荷后椭圆度、接缝张开极大值以及管片错台极大值随地层性质的变化曲线如图 7-13 所示。

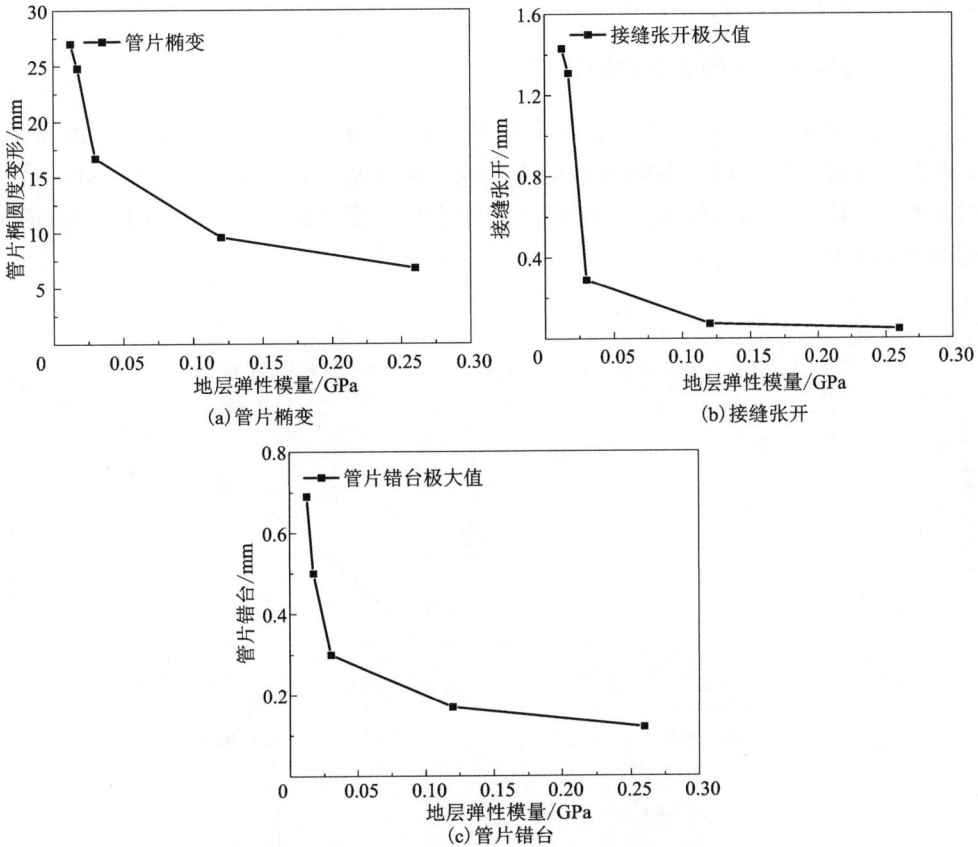

(a) 管片椭变

(b) 接缝张开

(c) 管片错台

图 7-13　地层性质对结构变形影响曲线

由图 7-13(a)可知,隧道结构受荷后椭圆度随地层弹性模量的上升呈先快后慢的降低态势,大致呈"对数形"变化,当地层弹性模量上升至一定值时,再增大地层的弹性模量,其结构受荷后椭圆度的变化不太显著。从隧道整体受力来分析,地层自稳性越好,其地层土拱效应越强,地层抗力越小,结构外荷载随之降低,故其受荷后椭圆度变形会与地层弹性模量成反比。由图 7-13(b)可知,接缝张开随地层弹性模量的变化规律与受荷后椭圆度一致,其曲线亦呈"对数形"降低,并在地层弹性模量升至一定值时,接缝张开的变化趋于平稳。由图 7-13(c)可知,管片错台极大值随地层弹性模量的变化规律与接缝张开及管片错台一致。

综上可知,同等隧道直径条件下,地层性质(自稳性)越好,结构变形越小,结构变形与地层性质呈现一种先快后慢的非线性降低态势，当地层自稳性达到一定值时，结构变化会趋于平稳。

3. 隧道埋深对结构变形的影响

以地铁盾构隧道地层埋深为单一变量，选取 10.8 m、20 m、30 m、40 m 共 4 埋深工况展开地层埋深对隧道结构变形的影响分析，对应表 7-3 中的 S1、S8 ~ S10 工况。隧道受荷后椭圆度、接缝张开极大值、管片错台极大值随地层埋深的变化曲线如图 7-14 所示。

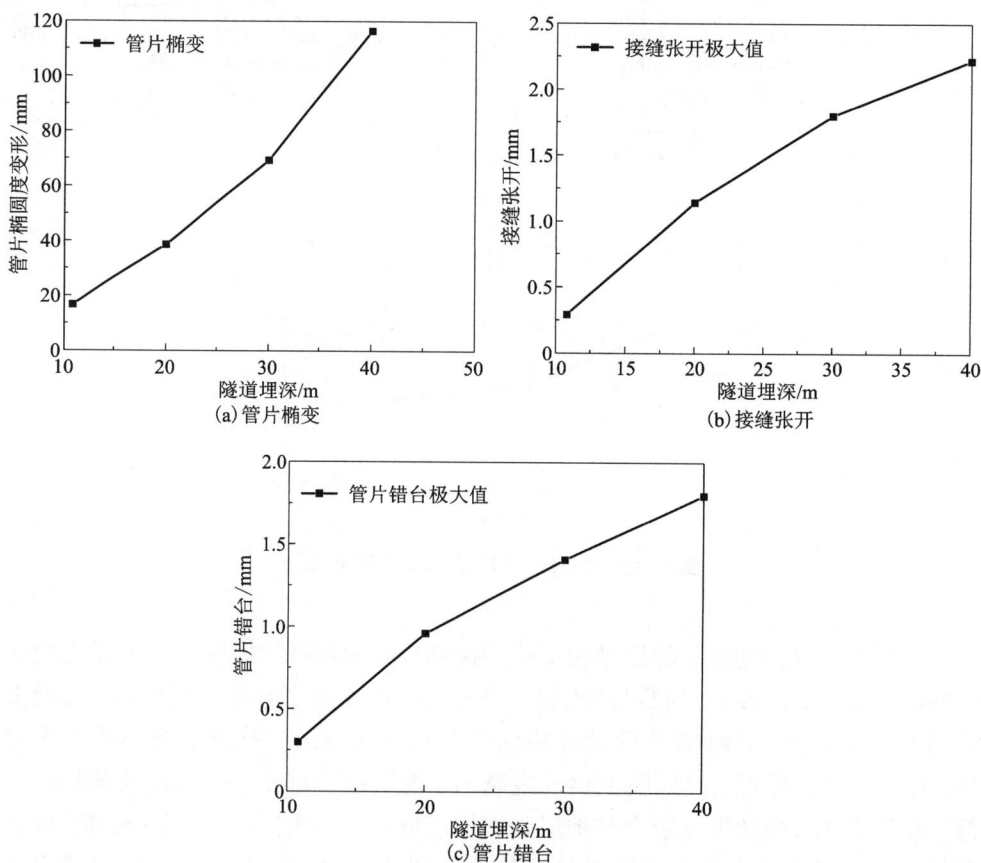

(a) 管片椭变

(b) 接缝张开

(c) 管片错台

图 7-14 隧道埋深对结构变形影响曲线

由图 7-14(a)可知，隧道结构受荷后椭圆度与隧道埋深大致呈先慢后快的非线性上升的趋势，这是由于随着隧道埋深(上覆荷载)的增加，隧道结构由弹性受力逐渐转弹塑性甚至塑性阶段,由 5.1 节研究成果可知,随着上覆荷载的增大,隧道受荷后椭圆度曲线表现为先慢后快非线性上升的趋势,且地层为砂性地层,其土拱效应较为微弱。因此,在其他条件一定时,隧道结构受荷后椭圆度与地层埋深呈先慢后快的非线性增长。

由图 7-14(b)可知,随隧道埋深的增大,接缝张开极大值与隧道埋深呈先快后慢的非线性上升态势,这与受荷后椭圆度的变化规律略有不同,这是由于隧道埋深的增大,隧道腰部的地层抗力也随之提高,而接缝张开极大值一般发生在隧道腰部,地层抗力对隧道腰部接缝张开的约束不断增强,且此时结构并未进入塑性阶段(根据 5.1 节研究成果,塑性阶段对应的受荷后椭圆度为 164.4 mm),故接缝张开的增长有所放缓。

由图 7-14(c)可知,管片错台极大值随隧道埋深的变化规律与接缝张开一致,这也是由于地层埋深的增加,增大了对隧道腰部的约束(地层抗力)。

综上分析可知,同等隧道直径条件下,地层埋深越大,结构变形越大,结构受荷后椭变与地层性质呈先慢后快的非线性增长,接缝张开及管片错台由于地层约束力的增大且结构变形未进入塑性阶段,其与隧道埋深呈先快后慢的非线性增长。

7.2.3　壁后间隙、注浆圈弹模及初始椭变影响分析

1. 壁后间隙对结构变形的影响

考虑到地层盾构隧道直径较小,刀盘超挖导致的隧道壁后与地层之间的间隙较小,故选取壁后间隙 10 cm、15 cm、20 cm 三种工况进行参数计算,对应表 7-3 中的工况 S1、S11、S12。壁后间隙采用浆液填充,浆液凝固后弹性模量取 15 MPa。壁后间隙对隧道结构变形影响曲线如图 7-15 所示。

由图 7-15(a)可知,结构受荷后椭圆度与壁后间隙大致呈线性增长,这是由于注浆圈的弹性模量为 15 MPa,小于砂性地层的弹性模量 30 MPa,故存在壁后间隙的提高会降低隧道结构的受荷后椭圆度。但由于地铁盾构隧道壁后间隙(刀盘超挖范围)的变化幅度较小,整体上,壁后间隙对结构受荷后椭圆度的影响较小。接缝张开极大值和管片错台极大值随壁后间隙的变化曲线分别如图 7-15(b)、(c)所示。可以看出,其接缝张开及管片错台随壁后间隙的变化均呈线性趋势,整体上变化较小。

综上分析可知,同等条件下,壁后间隙越大,结构变形越大,结构变形大致与壁后间隙呈线性增长。

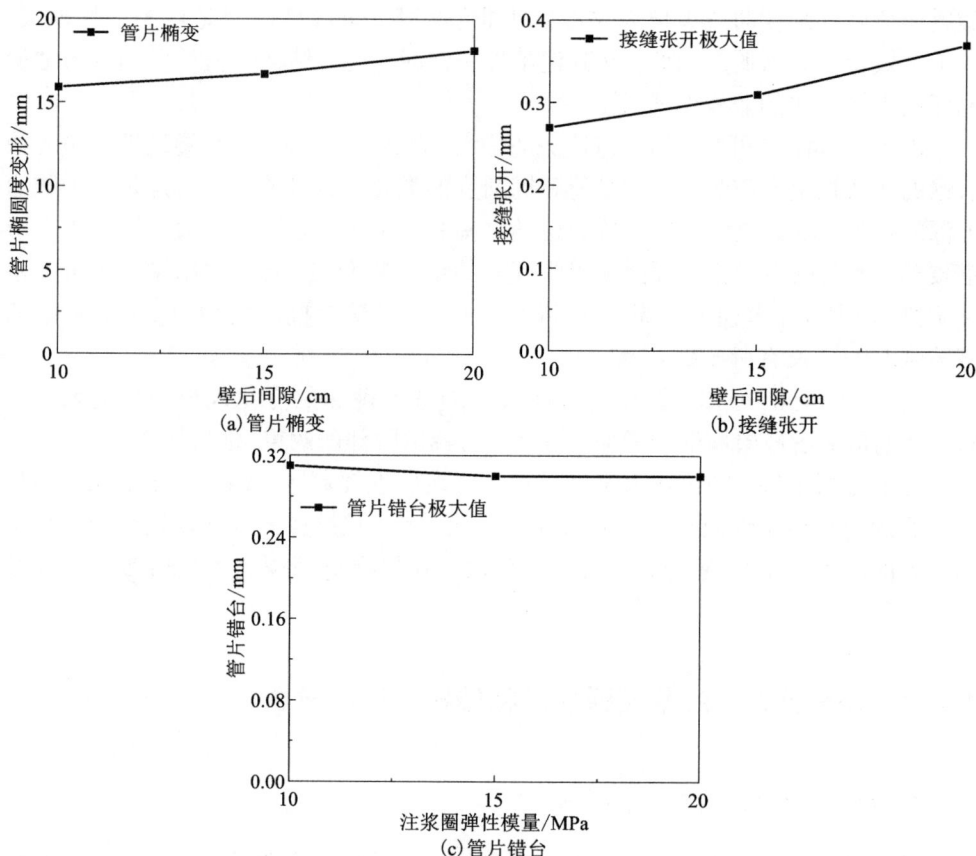

图 7-15　壁后间隙对结构变形影响曲线

2. 注浆圈弹性模量对结构变形的影响

考虑壁后间隙内的注浆圈凝固后的弹性模量对结构变形的影响，参考现有地铁盾构隧道壁后注浆浆液的物理特性，选取注浆圈弹性模量为 10 MPa、15 MPa、20 MPa 三种工况进行计算，对应表 7-3 中的 S1、S13、S14 三种工况。隧道受荷后椭圆度、接缝张开极大值和管片错台极大值随注浆圈弹性模量的变化曲线如图 7-16 所示。由图可知，隧道结构受荷后椭圆度随注浆圈弹性模量的提高大致呈现线性下降的态势，但整体上影响较小。此外，注浆圈弹性的提高对接缝张开及管片错台的影响较为有限，且实际工程中注浆圈(浆液)弹性模量不会太大，故可认定注浆圈弹性模量对结构变形的影响较小(有限)。

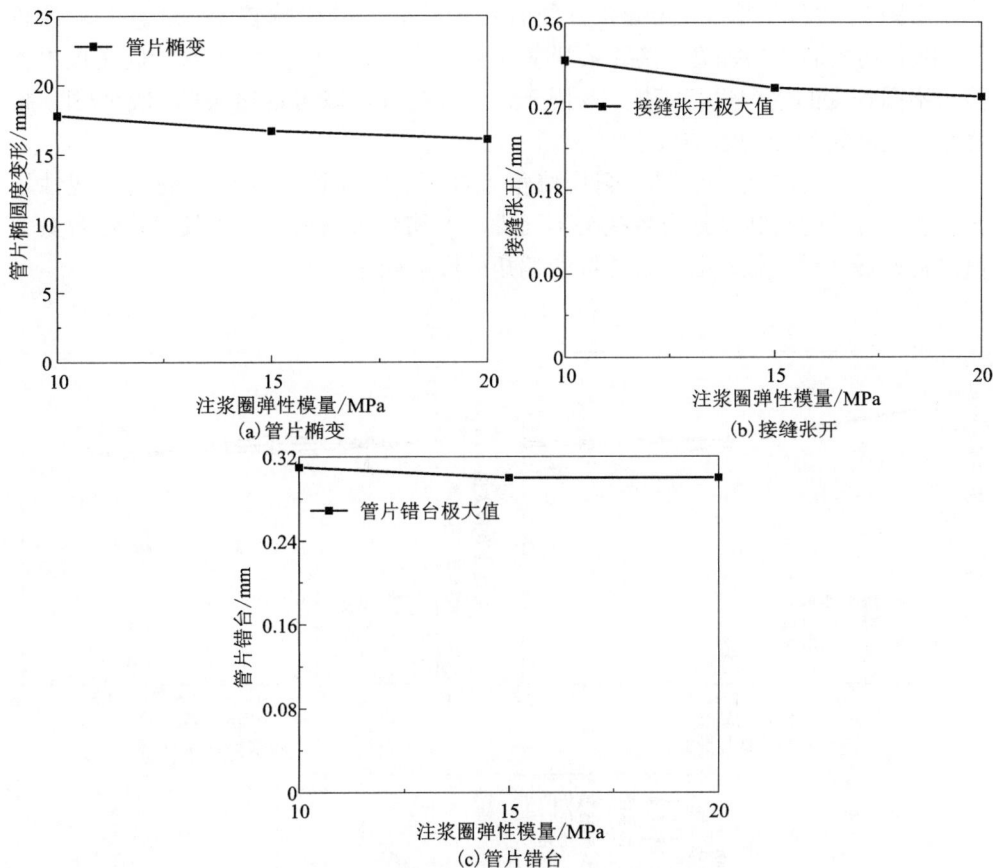

图 7-16　注浆圈弹性模量对结构变形影响曲线

3. 初始椭变及其偏角对结构变形的影响

为分析实际工程中初始椭变对结构变形的影响规律，选取不同初始椭变及椭变偏角工况进行计算分析，对应表 7-3 中工况 S1、S15～S20。隧道受荷后椭圆度、接缝张开及管片错台极大值随初始椭变的变化曲线如图 7-17 所示。

由图 7-17(a)可知，椭变偏角一定时，隧道结构受荷后椭圆度随初始椭变的增大而增大，椭变偏角为 0°、36°时，结构受荷后椭圆度在管片初始椭变达 1‰时趋于稳定；椭变偏角为 90°时，结构受荷后椭圆度与管片初始椭变呈线性降低。这表明管片存在初始椭变会降低结构受荷后椭圆度，同等初始椭变条件下，偏角为 90°时结构受荷后椭圆度降幅最大，且其降幅随初始椭变增大而增大，而偏角为 0°和 36°时管片初始椭变达 1‰后其受荷后椭圆度变化会趋于稳定。

由图 7-17(b)可知,接缝张开受管片初始椭变的影响较小,二者关联性较差,随着初始椭变的提高,接缝张开基本无显著变化,这是由于初始椭变仅由各接头不同程度的错台进行模拟,受限于研究手段,难以考虑接头的初始张开,接缝张开受初始椭变的影响较小。

由图 7-17(c)可知,同等椭变偏角条件下,管片错台与初始椭变呈线性增长,这是由于初始椭变是由各接头不同程度的错台进行模拟,故其管片错台极大值与初始椭变呈线性增长,且受椭变偏角的影响较小。

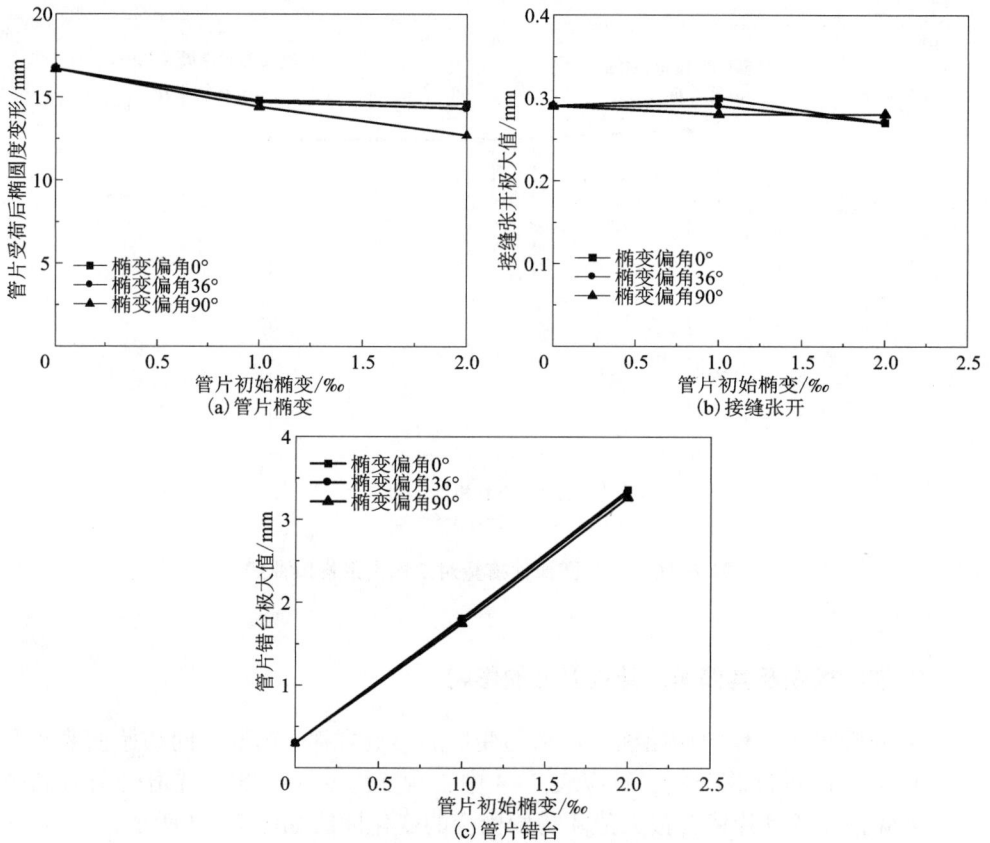

图 7-17 初始椭变对结构变形影响曲线

210

7.3　初始椭变及空洞缺陷组合对盾构隧道受力特性的影响

>>>

　　基于第 6 章壁后空洞对隧道结构安全影响分析及 7.2 节盾构隧道运营期管片结构变形弹性影响因素分析，本节进一步分析不同初始椭变及隧腰不同空洞尺寸组合影响下运营期盾构隧道管片结构的受荷后椭圆度、接缝张开及管片错台的响应规律，以探明壁后空洞与初始椭变耦合影响下运营期盾构隧道的变形响应。

7.3.1　数值模型及工况设置

　　为探明盾构隧道运营期各因素（重点分析壁后空洞及初始椭变）对管片变形（包括受荷后椭圆度变形、接缝张开及管片错台变形）的影响程度，设置计算工况 27 组，其中以工况 SK1 为对照，分别开展各运营因素与隧腰壁后空洞耦合作用下盾构隧道变形的敏感性研究，具体如表 7-5 所示。所有工况隧道直径相同，数值模型同 7.2 节。

　　工况 SK1~SK5 为地层性质与隧腰空洞耦合，各土层参数同表 7-4，隧腰空洞尺寸稳定在 5 m²×0.5 m；工况 SK1、SK6~SK8 为地层埋深与隧腰空洞耦合，隧腰空洞尺寸稳定在 5 m²×0.5 m；工况 SK1、SK9~SK10 为浆液凝固后物理性质与隧腰空洞耦合，隧腰空洞尺寸稳定在 5 m²×0.5 m；工况 SK1、SK11~SK12 为壁后间隙与隧腰空洞耦合，隧腰空洞尺寸稳定在 5 m²×0.5 m；工况 SK1、SK13~SK18 为初始椭变及椭变偏角与隧腰空洞耦合，隧腰空洞尺寸稳定在 5 m²×0.5 m；工况 SK1、SK19~SK21 为不同深度隧腰空洞；工况 SK1、SK22~SK27 为不同初始椭变（无偏角）与不同深度隧腰空洞耦合。

表 7-5　计算工况

工况编号	管片外径/m	围岩类型	隧道埋深/m	壁后间隙/cm	浆液凝固后弹模/MPa	初始椭变/‰	椭变偏角/(°)	空洞尺寸 $S(\text{m}^2)\times H(\text{m})$
SK1	6.0	砂土	10.8	15	15	0	—	5×0.5
SK2	6.0	粉质黏土	10.8	15	15	0	—	5×0.5
SK3	6.0	强风化泥质粉砂岩	10.8	15	15	0	—	5×0.5

续表7-5

工况编号	管片外径/m	围岩类型	隧道埋深/m	壁后间隙/cm	浆液凝固后弹模/MPa	初始椭变/‰	椭变偏角/(°)	空洞尺寸 $S(m^2) \times H(m)$
SK4	6.0	含碎石黏土	10.8	15	15	0	—	5×0.5
SK5	6.0	中风化泥质粉砂岩	10.8	15	15	0	—	5×0.5
SK6	6.0	砂土	20.0	15	15	0	—	5×0.5
SK7	6.0	砂土	30.0	15	15	0	—	5×0.5
SK8	6.0	砂土	40.0	15	15	0	—	5×0.5
SK9	6.0	砂土	10.8	10	15	0	—	5×0.5
SK10	6.0	砂土	10.8	20	15	0	—	5×0.5
SK11	6.0	砂土	10.8	15	10	0	—	5×0.5
SK12	6.0	砂土	10.8	15	20	0	—	5×0.5
SK13	6.0	砂土	10.8	15	15	1	0	5×0.5
SK14	6.0	砂土	10.8	15	15	1	45	5×0.5
SK15	6.0	砂土	10.8	15	15	1	90	5×0.5
SK16	6.0	砂土	10.8	15	15	2	0	5×0.5
SK17	6.0	砂土	10.8	15	15	2	45	5×0.5
SK18	6.0	砂土	10.8	15	15	2	90	5×0.5
SK19	6.0	砂土	10.8	15	15	0	—	5×1.0
SK20	6.0	砂土	10.8	15	15	0	—	5×1.5
SK21	6.0	砂土	10.8	15	15	0	—	5×2.0
SK22	6.0	砂土	10.8	15	15	1	—	5×1.0
SK23	6.0	砂土	10.8	15	15	1	—	5×1.5
SK24	6.0	砂土	10.8	15	15	1	—	5×2.0
SK25	6.0	砂土	10.8	15	15	2	—	5×1.0
SK26	6.0	砂土	10.8	15	15	2	—	5×1.5
SK27	6.0	砂土	10.8	15	15	2	—	5×2.0

7.3.2　地层性质、隧道埋深与空洞耦合影响分析

1. 地层性质与壁后空洞耦合对结构变形的影响

选取 5 种较为典型的地层开展地层性质与壁后空洞耦合对隧道结构变形的影响分析，对应表 7-5 中的 SK1~SK5 工况，隧腰空洞尺寸为 5 m²×0.5 m。

隧腰空洞影响下结构受荷后椭圆度、接缝张开及管片错台极大值随地层性质的变化曲线如图 7-18 所示。

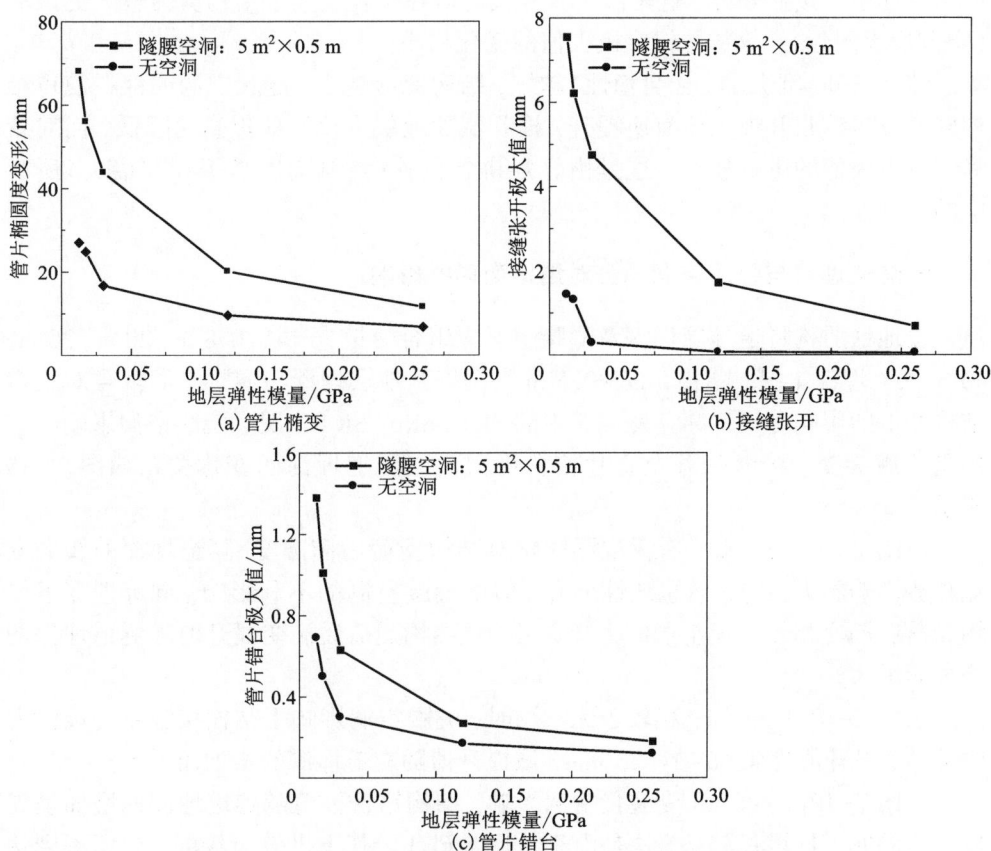

图 7-18　隧腰空洞及地层性质耦合对结构变形影响曲线

由图 7-18(a)可知，隧腰空洞影响下管片受荷后椭变随地层弹性模量的变化规律与无空洞一致，均与地层弹性模量成反比。相较于无空洞时，隧腰空洞的存在使得管

片受荷后椭变大幅提升，其受荷后椭变提升值随地层弹性模量的提升而降低，当地层为含碎石黏土（弹性模量为 0.0125 GPa），结构受荷后椭变提升值为 41.1 mm；地层为中风化岩（弹性模量为 0.12 GPa），结构受荷后椭变提升值仅为 5.8 mm。

由图 7-18(b) 可知，受隧腰空洞的影响，空洞内的管片接缝张开大幅提升，其接缝张开极值及其相较于无空洞时的提升值均随地层弹性模量的提高而降低，且在地层弹性模量提升至一定值时，有空洞影响时接缝张开随地层弹性模量的变化均不显著。

由图 7-18(c) 可知，隧腰空洞影响下隧道结构错台随地层弹性模量的变化规律与接缝张开基本一致。对比图 7-18(b) 可以看出，隧腰空洞对管片错台极大值的影响远小于接缝张开，这是由于管片接缝所在位置远离了结构剪力较大的区域（空洞边界附近），故结构错台极大值的变化略小。

综上可知，地层性质（自稳性）越好，结构变形越小；隧腰空洞的存在使得结构椭变及接缝张开极大值有所提升，提升值随地层自稳性的提高而降低，而对管片错台极大值的影响较小，这是由管片拼装位置（空洞周围是否存在接头）所决定的。

2. 隧道埋深与壁后空洞耦合对结构变形的影响

以地铁盾构隧道地层埋深及隧腰空洞为组合变量，选取 10.8 m、20 m、30 m、40 m 共 4 埋深工况、隧腰 5 m²×0.5 m 空洞展开地层埋深与隧腰空洞耦合对隧道结构变形的影响分析，对应表 7-5 中的 SK1、SK6~SK8 工况。隧腰空洞影响下结构受荷后椭变、接缝张开及管片错台极大值与隧道埋深的变化关系如图 7-19 所示。

由图 7-19(a) 可知，有无空洞影响对结构受荷后椭圆度-隧道埋深曲线的变化趋势影响不大，均大致呈线性上升，但受隧腰空洞的不利影响，同等埋深下结构受荷后椭变相较于无空洞时大幅提升，且结构受荷后椭变提升值随隧道埋深的增加而增大。

由图 7-19(b) 可知，相较于无空洞时，隧腰空洞影响下结构接缝张开极值大幅提升，提升值为 4.46~14.33 mm，该提升值随隧道埋深的增加而增大。

由图 7-19(c) 可知，受隧腰空洞影响，结构错台极值随隧道埋深的增加呈先慢后快的非线性增长趋势，这是由于地层为砂土，其土拱效应较弱，当埋深到达一定值时，受上覆荷载及空洞影响，结构发生较大椭变及空洞内管片接缝张开，由此带动了管片错台的发展，并随埋深的增大，管片错台极（大）值大幅增加，埋深为 10.8~40 m 对应的结构错台极大值为 0.63~7.84 mm，相较于无空洞时增大了 0.33~6.04 mm。

综上分析可知，地层埋深越大，结构变形越大；隧腰空洞的存在使得结构椭变及接缝张开极大值大幅提升，提升值随地层埋深的增加而增大，并由此带动管片错台的发展。

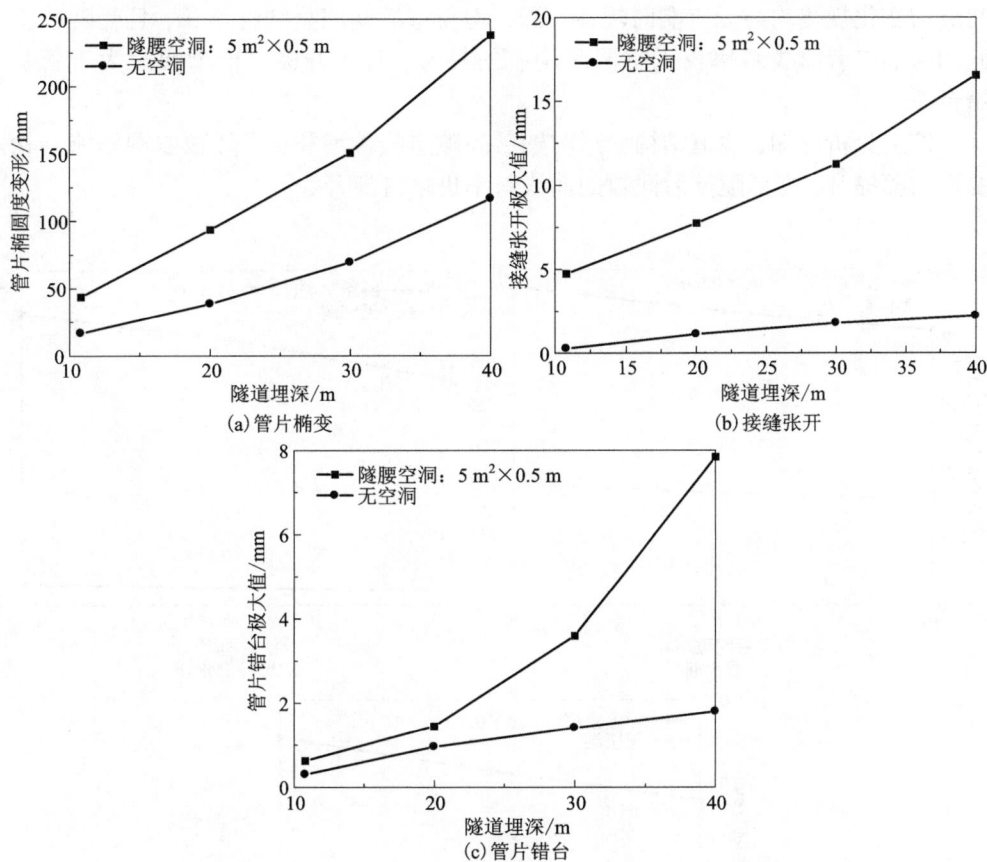

图 7-19　隧腰空洞与隧道埋深耦合对结构变形影响曲线

7.3.3　壁后间隙、注浆圈弹模、初始椭变与空洞耦合影响分析

1. 壁后间隙与壁后空洞耦合对结构变形的影响

选取壁后间隙 10 cm、15 cm、20 cm 三种工况及隧腰 5 m²×0.5 m 空洞进行耦合分析，对应表 7-5 中的工况 SK9、SK1、SK10。隧腰空洞影响下结构受荷后椭

圆度、接缝张开及管片错台极大值随壁后间隙的变化曲线如图 7-20 所示。

由图 7-20 可知，隧腰空洞影响下结构受荷后椭圆度随壁后间隙的变化规律与无空洞时规律一致，均与壁后间隙呈线性增长，且受隧腰空洞的影响其曲线斜率较无空洞时有所提升。隧腰空洞影响下结构接缝张开及管片错台极大值随壁后间隙的变化规律均与无空洞时规律一致，均与壁后间隙呈线性增长，且受隧腰空洞的影响二者曲线斜率较无空洞时均有所提升，且张开极大值增幅远大于管片错台。

综上分析可知，隧道结构变形与壁后间隙呈线性增长，受隧腰空洞影响结构变形大幅提升，变形随壁后间隙的曲线斜率也略有提升。

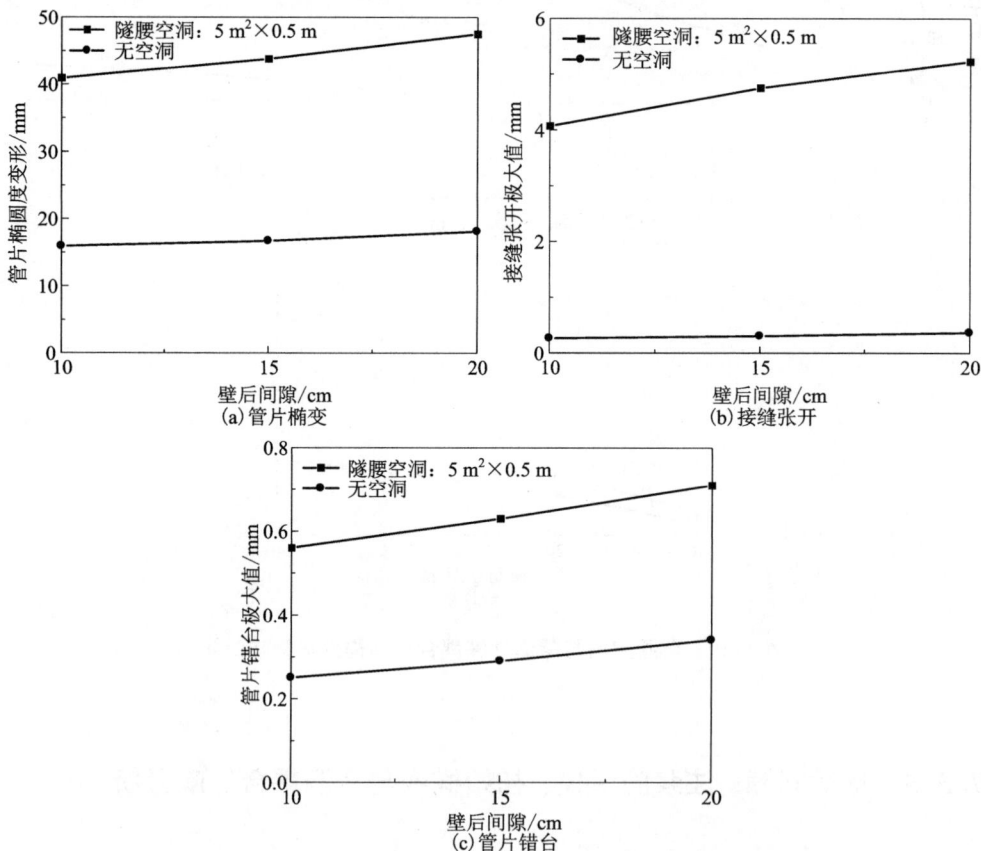

图 7-20 隧腰空洞与壁后间隙耦合对结构变形影响曲线

2. 注浆圈弹性模量与壁后空洞耦合对结构变形的影响

选取注浆圈弹性模量为 10 MPa、15 MPa、20 MPa 三种工况及隧腰 5 m² × 0.5 m 空洞进行耦合分析，对应表 7-5 中的 SK11、SK1、SK12 三种工况。隧腰空洞影响下结构受荷后椭圆度、接缝张开及管片错台极大值随注浆圈弹性模量的变化曲线如图 7-21 所示。

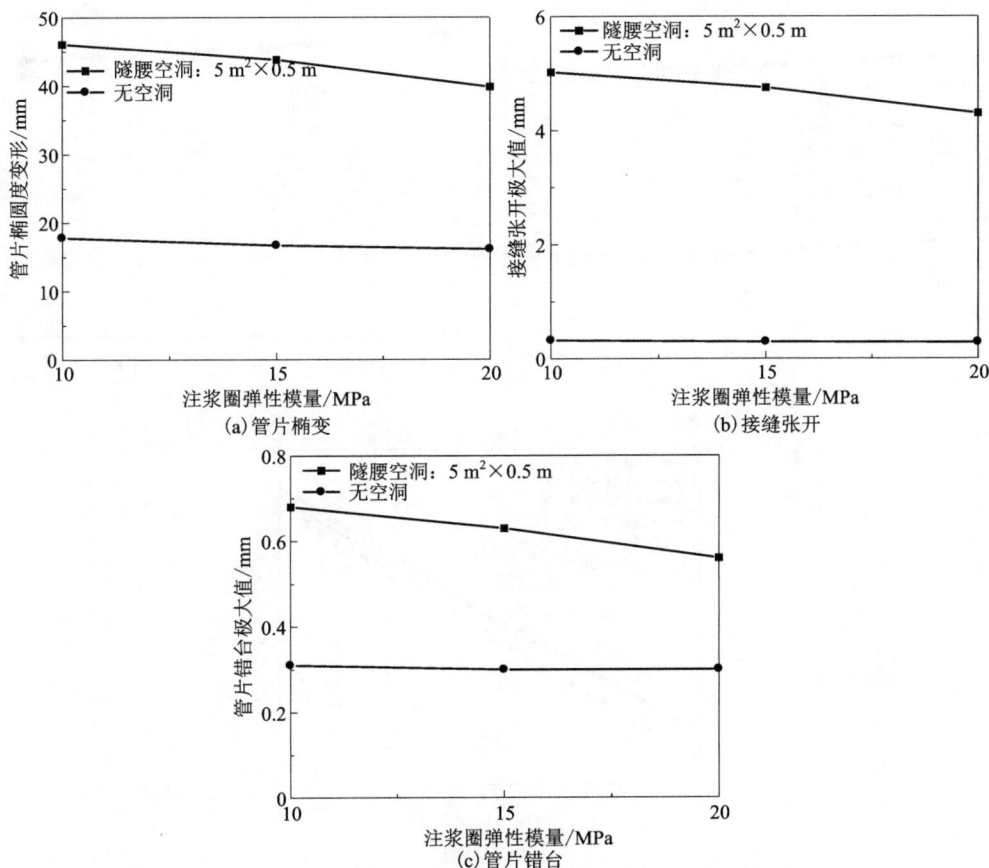

图 7-21　隧腰空洞与注浆圈弹性模量耦合对结构变形影响曲线

由图 7-21 可知，相较于无空洞时，隧腰空洞影响下，结构变形(包括受荷后椭变、接缝张开及管片错台)大幅提升，并随注浆圈弹性模量的增大而降低，从图中可以看出隧腰空洞对结构接缝张开极大值的影响最大，由无空洞时的 0.28~0.32 mm 提升至 4.3~5.02 mm，增幅 10 余倍，这是由管片拼装位置所决定的。

3. 初始椭变与壁后空洞耦合对结构变形的影响

分析实际工程中初始椭变及壁后空洞耦合对结构变形的影响规律，选取不同初始椭变及偏角工况与不同尺寸隧腰空洞工况进行耦合，对应表 7-5 中的 SK1、SK13～SK27 工况。隧腰空洞影响下结构受荷后椭圆度、接缝张开及管片错台极大值随初始椭变的变化曲线如图 7-22 所示。

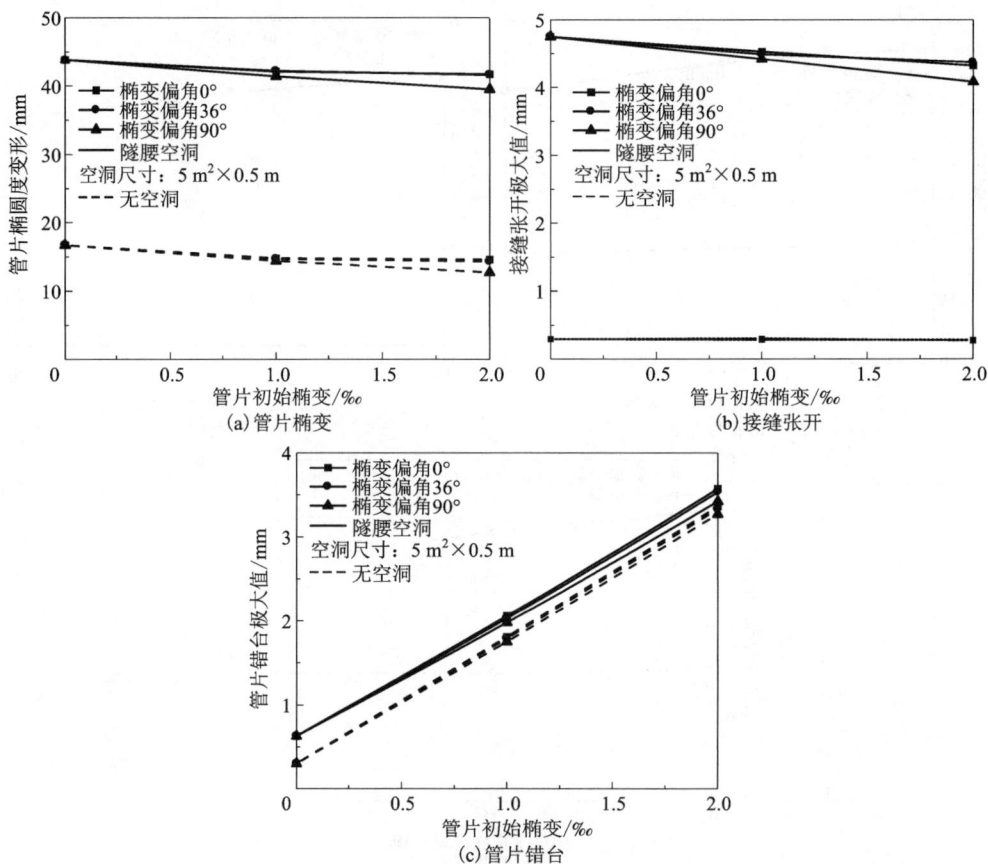

图 7-22　隧腰空洞与初始椭变耦合对结构变形影响曲线

由图 7-22(a)可知，隧腰空洞影响下结构受荷后椭变随初始椭变的变化规律与无空洞时基本一致，初始椭变为 1‰时，相较于无初始椭变工况，偏角为 0°、36°、90°工况的受荷后椭变降幅均在 5% 以内，仅为无空洞时受荷后椭变降幅的 40% 左右，这是由于管片初始椭变表现为各接头不同程度的错台，各接头处形成较小的错动滑移，当外荷载较小时可有效降低结构的变形。

由图 7-22(b)可知，受隧腰空洞的影响，各初始椭变及椭变偏角工况的接缝张开极大值均大幅提升，当椭变偏角一定时，接缝张开极大值随初始椭变的增加而降低，且同等初始椭变下，椭变偏角 90°时的降幅最大，这是由于接头处存在较小的初始错台，当外荷载较小时，接头处较小的初始错台可小幅降低接头的转动性能，从而降低接头张开度。

由图 7-22(c)可知，管片初始椭变的存在，使得各接头加载初始存在一定程度的错台，对比有隧腰空洞和无空洞工况错台极大值-初始椭变曲线可知，两种工况的曲线均呈线性上升，隧腰空洞对含初始椭变隧道结构的错台极值影响较小，且同等初始椭变条件下，偏角 90°时的错台极(大)值最小。

综上分析可知，壁后空洞对结构受荷后椭圆度、接缝张开极大值、管片错台极大值的影响大小排序为：管片错台<受荷后椭圆度<接缝张开。

7.4　本章小结

>>>

本章采用数值仿真方法开展了不同初始椭变量与椭变偏角盾构隧道承载性能分析，并进一步分析了初始椭变与壁后空洞等运营因素耦合作用下盾构隧道结构的变形特征，得到以下主要结论：

(1)相较于无初始椭变工况，含小初始椭变量管片正常服役时的受荷后椭圆度有所降低，降幅为 12.2%~18.7%，同等初始椭变条件下，椭变偏角为 90°时结构受荷后椭圆度的降幅最大；当隧道上方开始堆载，含小初始椭变量管片受荷后椭圆度会逐渐趋近于无初始椭变工况，并在堆载 75 kPa 后开始大于无初始椭变工况；堆载升至 138 kPa 时，含小初始椭变量管片受荷后椭圆度增幅达 10.3%~16.3%，且同等椭变偏角下，初始椭变越大，结构受荷后椭圆度的增幅越大。

(2)相较于无缺陷工况，初始椭变超限隧道正常服役时，管片初始椭变与竖向荷载存在偏角(0°~90°)可以一定程度上提高结构延性，降低受荷后管片椭圆度、接缝张开和管片错台极值，且偏角越大，结构延性越高，受荷后椭圆度、接缝张开及管片错台极值越小；管片初始椭变偏角为 36°时，其受荷后接缝张开及管片错台极值均与初始椭变呈上升趋势，其提升值分别为 0.91~3.38 mm、0.29~6.32 mm，且初始椭变越大，其极值增量越高；管片初始椭变偏角为 72°时，其受荷后接缝张开及管片错台极值较受荷前有所降低，其下降值分别为 0.18~0.4 mm、0.01~0.55 mm。

(3)隧道直径减小、地层自稳性降低、隧道埋深增大、壁后间隙增大、浆液凝固后刚度减弱均会加剧运营期盾构隧道结构变形(包括受荷后椭变、接缝张开及管片错台)。综合多因素分析,加强运营期盾构隧道的地层约束(地层环境、壁后间隙、浆液性质、隧道埋深)是降低结构整体变形及接头局部变形极值的关键。

(4)空洞的存在使得结构椭变及接缝张开极大值有所提升,其他影响因素一定时,提升值随地层自稳性、注浆圈弹性模量的提高而降低,随地层埋深、壁后间隙的增加而增大,而对管片错台极大值的影响较小。

第8章
结　语

8.1　主要结论
>>>

（1）通过特殊设计的弹簧和预装螺栓的协同效应，提出一种"弹簧+螺栓型"的新式接头，实现了对原型管片接头的有效模拟。基于此接头模型，对均质圆环隧道、开槽管片环隧道和设计管片环隧道开展模型试验，并建立可考虑接头刚度折减、非连续性及螺栓预紧力的盾构隧道三维精细化数值模型，探究了接头刚度折减及非连续性因素对管片受力特性的影响。研究结果表明，接头刚度折减对管片结构收敛变形和管片截面弯矩极值的影响较为显著，而对管片轴力影响较小；接头非连续性使管片发生接缝张开，进一步加剧管片横向变形；增大螺栓预紧力能有效提高管片横向刚度，但预紧力过大也会加剧管片破损，应把握管片整体横向变形与局部应力集中破坏之间的平衡关系。

（2）通过室内三轴试验分析了全、中风化软岩的累积轴向变形发展规律，研究发现动应力比和静偏应力比对应变影响较大，而围压和加载频率的影响较小。基于试验结果，提出了一个基于累积塑性应变的隧道长期沉降预测模型。研究表明，南昌地铁运营 100 年后，列车速度改变对隧道长期沉降影响较小，相比中风化软岩层，隧底位于全风化软岩层的累积沉降增幅约为 42%，产生较大不均匀沉降。同时开展了下卧软硬不均地层和局部堆载等工况下的盾构隧道模型试验与精细化数值模拟，结果表明，软硬不均地层会导致土层突变处隧道沉降峰值大幅增加，引起硬土区域的衬砌收敛值升高及衬砌弯矩骤增；施加局部堆载主要影响隧道弯矩极值，在拱顶和隧底处弯矩增幅明显；增加软土侧环缝预紧力能显著减少差异沉降，但效果随预紧力增大而减弱。

（3）依托南昌地铁实际工程，针对软硬不均地层，系统地考虑了隧道埋深、滑移面形式、侧压力系数与地层的关联，通过滑裂面假设和极限平衡理论等方法提出了软硬不均地层地铁盾构隧道理论荷载作用模式。研究指出，对于浅埋隧道，可引入椭球体理论推导极限状态下滑移面为椭圆的修正侧压力系数及竖向松动土压力表达式，再由力学平衡方程推导出侧压力计算式；而对于深埋隧道，则可以考虑软硬不均地层的突变性，对太沙基理论竖向滑移面松动宽度进行合理修正，进而推导修正的竖向及侧向围岩压力计算公式。最终，理论计算与现场实测结果对比表明，所提理论方法与实测值吻合较好，与修正惯用法相比计算得到的隧顶、隧底竖向土压力精度分别提高约 24.6%、70.9%。

（4）采用数值仿真、现场监测等方法开展了不同因素引起的荷载变化对盾构隧道受力特性的影响研究。研究发现，当隧道上方超载达到 138 kPa 或侧方压力卸载 26.3% 时，其相应的椭圆度分别为 27.4‰和 22.1‰，此时管片结构片弯矩承载基本到达极限，接缝张开及管片错台与椭圆度呈线性增长，接头塑性铰初具雏形，可认为此时隧道结构达到正常服役的极限状态；地下水位上升，隧道衬砌弯矩减小，水位下降，隧道衬砌弯矩增大；升降速率在不同区间时对衬砌结构的弯矩影响不同，当水位升降速率大于 0.33 m/d 时，速率越大，对衬砌弯矩影响越大，且下降过程对衬砌弯矩影响大于上升过程。

（5）采用模型试验及数值仿真方法对空洞影响下盾构隧道外荷载分布及其受力变形机理进行了研究。结果表明，管片背后空洞的存在改变了隧道与周边地层的接触状态，使隧道受到偏压作用，继而引起管片应力重分布，管片发生趋向于空洞处的变形位移，并在空洞边缘位置处出现应力集中效应；在拱顶空洞工况条件下，随着空洞尺寸逐渐增大，拱顶处弯矩持续减小并最终发生反向，拱顶两侧均出现反弯点，拱顶处由原受正弯变为受负弯状态，管片外侧由受压变为受拉状态，空洞对应处截面弯矩变化率较大；空洞面积、深度、位置对管片弯矩与轴力存在较大影响，随空洞深度增加，隧顶、隧底空洞中心处截面安全系数先增大后减小，管片椭变先减小至 0 后反向增大，左隧腰空洞中心处截面安全系数不断降低，管片椭变大幅提升。

（6）采用数值模拟方法开展了不同初始椭变量与椭变偏角盾构隧道承载性能分析，并进一步分析了初始椭变与壁后空洞等运营因素耦合作用下盾构隧道结构的变形特征。研究发现，初始椭变超限隧道正常服役时，管片初始椭变与竖向荷载存在偏角（0°~90°）可以一定程度上提高结构延性，且偏角越大，结构延性越高；隧道直径减小、地层自稳性降低、隧道埋深增大、壁后间隙增大、浆液凝固后刚度减弱均会加剧运营期盾构隧道结构变形，综合多因素分析可知，加强运营期盾构隧道的地层约束是降低结构整体变形及接头局部变形极值的关键。此外，空洞耦合作用下的模拟研究表明，空洞的存在使得结构椭变及接缝张开极大值有所提升，其他影响因素一定时，提升值随地层自稳性、注浆圈弹性模量的提高而降低，随地层埋深、壁后间隙的增加而增大，而对管片错台极大值的影响较小。

8.2　主要创新点 >>>

（1）基于等效刚度设计原理，提出了一种利用特制弹簧与预埋螺栓的共同工作来模拟原型管片接头的模型试验方法，建立了可考虑接头刚度折减、非连续性、螺栓预紧力的盾构隧道精细化三维数值模型。所提出试验与数值方法具有较好的一致性，可较为全面、精细地获取盾构隧道管片结构的受力特性。

（2）横向维度上，对无折减、开槽等效及"弹簧螺栓"等效三类接头管片进行模型试验与精细化数值模拟，分析接头刚度折减、非连续性、螺栓预紧力等因素对盾构隧道管片受力特性的影响；纵向维度上，充分考虑环纵向接头影响，采用试验与数值相结合的手段，研究下伏地层软硬不均及局部堆载对盾构隧道的变形响应机制，并进一步探明螺栓预紧力大小对地铁盾构隧道纵向变形与差异沉降的影响机理。

（3）综合考虑隧道埋深、滑移面形式、侧压力系数与地层的关联，引入椭球体理论、极限平衡理论等，系统提出深埋及浅埋下软硬不均地层地铁盾构隧道的理论荷载模式，并以南昌典型上软下硬地层盾构隧道现场实测数据验证了该荷载模式的合理性与准确性。

（4）依托具体工程，采用精细化数值仿真方法，对地铁盾构隧道受力承载特性展开深入分析，量化超载及卸载作用下无初始椭变盾构隧道的承载极限，并采用足尺试验加以论证。同时基于无初始椭变工况分析，进一步量化了堆载作用下初始椭变与偏角对盾构隧道结构非线性承载极限与接头细部变形特征的影响。

（5）得出不同位置、尺寸空洞影响下盾构隧道外荷载分布情况及其结构变形规律，并进一步探讨管片拼装的随机性与空洞位置组合影响下隧道结构内力及变形的响应机理。

8.3　进一步研究展望 >>>

（1）本书虽依托了南昌地铁盾构隧道实际工程进行现场测试，但仅有一组软硬不均地层试验断面，后续可以与其他类型的软硬不均地层（如软土-硬岩）实测数据进行对比，进而充分验证本书中所提理论荷载模式的可行性及适用性。

（2）本书针对不同空洞位置对盾构隧道衬砌结构的影响仅考虑拱顶、拱腰、拱底三种典型截面位置工况，现实中受限于各种因素，空洞位置并不固定，后续应依托具体工程，进一步探究其他位置空洞及空洞组合对地铁隧道的影响。

（3）本书研究了单一静载或动载对地铁盾构隧道受力特性的影响，尚未综合考虑地层静载与列车动载的组合影响，实际上在列车动载下隧道结构的受力变形会进一步发展，隧道下伏地层也会随着长期动载作用而劣化受损。后续应进一步考虑列车动荷载，以期探明地层静载与列车动载耦合对地铁盾构隧道及其周围土层的影响。

（4）本书中考虑接头影响的盾构隧道数值仿真分析中边界条件、岩体参数及接触属性均存在一定的简化。受限于算力、成本等因素，数值大多仅截取少量管片环进行分析，仍存在一定的边界效应；岩体参数及接触属性的设定参照既有研究的简化处理，未能完整开展依托工程的相应土工及室内模型试验，以确定适宜本工程研究的岩体参数及接触属性。

参考文献

［1］ 交通强国建设纲要［M］.北京：人民出版社，2019.

［2］ 交通运输部.关于全面深入推进绿色交通发展的意见（交政研发〔2017〕186 号）〔Z〕.北京：2017.

［3］ 中华人民共和国交通运输部，国家铁路局，中国民用航空局，等.加快建设交通强国五年行动计划（2023—2027 年）（交规划发〔2023〕21 号）〔Z〕.北京：2023.

［4］ 中华人民共和国交通运输部，国家发展和改革委员会，中华人民共和国公安部，等.关于推进城市公共交通健康可持续发展的若干意见（交运发〔2023〕144 号）〔Z〕.北京：2023.

［5］ 韩宝明，余怡然，习喆，等.2023 年世界城市轨道交通运营统计与分析综述［J］.都市快轨交通，2024，37（1）：1-9.

［6］ 朱瑶宏，柳献，张晨光，等.地铁盾构隧道纵缝接头螺栓形式对比试验研究［J］.铁道科学与工程学报，2015，12（6）：1427-1435.

［7］ WANG S C, JIANG X, BAI Y. The influence of hand hole on the ultimate strength and crack pattern of shield tunnel segment joints by scaled model test［J］. Frontiers of Structural and Civil Engineering, 2019, 13(5): 1200-1213.

［8］ CUI G, CUI J, FANG Y, et al. Scaled model tests on segmental linings of shield tunnel under earth and water pressures［J］. International Journal of Physical Modelling in Geotechnics, 2019, 20(6): 1-34.

［9］ LIU F J, FANG A L. Study on Test Scheme of Shield Tunnel Prestressed Segment Joint［J］. Applied Mechanics and Materials, 2013, 2733(438-439): 954-958.

［10］ 冯卫星.模拟盾尾空隙影响的盾构隧道实验研究［J］.地铁与轻轨，1993（2）：38-42.

［11］ 孙海东.盾构隧道管片衬砌结构刚度有效率模型试验研究［D］.西安：长安大学，2012.

［12］ 何川，封坤，杨雄.南京长江隧道超大断面管片衬砌结构体的相似模型试验研究［J］.岩石力学与工程学报，2007（11）：2260-2269.

[13] 黄大维, 周顺华, 冯青松, 等. 地表超载对软、硬地层中既有盾构隧道影响的试验研究[J]. 岩土工程学报, 2019, 41(5): 942-949.

[14] 黄宏伟, 徐凌, 严佳梁, 等. 盾构隧道横向刚度有效率研究[J]. 岩土工程学报, 2006(1): 11-18.

[15] 张稳军, 张云旆, 宋晓龙. 盾构隧道弯螺栓接头力学特性受预紧力影响的数值研究[J]. 岩土工程学报, 2017, 39(增刊2): 203-206.

[16] 张力, 封坤, 何川, 等. 盾构隧道管片接头三维精细化数值模拟研究[J]. 隧道建设(中英文), 2020, 40(8): 1169-1175.

[17] 张润东. 盾构隧道管片接头精细化数值模拟及多尺度力学对比分析[D]. 太原: 太原理工大学, 2021.

[18] LIU D J, GUO Y H, YAO X Y. InterfacialBehaviour of Shield Tunnel Segment Strengthened by Thin Plate at Inner Surface[J]. Advances in Materials Science and Engineering, 2022.

[19] 孙雅珍, 于阳, 王金昌, 等. 考虑界面效应的内张钢圈加固盾构管片结构力学性能研究[J]. 岩土工程学报, 2022, 44(2): 343-351.

[20] SHI C H, CAO C Y, LEI M F, et al. Effects of lateral unloading on the mechanical and deformation performance of shield tunnel segment joints[J]. Tunnelling and Underground Space Technology incorporating Trenchless Technology Research, 2016, 51(Jan.): 175-188.

[21] 魏纲, 刘亚宇, 黄睿. 基于有限元模拟盾构隧道管片加载的研究综述[J]. 低温建筑技术, 2019, 41(7): 84-87.

[22] 石钰锋, 胡梦豪, 周宇航, 等. 不同因素导致的差异沉降对盾构隧道受力特性影响研究[J/OL]. 铁道科学与工程学报, 1-11[2024-03-24]. https://doi.org/10.19713/j.cnki.43-1423/u.T20230943.

[23] 周宇航. 考虑接头影响及差异沉降作用下盾构隧道受力特性研究[D]. 南昌: 华东交通大学, 2023.

[24] 周宇航, 石钰锋, 钟广, 等. 考虑环向接头影响的盾构管片受力特性试验研究[J]. 铁道科学与工程学报, 2022, 19(12): 3758-3767.

[25] 刘德军, 仲飞, 黄宏伟, 等. 运营隧道衬砌病害诊治的现状与发展[J]. 中国公路学报, 2021, 34(11): 178-199.

[26] GUO Z Q, ZHANG H P, SHI X Y, et al. Research on Shield Tunnelling Parameters Correlation in Composite Strata[J]. Adv Mater Sci Eng, 2022, 2022: 1-11.

[27] 陈晓坚. 软硬不均地层盾构隧道纵向差异沉降相似模型试验研究[J]. 隧道建设(中英文), 2019, 39(增刊1): 57-64.

[28] 汤印. 特殊环境下复杂水下盾构隧道管片衬砌纵向受力分析[D]. 成都: 西南交通大学, 2017.

[29] HE X C, XU Y S, SHEN S L, et al. Geological environment problems during metro shield tunnelling in Shenzhen, China[J]. Arabian JGeosci, 2020, 13(2): 87.

[30] SUN X M, LI G, ZHAO C W, et al. Investigation of Deep Mine Shaft Stability in Alternating Hard and Soft Rock Strata Using Three-Dimensional Numerical Modeling[J]. Processes, 2018, 7(1).

[31] ZHOU S H, DI H G, XIAO J H, et al. Differential Settlement and Induced Structural Damage in a Cut-and-Cover Subway Tunnel in a Soft Deposit[J]. J PerformConstr Fac, 2016, 30(5): 04016028.

[32] Wang Z, Wang L Z, Li L L, et al. Failure mechanism of tunnel lining joints and bolts with uneven longitudinal ground settlement[J]. Tunn Undergr Sp Tech, 2014, 40: 300-308.

[33] LI Y D D, WANG C X, SUN Y, et al. Analysis of Corner Effect of Diaphragm Wall of Special -Shaped Foundation Pit in Complex Stratum[J]. Front Earth Sci, 2022, 10.

[34] ZHANG D M, HUANG Z K, LI Z L, et al. Analytical solution for the response of an existing tunnel to a new tunnel excavation underneath[J]. Comput Geotech, 2019, 108(Apr.): 197-211.

[35] 兰庆男, 彭鹏, 李长俊, 等.穿越软硬突变地层隧道纵向不均匀沉降分析[J].地下空间与工程学报, 2022, 18(3): 1044-1050.

[36] 王祖贤, 施成华, 曹成勇, 等.非均质地基中盾构隧道的纵向变形分析[J].铁道科学与工程学报, 2023: 20(6): 2222-2234.

[37] JORDAN D. The next generation of large diameter, mixed ground tunnel boring machines[J. Underground-The WayTo The Future, 2013: 1259-1265.

[38] ROCCA R, ZEBALLOS M, CIERI A. Geotechnical problems inSierra Valle Fertile road crossing[J]. Integration Innovations Of Rock Mechanics, 2015: 117-124.

[39] CHENG H Z, CHEN R P, WU H N, et al. General solutions for the longitudinal deformation of shield tunnels with multiple discontinuities in strata[J]. Tunn Undergr Sp Tech, 2021, 107: 103652.

[40] 黄宏伟, 臧小龙.盾构隧道纵向变形性态研究分析[J].地下空间, 2002(3): 244-251, 283.

[41] 余占奎.软土盾构隧道纵向设计方法研究[D].上海: 同济大学, 2007.

[42] 朱建峰, 宫全美.软土地层盾构隧道长期沉降离心试验研究[J].现代隧道技术, 2019, 56(4): 49-55.

[43] 马险峰, 余龙, 李向红, 等.不同下卧层盾构隧道长期沉降离心模型试验[J].地下空间与工程学报, 2010, 6(1): 14-20.

[44] 王泽洋.地铁盾构隧道纵向不均匀沉降模型试验研究[D].石家庄: 石家庄铁道大学, 2019.

[45] 陈晓坚.软硬突变地层盾构隧道纵向差异沉降相似模型试验研究[J].隧道建设(中英文), 2019, 39(增刊1): 57-64.

[46] 郭一帆.经典 Timoshenko 梁理论在盾构隧道纵向不均匀变形中的适用及相关研究

[D].北京：北京交通大学，2018.

[47] 苏道振.不均匀沉降对城市盾构隧道影响及预测研究[D].北京：北京交通大学，2017.

[48] 杨茜，张顶立，刘志春.局部荷载作用下软土盾构隧道纵向沉降数值分析[J].北京工业大学学报，2012，38(8)：1220-1224.

[49] 戴轩，郭旺，程雪松，等.盾构隧道平行侧穿诱发的建筑纵向沉降实测与模拟分析[J].岩土力学，2021，42(1)：233-244.

[50] 日本土木学会.隧道标准规范(盾构篇)及解说[M].朱伟，译.北京：中国建筑工业出版社，2011.

[51] 肖明清，封坤，李策，等.复合地层盾构隧道围岩压力计算方法研究[J].岩石力学与工程学报，2019，38(9)：1836-1847.

[52] 张杰.复杂地质环境下盾构隧道荷载作用模式研究[D].常州：常州大学，2021.

[53] 钟小春，朱伟.盾构衬砌管片土压力反分析研究[J].岩土力学，2006(10)：1743-1748

[54] 肖明清，王少锋，陈立保，等.基于荷载结构法的隧道初期支护设计方法研究[J].铁道工程学报，2018，35(4)：60-64.

[55] ZHOU J, YANG X A, MA M J, et al. The support load analysis of deep-buried composite lining tunnel in rheological rock mass [J]. Computers and Geotechnics, 2021, 21 (13): 231-255.

[56] DU D C, DIAS D. Effect of surcharge loading on horseshoe-shaped tunnels excavated in saturated soft rocks[J]. Journal of Rock Mechanics and Geotechnical Engineering, 2020, 12 (6): 46-61.

[57] 王道远，郝士华.基于实测数据统计的盾构隧道土压力分布规律研究[J].现代隧道技术，2018，55(3)：46-53.

[58] 宋艺.土质地层中隧道上覆荷载计算研究[J].都市快轨交通，2018，31(5)：76-80.

[59] 李雪，周顺华，王培鑫，等.盾构隧道实测土压力分布规律及影响因素研究[J].岩土力学，2014，35(增刊2)：453-459.

[60] 汪大海.浅埋超大跨隧道地层成拱机理及围岩压力研究[D].北京：北京交通大学，2020.

[61] 李瑞林，周国庆，林超，等.考虑土拱效应的滑移面间非极限状态土压力解答[J].岩土力学，2017，38(11)：3145-3153.

[62] XU F, MAMORU K, YING C. A theory of loosening earth pressure above a shallow tunnel in unsaturated ground [J]. International Journal for Numerical and Analytical Methods in Geomechanics, 2020, 44 (10): 24-36.

[63] MUIR WOOD A M. The circulartennel in elastic ground[J]. Geotechnique, 1975, 14 (5): 45-60.

[64] TEODOR I. Prefabricated lining design conceptional analysis and comparative studies for optimal solution[J]. Tunnelling and Ground Condition, 1994, 3 (5): 18-25.

[65] 晁峰，刘大刚，杨小荣，等.不均匀地层地铁隧道拱顶荷载计算方法研究[J].现代隧道技

术，2017，54（4）：77-82.

[66] LI C G, WAUG S M. Design of shield tunnel lining taking fluctuations of river stage into account [J]. Tunnelling and Underground Space Technology, 2015, 45(2)：107-127.

[67] 黎春林.盾构隧道施工松动土压力计算方法研究[J].岩土工程学报，2014，36（9）：1714-1720.

[68] 何川，张景，封坤.盾构隧道结构计算分析方法研究[J].中国公路学报，2017，30（8）：1-14.

[69] 韩兴博，叶飞，冯浩岚，等.深埋黄土盾构隧道围岩压力解析[J].岩土工程学报，2021，43（7）：1271-1278，1377.

[70] 武军，廖少明，张迪.基于颗粒流椭球体理论的隧道极限松动区与松动土压力[J].岩土工程学报，2013，35（4）：714-721.

[71] 宫全美，张润来，周顺华，等.基于颗粒椭球体理论的隧道松动土压力计算方法[J].岩土工程学报，2017，39（1）：99-105.

[72] 朱孟龙，张庆文，徐国林，等.考虑塔形滑移面的浅埋隧道松动土压力研究[J].应用力学学报，2020，37（5）：2197-2206，2333-2334.

[73] 黄大维，周顺华，赖国泉，等.地表超载作用下盾构隧道劣化机理与特性[J].岩土工程学报，2016，39（7）：1173-1181.

[74] 石钰锋，蔡家城，张涛，等.冻结法地铁联络通道施工对邻近盾构隧道管片影响的测试分析[J].现代隧道技术，2024，61（1）：190-199.

[75] 赵秀绍，魏度强，于万友，等.小曲线半径盾构隧道上穿既有隧道影响分析[J].地下空间与工程学报，2021，17（4）：1216-1224.

[76] 邵华，黄宏伟，张东明，等.突发堆载引起软土地铁盾构隧道大变形整治研究[J].岩土工程学报，2016（6）：1036-1043.

[77] 张勇，马金荣，陶祥令，等.地面堆载诱发下既有盾构隧道纵向变形的解析解[J].隧道建设（中英文），2020，40（1）：66-74.

[78] 王涛，李浩，徐日庆.上方大面积加（卸）载引起盾构隧道的变形分析[J].现代交通技术，2008（3）：29-31.

[79] 戴宏伟，陈仁朋，陈云敏.地面新施工荷载对临近地铁隧道纵向变形的影响分析研究[J].岩土工程学报，2006（3）：312-316.

[80] 璩继立，潘荣，唐瑞东.基于双面弹性地基梁的隧道纵向变形研究[J].水资源与水工程学报，2016，27（1）：190-194.

[81] 魏纲，俞国骅，洪文强.地面堆载引起下卧盾构隧道剪切错台变形计算研究[J].中南大学学报（自然科学版），2018，49（7）：1775-1783.

[82] 柳献，张浩立，鲁亮，等.超载工况下盾构隧道结构承载能力的试验研究[J].地下工程与隧道，2013（4）：10-15.

[83] 贺美德.浅埋暗挖法隧道上穿既有盾构隧道的变形控制研究[D].北京：北京交通大

学，2015.

[84] LIU G B, HUANG P, SHI J W, et al. Performance of a Deep Excavation and Its Effect on Adjacent Tunnels in Shanghai Soft Clay[J]. Joumal of Performance of Constructed Facilities, 2016, 30(6): 04016041.

[85] 魏纲, 赵城丽. 基坑开挖引起临近地铁隧道的附加荷载计算方法[J]. 岩石力学与工程学报, 2016, 35(增刊1): 3408-3417.

[86] 宗翔. 基坑开挖卸载引起下卧已建隧道的纵向变形研究[J]. 岩土力学, 2016, 37(增刊2): 571-577, 596.

[87] 周泽林, 陈寿根, 涂鹏, 等. 基坑开挖对邻近隧道影响的耦合分析方法[J]. 岩土力学, 2018, 39(4): 1440-1449.

[88] 王震, 丁智, 张霄, 等. 考虑椭圆度缺陷的盾构管片结构极限承载性能研究[J]. 浙江大学学报(工学版), 2022, 56(11): 2290-2302.

[89] 丁小彬, 韩东霖. 运营盾构隧道不同椭圆度变形情况下受力性能分析[J]. 现代隧道技术, 2022, 59(1): 141-148.

[90] ZHANG J W, GUO S C, CHEN Y Y. Mechanical behavior of sealed waterproof for shield tunnel segment joint under different assembling ellipticity[J]. Science Progress, 2021, 104(1).

[91] 贺磊, 蔡乾广, 许诚权, 等. 地铁盾构断面椭圆度检测及数据分析研究[J]. 都市快轨交通, 2021, 34(3): 104-107, 118.

[92] 文彦鑫. 高水压盾构隧道管片衬砌接缝防水性能研究[D]. 成都: 西南交通大学, 2021.

[93] 陈云尧, 张军伟, 马士伟, 等. 盾构管片纵缝拼装变形规律及防水性能研究[J]. 地下空间与工程学报, 2020, 16(增刊2): 870-874, 911.

[94] KAN S D, CHEN J S, LIANG Y H, et al. Research on lateral deformation control criteria of metro shield tunnels with excessive ellipticity[J]. Applied Sciences, 2023, 13(23).

[95] 王一兆, 陈俊生, 闵星, 等. 基于精细化数值模拟的地铁盾构隧道椭圆度安全研究[J/OL]. 铁道标准设计: 1-10. [2024-05-29]. https://doi.org/10.13238/j.issn.1004-2954.202212160003.

[96] 郭瑞, 何川, 封坤, 等. 弱抗力地层盾构隧道失稳破坏的模型试验研究[J]. 铁道学报, 2015, 37(3): 72-78.

[97] 王士民, 于清洋, 彭博, 等. 空洞对盾构隧道结构受力与破坏影响模型试验研究[J]. 岩土工程学报, 2017, 39(1): 89-98.

[98] 杨文波, 谷笑旭, 涂玖林, 等. 拱顶空洞对盾构隧道与周围土体动力响应特性影响[J]. 岩石力学与工程学报, 2019, 38(11): 2344-2356.

[99] 管锋, 魏度强, 雷金山, 等. 地层空洞影响下地铁盾构隧道衬砌结构响应试验研究[J]. 铁道科学与工程学报, 2022, 19(2): 461-469.

[100] 李林桂. 管片背后空洞对盾构隧道动力响应特性影响研究[D]. 成都: 西南交通大学, 2020.

[101] 杨公标.浅埋隧道与邻近地层空洞相互作用机理及其对地层变形的影响[D].北京：北京交通大学，2022.

[102] ZHANG J X, ZHANG N, ZHOU A N, et al. Numerical evaluation of segmental tunnel lining with voids in outside backfill[J]. Underground Space, 2022, 7(5)：786-797.

[103] LI M D, ZHANG K, MENG K, et al. Seismic response study of shield tunnel with lateral karst cavity under SV waves[J]. Structures, 2023, 56.

[104] LI M D, MENG K, ZHOU J. Seismic Response and damage analysis of shield tunnel with lateral karst cavity under oblique SV waves[J]. Buildings, 2023, 13(3)：605-605.

[105] SHI Y F, CHEN Z Y, WEI D Q, et al. Analysis of structural response of subway shield tunnel lining under the influence of cavities[J]. Advances in Civil Engineering, 2021, 2021.

[106] QIN X G, ZHANG G Z, GE R Y. Effect of erosion void on segmental tunnel lining：2D numerical investigation[J]. Transportation Geotechnics, 2022, 35.

[107] 赖金星，刘炽，胡昭，等.盾构隧道衬砌背后空洞对结构影响规律数值分析[J].现代隧道技术，2017, 54(3)：126-134.

[108] 赖金星，邱军领，刘炽，等.盾构隧道管片裂缝开展规律数值试验[J].现代隧道技术，2017, 54(1)：138-144.

[109] 唐检军，周宇航，石钰锋，等.盾构隧道管片接头缩尺试验模拟方法[J].隧道建设(中英文)，2022, 42(7)：1187-1195.

[110] 陈汉成.基于模型试验的盾构隧道横向性能研究及其在地表堆载工程中的应用[D].广州：华南理工大学，2020.

[111] 卢院.盾构隧道管片足尺模型试验与环向接头仿真分析研究[D].北京：中国铁道科学研究院，2019.

[112] 黄大维，周顺华，王秀志，等.模型盾构隧道管片纵缝接头设计方法[J].岩土工程学报，2015, 37(6)：1068-1076.

[113] 蒋洪胜，侯学渊.盾构法隧道管片接头转动刚度的理论研究[J].岩石力学与工程学报，2004(9)：1574-1577.

[114] 刘学山.盾构隧道管片横向接头刚度对内力影响的研究[J].现代隧道技术，2003(4)：14-19.

[115] 李晓军，黄伯麒，杨志豪，等.不同埋深下大直径盾构隧道横向刚度有效率[J].同济大学学报(自然科学版)，2015, 43(8)：1159-1166.

[116] 葛世平，谢东武，丁文其，等.盾构管片接头简化数值模拟方法[J].岩土工程学报，2013, 35(9)：1600-1605.

[117] 张厚美，过迟，付德明.圆形隧道装配式衬砌接头刚度模型研究[J].岩土工程学报，2000(3)：309-313.

[118] HUANG L C, HUANG S, LAI Z S, et al. The effective flexural stiffness of segment joints in large - diameter tunnel under various loading conditions[J]. Structural Concrete, 2020, 21

(6)：2824-2835.

[119] 封坤，何川，肖明清.高轴压作用下盾构隧道复杂接缝面管片接头抗弯试验[J].土木工程学报，2016，49(8)：99-110，132.

[120] 余超，黄展军，赵秀绍，等.循环荷载下地铁隧道基底风化泥质粉砂岩动力特性研究[J].铁道科学与工程学报，2021，18(2)：366-374.

[121] 石钰锋，曹成威，谈亦帆，等.地铁隧道基底饱水风化软岩动力响应及长期沉降研究[J].现代隧道技术，2022，59(2)：86-95.

[122] 谈亦帆，石钰锋，徐长节，等.地铁隧道基底饱水风化软岩动力特性试验研究[J].土木与环境工程学报(中英文)，2022，44(6)：33-41.

[123] 宫全美，罗喆，袁建议.提速铁路基床长期累积沉降及等效循环荷载试验研究[J].铁道学报，2009，31(2)：88-93.

[124] 张曦，唐益群，周念清，等.地铁振动荷载作用下隧道周围饱和软黏土动力响应研究[J].土木工程学报，2007(2)：85-88.

[125] 戚玉亮，大塚久哲.ABAQUS 动力无限元人工边界研究[J].岩土力学，2014，35(10)：3007-3012.

[126] 王子玉.地铁车辆段环境振动现场试验与仿真分析[D].南昌：华东交通大学，2018.

[127] 杨觅.地裂缝带地铁动荷载作用下隧道—地层动力响应数值模拟研究[D].西安：长安大学，2014.

[128] 黄茂松，李进军，李兴照.饱和软黏土的不排水循环累积变形特性[J].岩土工程学报，2006，28(7)：891-895.

[129] 肖平.浅埋大直径盾构隧道围岩压力计算方法研究[D].沈阳：沈阳工业大学，2022.

[130] 章超.大直径盾构隧道围岩压力研究[D].淮南：安徽理工大学，2022.

[131] 何川，张建刚，杨征.层状复合地层条件下管片衬砌结构力学特征模型试验研究[J].岩土工程学报，2008(10)：1537-1543.

[132] 张恒，陈寿根，陈亮.软硬不均地层盾构隧道管片力学行为研究[J].铁道标准设计，2012(8)：83-86，95.

[133] BRADY B H G, BROWN E T. Rock mechanics for underground mining[M]. 3rd ed. New York：Kluwer Academic Publishers, 2005：454-463.

[134] KVAPIL R. Sublevel caving. SME mining engineering handbook[M]. 2nd ed. New York：Soc MinEngrs, AIME, 1992：1789-1814.

[135] 方焘，梁连，陈其志.基于修正椭球体理论的隧道松动区及松动土压力研究[J].岩土工程学报，2023，45(6)：1113-1122.

[136] 武军，廖少明，张迪.基于颗粒流椭球体理论的隧道极限松动区与松动土压力[J].岩土工程学报，2013，35(4)：714-721.

[137] 徐长节，梁禄钜，陈其志，等.考虑松动区内应力分布形式的松动土压力研究[J].岩土力学，2018，39(6)：1927-1934.

［138］MARSTON A. The theory of external loads on closed conduits in the light of the latest experiments［R］. Iowa：Iowa Engineering Experiment Station，1930.

［139］KRYNINE D P. Discussion of"stability and stiffness of cellular cofferdams"by Karl Terzaghi ［J］. Transactions，ASCE，1945，110：1175-1178

［140］朱孟龙，张庆文，徐国林，等.考虑塔形滑移面的浅埋隧道松动土压力研究［J］.应用力学学报，2020，37（5）：2197-2206，2333-2334.

［141］SHUKLA S K，GAURAV，SIVAKUGAN N. A simplified extension of the conventional theory of arching in soils［J］. International Journal of Geotechnical Engineering，2009，3（3）：353 -359.

［142］汪大海，贺少辉，刘夏冰，等.地层渐进成拱对浅埋隧道上覆土压力影响研究［J］.岩土力学，2019，40（6）：2311-2322.

［143］陈若曦，朱斌，陈云敏，等.基于主应力轴旋转理论的修正 Terzaghi 松动土压力［J］.岩土力学，2010，31（05）：1402-1406.

［144］朱合华，崔茂玉，杨金松.盾构衬砌管片的设计模型与荷载分布的研究［J］.岩土工程学报，2000（2）：190-194.

［145］凌同华，张亮，谷淡平，等.背后存在空洞时盾构隧道管片的开裂机理及承载能力分析［J］.铁道科学与工程学报，2018，15（9）：2293-2300.

图书在版编目(CIP)数据

不均匀地层运营期地铁盾构隧道初始缺陷影响探究 /
石钰锋,周宇航,顾大均著. —长沙:中南大学出版社,
2024.6

ISBN 978-7-5487-5862-4

Ⅰ. ①不… Ⅱ. ①石… ②周… ③顾… Ⅲ. ①地铁隧
道—隧道施工—盾构法—研究 Ⅳ. ①U231.3

中国国家版本馆 CIP 数据核字(2024)第 107228 号

不均匀地层运营期地铁盾构隧道初始缺陷影响探究
BUJUNYUN DICENG YUNYINGQI DITIE DUNGOU
SUIDAO CHUSHI QUEXIAN YINGXIANG TANJIU

石钰锋　周宇航　顾大均　著

□出 版 人	林绵优	
□责任编辑	刘颖维	
□封面设计	李芳丽	
□责任印制	唐 曦	
□出版发行	中南大学出版社	
	社址:长沙市麓山南路	邮编:410083
	发行科电话:0731-88876770	传真:0731-88710482
□印　　装	长沙印通印刷有限公司	

□开　　本	710 mm×1000 mm 1/16	□印张 15.5	□字数 309 千字
□版　　次	2024 年 6 月第 1 版	□印次 2024 年 6 月第 1 次印刷
□书　　号	ISBN 978-7-5487-5862-4	
□定　　价	79.00 元	